高等职业教育汽车类专业创新教材

汽车服务企业客户关系管理

主　编　李　杰　牛雅丽

副主编　刘学明

机械工业出版社

本书围绕汽车服务企业主要业务工作主线，全面介绍了汽车服务全流程中各环节的客户关系管理的内容与应用技巧。全书共分5章，内容包括客户关系管理概述、新车销售过程中的客户关系管理、汽车服务企业售后客户关系管理、汽车服务企业客户投诉与流失客户管理、客户关系管理的绩效评价和投资回报等。全书结合互联网+的时代特点，介绍了汽车服务企业客户关系管理的新型手段与方式，大数据时代汽车服务企业客户关系管理的发展趋势，同时结合大量行业及企业案例，加上丰富的课外知识内容，增加了可读性。

　　本书适合作为高等职业院校汽车相关专业的教材，以及"1+x""汽车营销评估与金融保险服务技术模块"考核的教材，也可作为汽车行业的岗位培训或自学用书。

图书在版编目（CIP）数据

汽车服务企业客户关系管理／李杰，牛雅丽主编．—北京：机械工业出版社，2021.5（2024.4重印）
高等职业教育汽车类专业创新教材
ISBN 978 - 7 - 111 - 68012 - 3

Ⅰ.①汽… Ⅱ.①李… ②牛… Ⅲ.①汽车企业-工业企业管理-供销管理-高等职业教育-教材 Ⅳ.①F407.471.6

中国版本图书馆 CIP 数据核字（2021）第 066474 号

机械工业出版社（北京市百万庄大街22号　邮政编码100037）
策划编辑：齐福江　　　责任编辑：齐福江
责任校对：王　欣　　　封面设计：张　静
责任印制：常天培
固安县铭成印刷有限公司印刷
2024年4月第1版·第3次印刷
184mm×260mm·14.25印张·298千字
标准书号：ISBN 978 - 7 - 111 - 68012 - 3
定价：49.00元

电话服务　　　　　　　　　　网络服务
客服电话：010 - 88361066　　机 工 官 网：www.cmpbook.com
　　　　　010 - 88379833　　机 工 官 博：weibo.com/cmp1952
　　　　　010 - 68326294　　金 书 网：www.golden-book.com
封底无防伪标均为盗版　　机工教育服务网：www.cmpedu.com

前　言

汽车服务企业生存发展的基础永远是客户，守住了客户，就筑牢了汽车服务企业生存和发展的基础。汽车服务企业的最终目标是在让客户满意的条件下赢得利润。如何寻找客户、开发客户、服务客户、感动客户、化解客户疑虑并转化为客户忠诚度是我国汽车服务企业急需解决的问题。

汽车服务企业客户关系管理是一种提高企业核心竞争力、改进客户服务水平、提高客户满意度与忠诚度、改进企业与客户之间关系的新型管理模式。在互联网、云计算、大数据背景下，汽车服务企业通过技术投资与管理创新，建立能够搜集、跟踪和分析客户信息的技术系统与管理系统，根据客户需要提供新车销售、车辆维护保养、二手车置换、汽车金融、汽车精品等方面服务，使客户关系管理理论与实践在激烈的竞争中得到发展与壮大。

本书内容包括客户关系管理概述、新车销售过程中的客户关系管理、汽车服务企业售后客户关系管理、汽车服务企业客户投诉与流失客户管理、客户关系管理的绩效评价和投资回报，按照汽车服务企业的工作业务流程，根据理论结合实际的指导思想，进行了清晰、实用、系统的介绍，特别是充分考虑了现代通信、现代网络工具与手段的运用，符合现代汽车服务企业的管理特点及客户的消费习惯，适合我国高等职业院校汽车相关专业师生和汽车服务从业人员学习与参考。

本书由北京电子科技职业学院李杰、牛雅丽担任主编，邢台职业技术学院刘学明担任副主编，具体分工如下：牛雅丽编写第一章、第四章，李杰编写第二章，李杰和北京信息职业技术学院郗玉平共同编写第三章，刘学明编写第五章，最后由李杰对全书进行统稿。

本书在编写过程中，得到了天津市硕恒科技发展有限公司总工程师张潇月，天津中凯华科技有限公司总经理韩宁、副总经理王旭阳的大力支持与帮助，在此对他们表示由衷的感谢。

在本书编写过程中，编者参考了大量的文献、汽车企业培训教材以及网络资料，在此向相关作者表示敬意与感谢。由于编者水平有限，书中不当之处，敬请读者批评指正。

编　者

目　录

第一章
客户关系管理概述

课前导读

进入 21 世纪，随着全球经济一体化进程的加快和竞争的加剧，企业已逐步由传统的以产品和规模为中心的粗放式经营管理模式向以客户为中心、服务至上、实现客户价值和达到企业利润最大化的集约化经营管理模式转变，良好的客户关系是企业求得生存与发展的重要资源。企业为了获得满意的客户关系，重要的思路就是实施客户关系管理项目。

学习目标

1. 知识目标：学会客户关系管理（CRM）的内涵。

　　　　　　学会客户关系管理的发展。

　　　　　　学会客户关系管理的内容、流程及对汽车服务企业的作用。

　　　　　　熟悉关系营销理论的基本内容。

　　　　　　熟悉客户满意理论的基本内容。

　　　　　　熟悉客户忠诚理论的基本内容。

　　　　　　熟悉客户价值理论的基本内容。

　　　　　　熟悉客户生命周期理论的基本内容。

　　　　　　熟悉现代技术手段在汽车服务企业客户关系管理中的运用。

2. 能力目标：能够运用客户关系管理思想指导汽车服务企业工作。

　　　　　　能够运用关系营销理论指导汽车服务企业工作。

　　　　　　能够运用客户满意理论指导汽车服务企业工作。

　　　　　　能够运用客户忠诚理论指导汽车服务企业工作。

　　　　　　能够运用客户价值理论指导汽车服务企业工作。

　　　　　　能够运用客户生命周期理论指导汽车服务企业工作。

　　　　　　能够运用现代技术手段从事简单的汽车服务企业客户关系管理工作。

3. 素质目标：拓展学生的知识领域，培养学生的学习兴趣。

　　　　　　提升学生的思维能力，培养学生的思考习惯。

　　　　　　强化学生的双创精神，培养学生的双创能力。

　　"沙利文汽车世界"是一家很小的福特汽车销售店。沙利文只用了很短的时间，就在这片商业区中树立了良好的声誉，使这家店成为当地的优秀企业。但是，公司最近的经营状况有所下滑，甚至不够弥补车店的运营费用。沙利文对最近30天内购买福特汽车的顾客进行了一次问卷调查，调查数据彻底把她搞糊涂了。尽管本汽车店的评分与全国其他店的平均分没有明显差距，但总体满意度却较低，已经跌到了所有福特汽车销售店的后列！评分低的项目包括：填写维修单得长时间等候，预约不方便，服务时间不以顾客为导向，服务部的装饰过于陈旧。另外，修车时间也较长，零部件配备缺东少西，修车质量不好。在与顾客人际沟通方面，如服务人员的态度、对顾客面临难题的了解程度，以及向顾客解释工作必要性方面，得分都相对低一些。她调阅了部分参与调查顾客的档案，发现那些不满意的顾客，大多数是由最近辞职的吉姆·费斯凯尔提供服务，而她的两个妹妹提供服务的顾客评分相对较高。她的预感是，未来拖累公司发展的可能是顾客服务部门。在被调查的顾客中，超过半数的顾客选择其他店做维护保养或小故障修理，而不是本店；出现较大故障时，有30%的顾客选择其他店进行修理。汽车售出9个月后，本店顾客的满意度低于全国福特店的平均水平，重购率也是如此。经过了解，她发现客户减少的原因是销售顾问不愿意把顾客引导到客户服务部。

第一节　客户关系管理的涵义、产生与发展前景

一、对客户关系管理的几种认识

(一) 客户关系的定义与类型

1. 客户关系的定义

　　客户关系是指企业为达到其经济目标，主动与客户建立起的某种联系。这种联系可能是单纯的交易关系和通信联系，也可能是为客户提供一种特殊的接触机会，还可能是因双方利益而形成的某种买卖合同或联盟关系。客户关系具有多样性、差异性、持续性、竞争性、双赢性的特征。它不仅可以为交易提供方便，节约交易成本，也可以为企业深入理解客户的需求和双方的信息交流提供适当机会。

2. 客户关系的类型

　　在具体的经营管理实践中，企业应该根据产品或服务属性以及客户的定位，选择与客户

建立某种形式的关系。著名的营销学专家菲利普·科特勒将企业与客户的关系分为以下5类。

1）基本型：企业将产品/服务销售出去后，就不再与客户接触。

2）被动型：企业在销售产品或服务的同时，鼓励客户在购买之后及时向企业反馈出现的问题和相关意见。

3）负责型：企业在产品或服务销售之后，及时联系客户，主动询问是否满足了客户的需求，是否存在缺陷和不足；主动征求客户的意见和建议。其目的在于不断改进产品或服务，使之更加符合客户需要。

4）能动型：企业在产品或服务销售之后，持续与客户联系，主动向客户提供改进产品/服务的建议以及新产品/服务的信息。

5）伙伴型：企业与客户协同建立伙伴型的长期关系，努力帮助客户解决问题，实现共同发展。

这5种关系并不存在简单的优劣对比，企业选择何种客户关系类型取决于企业的产品/服务和客户的特征。企业可以根据客户数量和边际利润水平，选择适当的客户关系类型。例如，对于客户数量少但边际利润高的情况，可以选择伙伴型的客户关系，对于客户数量多且边际利润小的情况，基本型的客户关系可能更加合适。这里要强调的是，上述的客户关系类型并不一定适合所有企业，企业根据自身和客户的具体情况，可以建立其他形式的客户关系。例如，可以根据与客户间的相互依赖程度建立单纯买卖关系、优先供应关系、合作伙伴关系、战略伙伴关系等。

（二）客户关系管理的定义

关于客户关系管理的定义，不同的研究机构有不同的表述，具有代表性的有如下3种：

1）美国加特纳咨询公司认为，客户关系管理就是为企业提供全方位的管理视角，赋予企业更完善的客户交流能力，最大化客户的收益率。

2）赫维茨集团认为，客户关系管理的焦点是自动化并改善与销售、市场营销、客户服务和支持等领域有关的客户关系商业流程。客户关系管理既是一套原则制度，也是一套软件和技术。它的目标是缩减销售周期和销售成本，增加收入，寻找扩展业务所需的新的市场和渠道，以及提高客户的价值、满意度、盈利性和忠实度。客户关系管理应用软件将最佳的实践具体化，并使用了先进的技术来协助各企业实现这些目标。客户关系管理在整个客户生命期中都以客户为中心，这意味着客户关系管理应用软件将客户当作企业运作的核心。客户关系管理应用软件简化协调了各类业务功能（如销售、市场营销、服务和支持）的过程，并将其注意力集中于满足客户的需要上。客户关系管理应用还将多种与客户交流的渠道（如面对面、电话接洽以及万维网访问等）协调为一体，这样企业可以按客户的喜好使用适当的渠道与之进行交流。

3）美国国际商业机器公司（IBM）所理解的客户关系管理包括企业识别、挑选、获取、发展和保持客户的整个商业过程。IBM 把客户关系管理分为三类：关系管理、流程管理和接入管理。

（三）客户关系管理（CRM）的内涵

综合所有客户关系管理的定义，我们可以将其理解为理念、技术、实施 3 个层面。其中，理念是 CRM 成功的关键，它是 CRM 实施应用的基础和土壤；信息系统、IT 技术是 CRM 成功实施的手段和方法；实施是决定 CRM 成功与否、效果如何的直接因素。三者构成 CRM 稳固的"铁三角"，如图 1-1 所示。

图 1-1　客户关系管理的构成

客户关系管理理念源自关系营销学，其核心思想可概括为"为提供产品或服务的组织，找到、留住并提升价值客户，从而提高组织的盈利能力（经济效益、社会效益）并加强竞争优势"。因此，对于客户关系管理理念的透彻理解，是组织能够向着建立"以客户为核心、以市场为导向"经营管理模式转变的第一步。

客户关系管理技术集合了很多当今最新的科技发展，包括互联网和电子商务、多媒体技术、数据仓库和数据挖掘、专家系统和人工智能、呼叫中心等。这些技术体现在我们的客户关系管理软件中。客户关系管理软件不等于客户关系管理理念，它是先进理念的反映与体现，它吸纳了当今先进的软件开发技术、企业经营管理模式、营销理论与技巧。

客户关系管理实施是结合软件与组织状况，在调研分析的基础上做出的解决方案。实施之初就要确定实施的目标与范围，确保在限定的资源与时间内完成项目，规避风险或将风险降低到最低点。树立风险意识是客户关系管理实施能否成功的重要保障，实施的目标不是越高越好，实施的范围也不是越大越好，风险意识是需要双方协调一致的，70% 的客户关系管理项目最终以失败而告终，很大一部分原因就是风险机制的不健全。客户关系管理实施是一个艰苦而渐进的过程（国际著名的厂商都有严格规范的实施方法），立竿见影、揠苗助长、一蹴而就的做法都是危险和错误的。需要设定分阶段的目标，达成每一阶段目标后再前行，信心增强、经验增加、工作扎实的客户关系管理实施就会使"铁三角"完美无缺。

二、客户关系管理理念的产生与发展

（一）客户关系管理理念的产生

美国是最早提出客户关系管理的国家。20 世纪 80 年代初，开始提出接触管理（contact management）的概念；1985 年，巴巴拉·本·杰克逊（Barbara B. Jackson）提出关系营销的概念；20 世纪 90 年代初，开始出现客户关怀（customer care）概念；1999 年加特纳（Gartner Group）公司提出客户关系信息管理的概念。

1. 接触管理

从 20 世纪 80 年代初开始，美国就有了以专门收集客户与企业联系信息的接触管理。到了 20 世纪 80 年代中期，为了提高效率、降低成本、增强企业竞争力，大量企业开始进行业务流程的重新设计。为了对业务流程的重组提供技术支持，许多企业实施企业资源规划（ERP）。ERP 提高了企业内部业务流程的自动化程度，使员工从日常事务中解放出来，同时 ERP 的实施也促进了对原有业务流程的优化。企业因此提高了内部运作效率，可以用更多的精力关注企业与外部相关利益者之间的互动，以便抓住更多的商业机会。然而，ERP 更多的是关注企业内部流程，外部客户所反映的问题还是不能得到及时、合理的解决，因此客户关系管理应运而生。最初客户关系管理的应用范围较窄，主要是针对部门间的解决方案，如销售自动化（SFA）、客户服务与支持（CS&S）。

2. 关系营销

1985 年，巴巴拉·本·杰克逊提出关系营销的概念，市场营销理论的研究因此迈上一个新台阶。关系营销理论一经提出，便迅速风靡全球，杰克逊也因此成了美国营销界备受瞩目的人物。科特勒评价说，"杰克逊的贡献在于，他使我们了解到关系营销将使企业获得较之其在交易营销所得到的更多。"关系营销的本质在于通过与客户间的双向沟通，了解客户需求，与客户建立一种相互信赖的合作关系，并通过这种关系的长期稳定发展，实现客户与企业的利益最大化。关系营销为客户关系管理奠定了坚实的理论基础。

3. 客户关怀

20 世纪 90 年代初，接触管理演变成包括电话服务中心、客户数据库以及具有数据分析功能在内的客户关怀。客户关怀贯穿了市场营销的所有环节，包括客户服务（向客户提供产品信息和服务建议等）、产品质量（应符合有关标准、适合客户使用、保证安全可靠等）、服务质量（客户与企业接触过程中的体验）、售后服务（售后的查询、投诉、维护和修理等）。

4. 呼叫中心

20 世纪 90 年代中期，一些企业开始将 SFA 和 CS&S 两个系统合并起来，加上营销策划、现场服务，并且集成计算机电话集成技术（CTI），形成了集销售和服务于一体的呼叫中心。这是一种具备交互功能的整体解决方案，它将企业内部数据处理、销售跟踪、外部市场、客户服务等融为一体，为企业营销和销售人员提供及时全面的客户信息。通过这样的解决方案，能够清晰地了解客户的需求和购买情况，方便为客户提供相应服务。

5. 客户关系管理的正式提出

到 20 世纪 90 年代末期，互联网的应用越来越普及，CTI、客户信息处理技术（如数据仓库、商业智能、知识发现等技术）得到了长足的发展。结合新经济的需求和新技术的发展，加特纳公司提出了客户关系管理概念。从 90 年代末期开始，客户关系管理（CRM）市场一直处于一种爆炸性增长的状态。

6. E-CRM

传统的 CRM 已无法满足企业的需求，它逐渐演变成为一种 E-CRM，以使整个供应链关系同步化。广义的 E-CRM 是由以下四个核心概念的开头字母组成的缩写。

E——电子商务：电子商务与现存及未来的商务活动的一体化。

C——渠道管理：进行市场营销的综合性、互动性的服务渠道管理。

R——关系：建立在优质、高效、便捷服务基础上的真正的客户关系。

M——对企业的一体化管理，即前台操作与后台操作的一体化。

E-CRM 是强调企业以网络为中心，借助网络环境下信息获取和交流的便利性，充分利用数据仓库和数据挖掘等先进的智能化信息处理技术，将大量客户资料加工成信息和知识，用来辅助企业经营决策，以提高客户满意度和企业竞争力的一种过程或系统解决方案。

E-CRM 集中解决如下问题：建立动态的客户交互环境；形成覆盖全渠道的自动客户回应能力；整合全线业务功能并实现实时运营协调；拓展和提高客户的交互水平并将其转化为对客户的服务和支持能力。

(二) 客户关系管理理念的发展

从 20 世纪 90 年代后期一直到现在，在呼叫中心的基础上，进一步加强系统的数据管理和分析能力，并添加新的功能模块，逐步形成了今天所熟知的客户关系管理。特别是加特纳公司正式提出客户关系管理概念以后，客户关系管理受到学者、企业和政府的高度重视，被提升到企业的管理理念和战略高度。

客户关系管理的目的在于建立一个系统，使企业在客户服务、市场竞争、销售及支持方面形成彼此协调的全新的关系实体，为企业带来长久的竞争优势。客户关系管理理念和管理机制的形成，使传统上"以产品为中心"的营销体系和营运模式转向"以客户为中心"，见表 1-1 和表 1-2。

表 1-1 "以产品为中心"到"以客户为中心"的营销体系转变

策略	产品中心制	客户中心制
营销策略	从产品出发 推销产品给更多的客户 尽力争取让客户多买	从客户出发 发现消费者最想购买什么 区分出有价值的客户
产品策略	生产产品时较少考虑客户的感受	生产产品时更多考虑客户的感受
价格策略	根据销售成本定价	根据客户感知成本定价
渠道策略	厂家→批发商→零售商→客户	直接和客户接触
沟通策略	根据既定方针或预先安排行动 较少与客户沟通，不通畅和交流迟缓	客户实时参与互动，反馈信息

表1-2　"以产品为中心"到"以客户为中心"的营运模式转变

模式	产品价值主导	客户需求主导
营运模式	内向生产能力维持型	外向市场驱动型
市场营销	交易型营销 单向的日推销式营销 市场响应速度慢	关系型营销 "一对一"营销 实时、互动营销，快速响应
销售实现	主要靠销售部门的参与	企业各业务部门协同销售
客户服务	被动服务 将服务视为成本来源	主动式、个性化的服务 服务转化为利润来源
策略分析	客户数据不完整 无法做全面的分析	在统一的客户数据基础上进行全面分析 定量、定性、即时分析

（三）大数据时代的客户关系管理

随着物联网、云计算、移动互联、智能终端、PC以及遍布各角落的各式各样传感器的涌现，大数据成了热门话题，大数据应用已经或正在快速走进各行各业。大数据、移动应用与客户关系管理正快速走向融合。

大数据的战略意义不在于掌握庞大的数据信息，而在于对这些蕴含意义的数据进行专业化处理。通过大数据的"加工能力"，实现数据的"增值"，大数据能够盘活企业的大量客户数据资源。

互联网和大数据给传统客户关系管理带来了新的挑战和机遇，在客户关系管理系统中嵌入大数据分析和商业智能，在收集客户信息的同时，启动客户分析、数据整合、资源调配等一系列客户智能管理活动，对企业管理和决策具有重大意义。基于大数据的客户关系管理有助于实现全渠道资源整合管理、客户分析、精准营销、舆情监控、改善产品与服务，实现智能客户关系管理。

大数据技术加快了客户关系管理从自动化向智能化方向的发展。智能化客户关系管理的演进路线通常包括以下三个阶段。

第一阶段是全渠道融会贯通。全渠道打通，实现最佳客户体验，满足最优订单交付，建立集中统一的会员中心、订单中心、产品中心、客户互动中心以及营销中心。

第二阶段是精准推送和营销。深度分析和需求挖掘，自动对特定对象进行标签、画像，实现对客户个体、特定群体、产品、区域、时间的精准营销。

第三阶段是商业智能。结合行业特性、市场资讯等众多信息，对未来趋势进行预判，监控市场舆情，改善产品与服务，帮助企业进行商业决策和快速反应。

大数据时代的客户关系管理选型关键在于数据分析能力，可以从数据采集、数据存储、数据分析、数据展示四个方面进行考察。选用嵌入具有商业智能功能的客户关系管理系统，才称得上是全面的客户关系管理。

三、客户关系管理在汽车服务企业的发展前景

（一）汽车服务企业应用客户关系管理的现状

1. 汽车服务企业运用客户关系管理系统已经成熟

无论是主机厂还是汽车特约经销商，引入客户关系管理软件辅助企业管理已经是一种常态。呼叫中心能够实现产品、销售、服务、配件咨询导购、意见建议、道路救援、投诉、客户回访等多方面服务。同时，客户关系管理软件是集销售管理、市场营销、运营管理和数据分析为一体的运营管理系统，它为车商提供汽车门店管理、销售管理、售后管理等功能模块，提升了企业营销能力、销售业绩和运营管控能力。

2. 汽车服务企业对客户信息主要采用手工录入，效率低且信息不全

各家车企都有自己的客户关系管理系统，由于厂家与经销商的利益并非完全一致，造成经销商对于客户信息的输入有所保留。即便是做得最好的4S店，完整录入系统的客户信息也不过六成左右，而且每家采集的客户信息在质和量上各不相同，普遍存在客户信息录入不全、错误、重复等情况，这些都给信息使用人员甄别、整合、应用数据带来极大不便。

3. 汽车服务企业的客户信息缺少共享和流动性，利用率不高

客户关系管理目前在4S店架构中所处的位置过于边缘，客户信息很少能够通过客户关系管理系统在销售、售后、保险、二手车等部门之间有效流动，使得各部门的工作相互割裂，难以形成合力。信息无法共享对于建立全生命周期的客户管理计划、培养客户忠诚度和扩大企业的销售形成了很大的阻力，浪费了很多有效资源。

4. 在客户沟通方面，已经从传统通信方式扩展到移动互联

目前，汽车厂商和汽车服务企业在与客户的沟通方面，电话仍承担了比较重要的角色，同时也通过移动互联网连接客户群体，如以微信为入口，通过多种应用工具和插件，解决了厂家 CRM 无法连接客户、客户关系管理活动形式单一、客户参与度低、会员积分客户使用频次低、与客户互动低频等痛点。

（二）客户关系管理在汽车服务企业的发展前景

1. 大数据时代引领汽车企业客户关系管理新发展

从目前来看，汽车行业的大数据分为三类。

第一类是流量网站及社交平台掌握的客户数据，这些数据主要是泛生活形态数据，包括客户的收入、兴趣爱好、生活方式、驾驶习惯等。

第二类是主机厂拥有的汽车销售和维修数据，这些数据对于二手车业务尤为重要。

第三类是客户交易数据和沟通数据。

未来汽车服务企业应当整合各种合作资源，形成一个开放式数据平台。通过与第三方合作，使上述三类数据真正地实现共融和共享，共创用户价值。同时，为了让消费者与车企始终保持顺畅的互动，汽车服务企业可以尝试构建虚拟的互动社交网络，基于共享理念，着重打造工具和社交两大属性，架起车企与车主持续联系的桥梁。首先，将各种碎片化的消费场景植入系统，持续开发诸如车辆定位、信息推送、预约保养、购买车险、行程规划等功能，提高用车的便利性；其次，开展互动有趣的营销活动影响消费者，同时让车主的社交圈影响更多消费者，拉近车友间的距离，减少营销成本，增进品牌信任度。

案例分享：奥迪的移动互联平台（APP/微信）

APP（奥迪杂志 APP、奥迪风云 APP）

奥迪杂志 APP：多次获得殊荣的《奥迪杂志》因其丰富的视觉设计、全面的内容以及创新性的整体设计而卓尔不群。该杂志通过汽车、运动、生活方式等方面的经典素材，为读者展现了一个卓尔不凡的奥迪世界。

作为一个 APP 应用程序，它包含了《奥迪杂志》印刷版本中"驾驭""运动""启迪"三部分内容。更为重要的是，它充分利用这一新媒体形式，为用户提供了更丰富的体验。《奥迪杂志》APP 程序通过巧妙设计的导航界面、直接的网页链接、丰富的视频资源等众多优势，为读者提供了独特、优越的阅读享受。

奥迪风云 APP："奥迪风云"综述奥迪品牌历史，便捷享受奥迪官网动态的实时更新，查询奥迪经销商信息、产品价格及装备。下载并安装"奥迪风云"应用程序，更可享受天气资讯、保养提示、洗车指数等实用功能，气象万千随时尽在掌握之中。

微信

2016 年 2 月 19 日开通了微信服务号"奥迪服务"，其菜单主要有：

我的服务——个人主页、服务资讯、一键救援、用车宝典。

奥迪周边——经销商查询、违章查询、精品附件、APP IOS 下载、APP 安卓下载。

精彩活动——奥迪春季服务活动、奥迪春季活动调研、奥迪爱车讲堂调研。

2. 智能网联时代带来汽车客户关系管理新发展

汽车智能网联时代有三个关键词：云化、智能化和生态化。对于车企来说，核心竞争力是智能科技，包括人工智能（AI）、大数据、云计算等技术，同时包括物联网技术、海量用户服务技术、信息安全技术等。未来，不只汽车是一个智能化的终端，车企也将是一个智能化集成大系统。客户关系管理系统就是要实现物联，把车、人、车企、服务连接起来，通过非常完善和先进的物联技术和海量服务技术，为大量客户终端提供实时的服务。

3. 人工智能精准营销是客户关系管理发展的趋势

目前大数据技术已经能够辅助车企精准投放广告，针对广告后回收的销售线索进行分类、分级，然后针对这些线索采用人工智能客服进行数据清洗以及销售活动。随着网销平台的完善，从广告投放再到订单形成的市场营销流程将实现闭环。以往靠人工进行的消费者需求研究、广告创意、广告投放、数据清洗、销售线索转化、到店销售服务、交车和售后跟踪，每一个环节都能够基于数据和过往成功经验，建立 AI 辅助决策系统。汽车市场营销的 AI 应用场景最为丰富，不仅销售新车需要，二手车销售、售后服务同样需要这项技术。通过科技去处理数据并产生价值，实现智能化的升级。人工智能及精准营销提高了市场营销的效率和效果。

第二节　客户关系管理的内容、流程及作用

一、客户关系管理的内容与分类

（一）客户关系管理的内容

客户关系管理的内容主要包含以下几个主要方面。

1. 客户概况分析（Profiling）

包括客户的层次、风险、爱好、习惯等。目前常用的客户划分依据有地理特征、人文特征、行为特征、心理特征等。如地理特征，可以按区域、省/市、城市级别、城市/乡村等维度划分。人口特征可以从收入、年龄、性别、学历、职业等维度进行分类，也可以从购买品牌、购买时间、使用状况、购买价格等行为特征的维度来划分。除此之外，按价值观、生活态度这种心理特征划分人群也是常用的方法之一。汽车消费客户分析主要集中在消费者的消费层次、个人爱好、购买习惯以及个人性格特征等方面。

2. 客户忠诚度分析（Persistency）

指客户对某个产品或商业机构的忠实程度、持久性以及变动情况等。汽车服务企业的客户忠诚度分析，可以参照客户对于企业的产品和服务的购买次数、购买多种相关产品的数量、对于价格的敏感程度、对于竞争产品的态度、对于产品及服务质量问题的宽容度，以及向他人推荐的数量等加以衡量。

3. 客户利润分析（Profitability）

指不同客户所消费的产品的边际利润、总利润、净利润等。不同客户给企业带来的利润不同，开发和维系成本也不同。一般来说，老客户的维系成本要大于新客户的开发成本，但也有例外。汽车服务企业应该认真分析客户为企业创造的利润和带来的利益，以便及时调整营销策略。

4. 客户性能分析（Performance）

指不同客户所消费的产品按种类、渠道、销售地点等指标划分的销售额。汽车服务企业

可以对客户的汽车及相关产品的购买渠道以及销售额进行分析，掌握消费者的购买行为趋势以及信息获取来源，构建线上线下全渠道的汽车销售服务网络，对主要渠道进行运作，增加企业的利润。

5. 客户未来分析（Prospecting）

包括客户数量和类别情况未来的发展趋势、争取客户的手段等。汽车服务企业应该密切关注客户的变化，预测未来客户的发展。对客户的认识不能只着眼于眼前能给企业带来多少利润，并对价值小的客户减少投入，普通客户将来也可能成长为给企业带来长远利润的关键客户。对客户的评判要科学，要用动态的眼光。

6. 客户产品分析（Product）

包括产品设计、关联性、供应链等。汽车服务企业的客户产品分析主要是为了获得客户对于汽车产品及服务的体验、客户需求的变化等，并且反馈给汽车生产企业，以便改良产品的设计和服务。

7. 客户促销分析（Promotion）

包括广告、宣传等促销活动的管理。汽车服务企业客户促销分析的目的是了解广告及相关宣传的有效性，判断哪些是对客户最为有力的促销活动，从而选择精准的营销方式，实现高效的销售促进，增加企业利润，避免不必要的促销支出。

（二）客户关系管理的分类

从不同的角度，客户关系管理可以进行不同的分类，这有助于从不同层面来理解客户关系管理。

1. 按目标客户规模分类

（1）企业级客户关系管理　企业级客户关系管理的目标客户以跨国公司或者大型企业为主。这些客户具有庞大而复杂的组织体系，不同业务、不同部门、不同地区间实现信息的交流与共享极其困难，在业务方面有明确的分工，因而信息量大，流程管理严格，所以他们需要的客户关系管理系统非常复杂和庞大。能提供这类客户关系管理系统的企业包括 SAP、Oracle、微软等。

（2）中端客户关系管理　中端客户关系管理的目标客户主要是 200 人以上、跨地区经营的企业。这类客户的业务管理和组织结构相对于企业级客户关系管理的目标客户，复杂程度大大降低。金碟、用友等软件公司一直致力于满足这类中型应用市场的需要。

（3）中小企业客户关系管理　中小企业客户关系管理的目标客户是 200 人以下的企业。这类企业组织机构简单，业务分工不一定非常明确，运作上比较有弹性。XTOOISCRM 等公司瞄准的就是这些中小企业，其提供的软件功能丰富实用。

2. 按应用集成度分类

(1) 客户关系管理专项应用　专项应用是指客户关系管理集中于某个点的应用，如销售自动化（SFA）、呼叫中心都属于客户关系管理专项应用的范畴，现代意义上的客户关系管理也是由这些早期的专项应用逐渐发展起来的。实际上，即使是现代社会，客户关系管理专项应用仍有广阔的市场，它更适应企业有某些目的明确的专项需要，以及在企业发展初期规模较小时采用。管家婆 CRM、OQCRM 等都有针对企业专项应用的系统模块。

(2) 客户关系管理整合应用　整合应用是指客户关系管理能够进行多部门和多业务的整合，以实现信息的同步和共享，如实现市场、销售、服务 3 个部分的有效协同共享。代表厂商有金蝶 Kingdeecrm、用友 Turbocrm 等。

(3) 客户关系管理集成应用　集成应用是指客户关系管理能够与财务、ERP、SCM 等管理系统实现集成应用，它更适用于大型的、对信息化程度要求较高的企业，代表厂商有Oracle、SAP 等。

3. 按功能分类

(1) 操作型客户关系管理　操作型客户关系管理又称前台客户关系管理，通过客户服务的自动化来改善与客户接触的流程，进而提高工作效率，使客户满意。例如，营销、销售和服务等前台服务的高效有序运行就属于操作型客户关系管理的范畴。操作型客户关系管理可以确保与客户的持续交流，并使其合理化，也就是按照规章制度的要求和流程准确高效率地工作，以方便与客户的交流。

(2) 分析型客户关系管理　分析型客户关系管理又称后台客户关系管理，是指理解和总结前台发生的客户活动。分析型客户关系管理把由操作型客户关系管理收集到的大量数据以及其他各种与客户相关的资料，经过数据仓库技术和数据挖掘技术等进行分析，找出规律，然后用这些规律对客户需求进行预测，或者指导商业实践。

(3) 协作型客户关系管理　协作型客户关系管理是指与客户之间互动的客户关系管理。互动涉及各种渠道，如 Internet、E-mail 或电话自动应答系统。它大致等同于"自我服务"，这是企业在增加与客户沟通时强化服务时效与质量的做法。同操作型客户关系管理和分析型客户关系管理相比，协作型客户关系管理主要体现对客户的协助，协作中的客户也更具有主动性和参与性。

（三）客户关系管理系统的功能

客户关系管理具有互动管理、营运管理、决策支持、系统整合四种基本功能，通过这四种功能的有效组合，基本可以满足企业对 CRM 的整体需求。

1. 互动管理

随着互联网技术的发展以及电子商务的应用，客户与企业间的互动渠道越来越多，从传统的面对面互动和电话拜访，到现在流行的 E-mail、Web、IM 以及自动语音系统等，可谓不胜枚举。良好的客户关系管理可以有效地管理各个互动渠道，使互动渠道的运用更加高效。同时，通过对客户资料的分析与客户价值评价，可以依照客户的分类等级来选择、创造与客户互动的新模式，进而有效降低营运成本。此外，客户关系管理系统还可以记录从各个互动渠道获取的客户资料，方便相关人员的查询，从而提升客户服务质量和企业整体工作效率。

2. 营运管理

营运管理主要包括营销管理、销售管理、客户服务与支持三大核心功能。

营销管理的核心是营销自动化（MA）。MA 为营销提供独特的能力，如营销活动计划的编制和执行、计划结果的分析、清单的产生和管理、市场预测、营销资料管理、提供营销知识、对有需求的客户进行跟踪分析和管理、营销程序化事务的自动生成等。MA 建立在多个营销活动交叉的基础上，能够对客户活动及时做出反应，有助于更好地抓住商业机会。与传统的营销数据库功能相比，CRM 模式下的营销自动化更为及时和快捷。

销售管理的核心是销售自动化（SFA）。SFA 是 CRM 所有功能中增长最快的一个应用功能，也是当前 CRM 应用最广泛的一种功能。它可以实现移动销售、账户管理、合同管理、定额管理、创新管理、销售预测、赢利分析以及向销售部门提供客户和竞争对手的信息等功能。由于 SFA 的动态性（不断变化的销售模型、地理位置、产品配置等）以及销售部门的陈旧观念，SFA 也是客户关系管理中最难实现的一项功能。

客户服务与支持（CS&S）主要集中在售后服务方面，也提供一些售前信息，如产品、广告、优惠信息等。在多数情况下，客户保持和获利能力依赖于企业的服务质量，因此客户服务与支持非常重要。CS&S 的主要功能包括现场服务（Field Service，FS）、客户关怀、纠纷处理、定单跟踪、问题解决方案提供、维修行为安排和调度等。其中，现场服务是 CS&S 中应用最广泛的一个功能，它可以确保客户在最短时间内获得企业所提供的优质服务。另外，通过 CS&S、SFA 和 MA 的有效结合，能为企业提供更多商机，向现有客户交叉销售更多产品。

3. 决策支持

客户关系管理强调客户资料的一致性与完整性，客户关系管理决策功能中的数据仓库与数据挖掘技术可对客户资料进行系统的存储与管理，不仅方便客户关系管理营运功能的执行和运用，同时可以通过在线分析、数据挖掘、商业智能等工具对客户、交易与产品等相关资料进行分析，了解客户对企业的贡献度和客户的偏好与需求，甚至预测客户未来的消费行为模式与商品结构，并将结果作为企业的决策依据。

4. 系统整合

客户关系管理系统只有与企业的生产、财务和物流等业务流程管理系统进行整合，才能在客户服务和数据分析方面发挥实质性的功效。整合前端和后端的数据，企业才能全面地了解客户的互动及交易情况，分析客户对企业的贡献度，并决定是否值得继续为该客户提供高品质服务等。系统整合的重点是与企业资源计划（ERP）和供应链管理（SCM）之间的整合，以实现企业内外流程的协同。

（四）客户关系管理的特点

1. 客户关系管理是一种管理理念

在工业化时代，企业以土地、资本这些"物"为中心，而在以客户为中心的新经济时代，管理软件是管理思想和管理理念的载体，客户关系管理就代表了这个时代最核心的管理理念，激励有价值的客户保持忠诚。

2. 客户关系管理是一种技术手段

要把以客户为中心的理念付诸实施，需要相应的技术支持，客户关系管理正是充分把握客户资源的重要手段，通过现代化的信息手段不断完善客户关系、互动方式、资源调配、业务流程和自动化程度，真正实现客户满意的最大化。

3. 客户关系管理是一种商业策略

企业的根本目的是追求盈利，所以转变管理思想、改进管理方式、更新管理工具等都是企业达到根本目标的途径。其中，客户关系管理就是一种通过技术与理念的结合选择和管理有价值客户及其关系的商业策略。它可以有效地支持和整合市场、销售以及服务的流程，以达到企业经营的目标。

4. 客户关系管理是一种企业文化

只有领导者具有客户思维是不够的，以客户为中心的运作模式要得到全体员工的真心认同，要成为企业文化的一部分。只有所有部门和级别的员工都能正确认识客户和企业以及个人长远利益间的紧密关系，他们才能更好地配合客户关系管理对资源和流程的整合，以更高的效率利用这个系统，以更敏锐的思维感知客户，以更大的责任感修正客户对企业的不良体验。

5. 客户关系管理是一种经营哲学

有了客户关系管理，企业可以通过提高客户满意度来减少客户的流失。通过客户关系管理，企业可以更大程度地进行差异化服务，对新老客户进行个性化的交流。更重要的是，企业甚至可以在客户明确自己的需求之前理解、发掘和满足他们的需求。这种经营哲学影响着整个企业的运转方向和经营方式。

二、客户关系管理的流程

（一）客户关系管理的一般性流程

客户关系管理的流程大致包括客户关系的建立、客户关系的维护、客户关系的挽救三个部分（图1-2）。

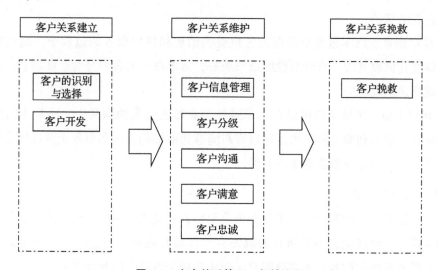

图1-2　客户关系管理一般性流程

1. 客户关系的建立

（1）客户的识别与选择　汽车服务企业应该能在广大的消费者中识别出哪些是潜在客户，根据目标客户群的特征，选择对企业有意义的客户，作为企业实施客户关系管理的对象。

（2）客户开发　客户开发是汽车服务企业让目标客户群产生购买欲望，并付诸行动，促使他们成为企业现实客户的过程。汽车服务企业可以通过优质的汽车产品、良好的销售与售后服务、合理的价格、方便的购买方式以及合适的广告等，吸引目标客户购买企业的产品或者服务。企业在努力培养客户忠诚度的同时，要不断寻求机会开发新客户，尤其是优质客户。

2. 客户关系的维护

（1）客户信息管理　客户信息是客户分级的基础，是与客户沟通的基础，也是使客户满意的基础。汽车服务企业的客户信息获得主要有两个来源，一个是车主在购车时保留下来的基本信息和维修保养过程中形成的维修信息，另一个是游离在互联网上的客户生活信息，包括工作及家庭地址、兴趣爱好、收入水平等，这些信息需要企业在各种平台（包括企业自己的 APP、网站、其他企业的互联网应用）中进行数据分析才能得到。根据这两部分信息，企业采取适当的营销活动。

（2）客户分级　客户分级是与客户进行沟通，并让客户满意的前提。按照不同的价值和重要程度，可以将客户分为重要客户、一般客户、准流失客户和流失客户。

（3）客户沟通　汽车服务企业的客户沟通主要依靠相关人员进行，包括销售人员、售后服务人员、接待人员等，除了这部分沟通以外，企业还可以通过相关活动（如企业广告、公共宣传与企业自身的网站、博客、微信、信函等方式）取得与客户更为紧密的联系，建立客户对企业的情感。

（4）客户满意　汽车服务企业在为客户提供销售和售后服务的过程中，通过客户期望值管理、标准化流程处理、有针对性的细节服务，力求每一名客户都对企业满意，进而为形成客户忠诚奠定基础。

（5）客户忠诚　忠诚客户可以在汽车服务企业形成持久的购买力，愿意支付更高的价格，为企业创造更多利润。客户忠诚是以客户满意为前提的，汽车服务企业应该花更多的精力维护忠诚客户，为企业创造更多的利润。

3. 客户关系的挽救

对于很久没有到店的客户，汽车服务企业面临客户流失的风险。客户流失是每个企业都要面临的问题，不可避免。不是所有的流失客户都需要挽救，企业应该用更多的人力、物力、财力去挽救那些关键客户和重要客户，避免造成企业巨大的利润损失。

（二）客户关系管理的业务流程

从国外典型的 CRM 系统分析来看，客户关系管理系统大多围绕一条类似的流程主线展开，这条主线是客户关系管理系统业务架构的灵魂。变化皆源于主线，拓展也源于主线，定制仍源于主线。

1. 闭环流程主线

客户关系管理的闭环流程主线是：市场→线索→联系人/客户→机会跟踪→报价→产品与价格配置→订单→服务→Web 自助→满意度→会员俱乐部（忠诚客户）→反馈。围绕这条主线，大体可以描述出客户关系管理的业务概况。

1）针对细分客户群，进行市场活动。

2）通过市场活动，获得线索或销售响应，进而获得联系人。

3）跟踪联系人，通过联系人联系到相应的客户。

4）跟踪客户，发现销售机会，并跟踪销售机会。

5）客户购买意向强烈时，销售机会转变为报价（商务谈判的初步阶段）。

6）根据产品和价格配置，制定报价单。

7）当客户接受报价时，报价单转化为订单并执行订单。

8）客户购买后，服务过程开始，可能会产生咨询、维修、退换货等服务请求或投诉。

9）企业在服务过程中提供自助服务，让客户通过网络和知识库获得服务。

10）当购买和服务体验带来客户满意度时，客户忠诚度会逐渐建立，从而进入会员俱乐部。

11）老客户在会员俱乐部及其营销活动的推动下，不断产生品牌推广和客户推荐的阶段效果，并反馈更多的信息，所产生的新线索又成为一个新 CRM 闭环业务流程的开始。

客户关系管理系统的业务流程和业务功能基本围绕这条主线进行拓展、延伸，各种客户关系管理系统的具体流程和功能只是在名称、功能的深度和广度上存在差异。在客户关系管理业务应用中，各客户关系管理系统软件可以充分应用流程主线上各个环节的状态、类型、级别、时间、角色、流程状态以及可配置参数来实现复杂的业务应用。客户关系管理的业务架构如图 1-3 所示。

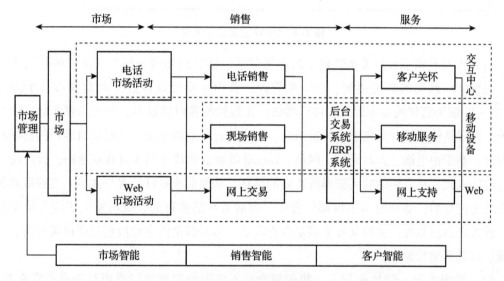

图 1-3 CRM 业务架构

2. 主要业务流程

客户关系管理旨在改善企业与客户之间的关系，它主要用于企业的市场营销、销售、服务与技术支持等领域。其基本流程主要体现在市场营销、销售实现、客户服务和决策分析（商业智能）四大业务领域，这些都涉及企业与客户发生关系的重要方面。客户关系管理的核心内容是通过不断地改善与管理企业营销、销售、客户服务和支持等，以及与客户关系有关的业务流程，着力提高各个流程环节的自动化程度，从而缩短销售周期、降低销售成本、扩大销售量、增加收入、抢占更多市场份额、寻求新的市场机会和销售渠道，最终从根本上提升企业的核心竞争力。客户关系管理的主要业务流程如图 1-4 所示。

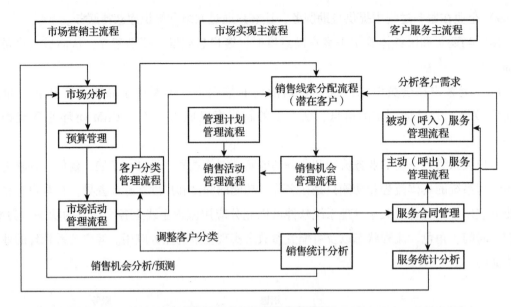

图1-4 CRM主要业务流程

(1) 市场营销 客户关系管理中的市场营销包括对市场营销行为和流程的优化及自动化，也包括一系列的商机预测、获取和管理，营销活动管理以及实时营销等。个性化和"一对一"成为营销的基本思路和可行做法。在最初的客户接触中，企业需要实时了解客户需求，针对具体目标开展集中的营销活动，既要符合互动的规范，又要针对客户的喜好和购买习惯。基于由电话、即时通信、网站、E-mail等集成而建立的实时营销通路，旨在使客户以自己的方式、在方便的时间获得所需要的信息，从而形成更好的客户体验。在获取商机和客户需求信息后，要及时与销售部门合作，激活潜在消费行为，或与相关职能人员共享信息，改进产品或服务，又快又好地满足客户需求。市场营销的主要流程包括市场分析、预算管理、市场活动管理等。

(2) 销售实现 CRM拓展了销售的概念，不仅市场销售部门要面对现有和潜在客户，其他职能部门和员工也需要面对。在销售实现过程中，客户与企业的许多职能部门都产生了直接或间接的接触，这些接触形式包括电话、即时通信、E-mail、网站、广告、现场沟通等。接触的时间跨度可能很长，客户可能在任何一个环节中流失，因此客户接触点的管理很重要。对于企业而言，每个可能的接触点，都可能成为发现客户需求、了解客户真实想法、建立牢固客户关系的基点。销售实现越来越需要协同。销售实现的主要流程包括销售线索分配、销售机会管理、销售计划管理、销售活动管理、销售统计分析、销售预测等。

(3) 客户服务 相对于传统商业模式，在基于CRM的商业模式中，客户服务部门已成为企业的关键部门，它不再仅仅是一个成本来源的部门。企业只有提供快速、高效、优质的客户服务才能吸引和保持更多的客户。客户服务部门也不再只是传统的客户帮助平台，而是成为集成了电话、自动语音、即时通信、E-mail、短信、网站等各种通信媒介的全方位客户接触中心。越来越多的客户通过互联网查询产品或提交订单，客户对自助服务的要求越来越高。客户服务的主要流程包括服务合同管理、被动（呼入）服务管理、主动（呼出）服务管理、服务统计分析等。

（4）决策分析（商业智能）　客户关系管理的过程，说到底是对客户信息进行分析处理并做出决策的过程。缺少决策分析和商业智能，企业将无法做出迅速有效的决策反应。决策一般分为结构化决策和非结构化决策。结构化决策涉及的变量少，只要采用专门的公式处理相关信息，就能够得到准确的答案；非结构化决策存在许多"正确"解决方案，但没有能够计算出最优方案的精确公式，需要决策分析和商业智能的支持。在决策分析和商业智能的支持下，企业可以通过挖掘现有的数据资源，捕获信息、分析信息、沟通信息，发现许多过去缺乏认识或未被认识的关系，帮助管理者做出更好的商业决策。

3. 流程关键环节

客户关系管理起源于销售自动化（SFA），再拓展到服务、营销、决策分析与商业智能等。客户关系管理业务流程主线的关键环节主要是 SFA 的基本环节，包括客户、联系人、销售机会。订单客户是客户关系管理的核心，整个客户关系管理业务流程和系统都围绕着客户进行。

三、客户关系管理对企业的作用

由于汽车本身以及零部件的同质化和客户逐渐成熟，如何获取客户需求，如何影响客户需求，将是汽车营销企业整体业务中的重中之重。会员制将成为汽车行业营销的发展趋势。行之有效的 CRM 系统将帮助汽车营销企业在贯穿整车销售、零配件供应、售后服务、信息反馈的过程中整体提升盈利水平。下面按顺序对汽车销售和服务进行大致分解和分析。

1. 需求获取

汽车服务企业通过相关渠道获取客户数据后，定位销售产品的目标消费群体，然后通过各种沟通方式对目标客户群进行数据库营销。在此过程中，包括两个工作重点，一是精准选取目标客户并进行分类，二是对目标客户进行有效沟通。客户关系管理系统可以帮助汽车营销部门更好地管理客户数据，并根据客户与公司的互动和反馈情况对客户进行分类管理，同时可以对客户组进行群操作，如对某类客户群发送语音信息、传真信息、电子邮件信息、短信息等，并将客户各种形式的反馈信息进行归集。

2. 销售跟踪

在这一环节，客户关系管理系统可以帮助企业按照既定规则搜集客户信息，帮助企业以统一的界面面对顾客；对客户进行分类管理，向不同层次客户销售不同档次的产品；固化业务流程，大幅度提升业务人员的工作能力；实现知识库管理、知识共享，提升顾客对公司的信任度。同时，整合的客户信息便于利用，易于分配，既可以防止因业务人员流动造成客户流失，又可以防止业务人员发生"撞单现象"。

3. 订单执行

在这一过程中，进、销、存系统与客户关系管理系统进行对接，可以保障后续交付过程有序进行，信息化将大大提高交付过程的工作效率。

4. 汽车服务

汽车服务包括汽车保险、上牌、信贷以及汽车保养、维修等服务。客户关系管理系统可以为汽车服务企业建立客户档案，记录其维护、维修以及配件更换历史，协助维修技师工作，帮助公司实施客户忠诚度计划。周全、贴心的服务使车主不会轻易更换汽车维护提供商，帮助汽车服务企业保障整体利润来源。

5. 再销售信息获取，实现再销售

客户关系管理可以帮助汽车服务企业建立满意度调查问卷，跟踪客户体验，对数据进行自动统计，进行多维统计和分析。伴随私人汽车拥有量的迅速增长，需要购买第二辆或第三辆汽车的家庭或企业越来越多，DSS（decision support system，CRM 系统的附加模块）系统可以帮助企业对客户再销售进行挖掘。老客户购买新产品，将帮助汽车营销企业大大降低营销成本。

高效的客户关系管理系统配合开放的网络媒体资源，两者相互融合，发挥各自优势，将使汽车服务企业的营销活动开展得更为精准有效，节约了企业的人力、物力和财力，为企业创造更多利润。

第三节　客户关系管理的相关理论

一、关系营销理论

（一）关系营销的概念

所谓关系营销，是把营销活动看成一个企业与顾客、供应商、分销商、竞争者、政府机构及其他公众发生互动作用的过程，其核心是建立和发展与这些公众的良好关系。其运行原则是围绕"关系"展开，力求关系各方面的协调发展。

1. 主动沟通原则

在关系营销中，关系各方都应主动与其他关系方接触和联系，相互沟通信息，了解情况。要定期或不定期碰头，相互交流各关系方需求和利益的变化情况，主动为关系方服务或为关系方解决困难和问题，增强伙伴合作关系。

2. 承诺信任原则

在关系营销中，各关系方相互之间都应做出严肃的书面或口头承诺，并以自己的行为履行诺言，才能赢得关系方的信任。

3. 互惠原则

在与关系方交往过程中，必须做到相互满足对方的经济利益，并在公平、公正、公开的条件下，进行成熟、高质量的产品或价值交换，使关系方都能得到实惠。

（二）关系营销的本质特征

关系营销的本质特征可以概括为四点：沟通、合作、双赢、控制。

1. 沟通——以双向为原则的信息交流

关系营销是企业与消费者、竞争者、供应商、分销商、政府机构和社会组织发生互动作用的过程，其起点是与上述人员的沟通，广泛的信息交流和信息共享可以使企业赢得支持与合作。交流应该是双向的，既可以由企业开始，也可以由顾客或其他被营销方开始。如果仅仅是顾客联系企业，那么顾客往往会认为，这种交流和沟通不能充分和坦率地表达他们的意见和看法，因而也无法和某企业建立特殊关系。如果由企业主动和顾客联系，进行双向的交流，这对于加深顾客对企业的认识、察觉需求的变化、满足顾客特殊需求以及维系顾客等有重要意义。

2. 合作——以协同为基础的战略过程

关系的存在状态从性质上可分为对立性和合作性两类。对立性的关系状态是指企业组织与相关者之间为了各自目标、利益而相互排斥或反对，包括竞争、冲突、对抗、强制、斗争等；合作性的关系状态是指关系的主客体双方为了共同的利益和目标采取相互支持、相互配合的态度和行动。企业与相关者之间的对立与统一是并存的，但关系营销倾向于统一，即合作，它不仅要与顾客建立良好的关系以吸引顾客，也强调企业与企业及其他相关部门的关系，因为一个规模再大的公司，其资源和能力总是有限的，必须与其他公司进行合作分享。同行企业之间的过度竞争往往产生一些负效应，从而增加企业的生产成本和营销成本，降低企业收益，进行某种形式的合作营销则可以避免上述情况。

3. 双赢——以互利互惠为目标的营销活动

随着社会的发展，企业越来越受到政府"看得见的手"的宏观调控，一家公司不再只是经济实体，同时也成为社会实体。根据企业与公众关系的特点，有以下三种基本形式的利益关系：

（1）"共享"式 关系双方在根本利益上没有任何冲突，但有着共同的利益，双方可以通过交流相互满足对方的需要。

（2）"折中"式 双方利益带有冲突的性质，任何一方的行为都会给对方利益带来损失，但只要双方以平等的态度考虑各自的利益和需要，则双方都能得到一定程度的满足，两者间的冲突是可以调和的。

（3）"妥协"式　关系双方之间有相互冲突的利害关系，而且这种冲突是不可调和的，往往需要一方让步。

关系营销发生的最主要原因是买卖双方相互之间有利益上的互补。企业用产品或服务从消费者那里获取利润，消费者用货币从市场上得到企业提供的自己所需的产品或服务。如果没有各自利益的实现和满足，双方就不会建立良好的关系。关系建立在互利的基础上，使双方在利益上取得一致，并使双方的利益得以满足，这是关系赖以建立和发展的基础。真正的关系营销，是达到关系双方互利互惠的境界。因此，关系协调的关键在于了解双方的利益需求，寻找双方利益的共同点，并努力使共同的利益得到实现。从某种角度看，可以将企业利益分为实质利益和关系利益。关系营销的基本目标是赢得公众的信赖、好感与合作。因此当关系双方的利益相互冲突时，企业只能舍弃实质利益，换来的则是宝贵的关系利益。

4. 控制——以反馈为职能的管理系统

建立良好的关系，需要一个反应灵敏的管理系统，用以追踪顾客、经销商以及营销系统中其他参与者的态度。因此，关系营销必须具备一个反馈的循环，用以连接关系的双方，公司由此可以了解到环境的动态变化，根据合作方提供的非常有用的反馈信息，以改进产品和技术。

关系营销是由许多管理"关系"的一系列活动所构成的一个社会性过程。在宏观上，应认识到关系营销会对范围很广的一系列领域产生影响；在微观上，应认识到企业与顾客相互关系的性质在不断的变化，市场营销的核心从交易转到了关系。

（三）关系营销的市场模型

1. 关系市场的分类

关系营销中的"关系"非常广泛，包括与客户、供应商、分销商、内部员工、竞争者以及其他利益相关者的关系，由此形成了六大关系市场。

（1）客户市场　客户市场是上述六大关系市场的核心。客户是企业生存和发展的基础，市场竞争的实质是对客户的争夺。企业在争取新客户的同时，还必须重视留住老客户，培育和发展忠诚客户。企业通过数据库营销、客户忠诚计划等形式，更好地满足客户需求，增强客户信任，保持密切关系。

（2）供应商市场　任何一个企业都不可能独自解决生产中所需的包括人、财、物、技术、信息等在内的所有资源。与供应商的关系决定了企业所能获得的资源数量、质量以及获取的速度。企业需要与供应商建立紧密的网络合作关系，进行必要的资源交换。另外，企业的市场声望也部分来自与供应商所形成的关系。

（3）分销商市场　销售渠道是企业的生命线，在分销商市场上，零售商和批发商的支持对于产品的成功至关重要。随着营销竞争的加剧，在某种程度上，掌握了销售通路就等于占领了市场。优秀的分销商是企业竞争优势的重要组成部分。通过与分销商的合作，利用他们的人力、物力、财力，企业可以用最小的成本获得市场，完成产品的流通销售，并能有效地阻止竞争者的产品进入。

（4）内部员工市场　内部营销源于将员工当成企业内部市场的观念。任何一家企业，若想让外部客户满意，首先必须让内部员工满意。唯有满意的员工，才有可能以更高的工作效率为外部客户提供更优质的服务，并最终让外部客户满意。内部市场不只是营销部门和直接为外部客户提供服务的人员，也包括企业的所有员工。在为客户创造价值的过程中，任何一个环节的低效率或低质量都可能影响最终的客户价值。

（5）竞争者市场　在竞争者市场中，争取与竞争者合作，实现知识转移、资源共享以及更有效地利用资源，共同做大市场规模，这也是企业营销活动的目的之一。现代竞争已经发展成一种竞争与合作的"竞合"关系，在竞争中实现双赢。企业通过与竞争者在产品研发、原料采购、生产制造、渠道销售等方面的合作，相互分担费用和风险，增强经营能力。

（6）利益相关者市场　金融机构、新闻媒体、政府、社区、行业协会以及诸如消费者权益保护组织、环保组织等各种社会团体与非政府组织，它们与企业存在千丝万缕的关系，对于企业的生存和发展都会产生重要的影响，因此企业有必要将它们作为一个市场来对待，制定以公共关系为主要手段的营销策略。

2. 关系营销形态

关系营销是在人与人之间的交往过程中实现的，而人与人之间的关系错综复杂。上述六大市场中的关系营销形态归纳起来大致有以下六种。

（1）亲缘关系营销形态　亲缘关系营销是指依靠家庭血缘关系维系的市场营销，如以父子和兄弟姐妹等亲缘为基础所进行的营销活动。这种关系营销的各关系方盘根错节、根基深厚、关系稳定、时间长久，利益关系容易协调，但应用范围有一定的局限性。

（2）地缘关系营销形态　地缘关系营销是指以企业营销人员所处地域空间为界所维系的营销活动，如利用同省、同县的老乡关系或同一地区企业关系进行的营销活动。这种关系营销在经济不发达、交通通信落后、物流商流信息流不畅的地区作用较大。在初级阶段的市场经济中，这种关系营销形态不可忽视。

（3）业缘关系营销形态　业缘关系营销是指以同一职业或同一行业之间的关系为基础进行的营销活动。例如同事、同行、同学之间的关系，由于接受相同的文化熏陶，彼此具有相同的志趣，在感情上容易紧密结合为一个"整体"，可以在较长时间内相互帮助、相互协作。

（4）文化习俗关系营销形态　文化习俗关系营销是指以企业、人员之间所具有的共同文化、信仰、风俗习惯为基础进行的营销活动。由于企业、人员之间有共同的理念、信仰和习俗，在营销活动的相互接触交往中易于心领神会，对产品或服务的品牌、包装、性能等有相似需求，容易建立长期的伙伴营销关系。

（5）偶发性关系营销形态　偶发性关系营销是指在特定的时间和空间条件下发生突然机遇而形成的一种关系营销，如营销人员在与同坐旅客闲谈中可能使某项产品成交。这种营销具有突发性、短暂性、不确定性的特点，往往与前几种形态相联系，但这种偶发性机遇又会成为企业扩大市场占有率、开发新产品的契机，如能抓住机遇，可能成为一个企业兴衰成败的关键。

（6）网络关系营销形态　随着互联网技术的应用与发展，网络关系营销已经成为关系营销的主要形态和理想工具。网络关系营销是指企业借助网络、通信和数字媒体技术实现营销目标，以互联网或移动互联网为基本手段进行各种网上营销活动。

（四）关系营销与传统营销的区别

关系营销相比于传统的市场营销组合有较大区别，主要表现在：

①传统营销的核心是交易，企业诱使双方发生交易并从中获利；关系营销的核心是关系，企业通过建立双方良好的互惠合作关系从中获利。

②传统营销的视野局限于目标市场上；关系营销所涉及的范围包括顾客、供应商、分销商、竞争对手、银行、政府及内部员工等。

③传统营销关心如何生产，如何获得顾客；关系营销强调充分利用现有资源，强调保持现有顾客。

二、客户满意理论

（一）客户满意的概念

客户满意（customer satisfaction）是 20 世纪 80 年代中后期出现的一种经营思想，其主要内容可以表述为：企业的经营活动要以客户满意度为指针，从客户的角度、用客户的观点而不是企业自身的利益和观点出发分析客户需求，尽可能全面尊重和维护客户利益。它的主要特征是"以客户为关注焦点"。

市场竞争主要表现在对客户的全面争夺，是否拥有客户取决于企业与客户之间的关系，取决于客户对企业产品和服务的满意程度。客户满意程度越高，企业竞争力越强，市场占有率就越大，企业效益就会越好。"客户是上帝""组织依存于客户"已成为企业界的共识，让"客户满意"也成为企业的营销战略。

菲利普·科特勒（Philip Kotler）认为，客户满意是指一个人通过对一种产品的可感知效果与其期望值相比较后，所形成的愉悦或失望的感觉状态。巴克（Barky）等认为，客户满意是指客户使用产品/服务前的预期与使用后所感知的效果相比较的结果。而客户满意度是客户满意水平的量化。如果可感知的效果低于期望值，客户就会不满意；如果可感知的效果与期望值相匹配，客户就会满意；如果感知的效果超过期望值，客户就会高度满意或欣喜。因此，满意水平是可感知的效果与其期望值之间的差异函数，即客户满意水平 = f（事前期望值，事后感知效果）。

理查德·奥利弗（Richard Oliver）认为，满意是一种影响态度的情感反应。针对某种产品和服务的消费，他提出了一个具有扩展性的客户满意度定义：客户满意是客户对于自己愿望的兑现程度的一种反应，是一种判断方式。这种判断方式的对象是一种产品/服务的特性以及这种产品和服务本身，判断的标准是看这种产品/服务满足客户需求的程度，包括低于或高于预期。该定义包含了三种满意情况：未达到客户要求、达到客户要求和超出客户要求。未达到客户要求的客户就会不满，达到客户要求就会使客户勉强满意，超过客户要求就会使客户满意。

综上所述，客户满意的基础理论是心理学上的差距理论，即客户感知价值与客户预期的差距决定了客户的满意程度。也就是说，客户满意是指客户对一个产品/服务可感知的效果（或结果）与其期望值相比较后，形成的愉悦或失望的感知状态。客户满意一般包括以下五个方面的内容：

①理念满意。这是企业经营理念带给客户的满足状态。

②行为满意。这是指企业全部运行状态带给客户的满足状态。

③视听满意。这是企业可视性和可听性外在形象带给客户的满足状态。

④产品满意。这是企业的产品带给客户的满足状态。

⑤服务满意。这是企业的服务带给客户的满意状态。

（二）客户满意的影响因素

1. 产品和服务质量

影响客户满意的因素很多，许多学者从不同的角度对此进行了研究，这里介绍著名的卡诺模型理论。卡诺模型是由日本人卡诺博士（Noriaki Kano）提出的，卡诺认为产品和服务质量应分为三类：当然质量、期望质量和迷人质量，如图1-5所示。

（1）当然质量　当然质量是指产品和服务应当具备的质量，客户不对这类质量做任何表述，因为客户假定这是产品/服务所必须提供的，如电视机的清晰度、汽车的安全性等。客户认为这类质量特性的重要程度很高，即使企业在这类质量特性上的表现很好，也不会显著增加客户的满意度。反之，如果企业在这类质量特性上的表现不好，将会导致客户极度不满。客户对当然质量的需求是一种基本型需求，其需求的实现程度与客

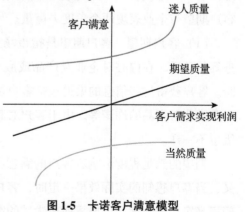

图1-5　卡诺客户满意模型

户满意度的关系是一种非线性相关的关系。

（2）期望质量　期望质量是指客户对产品和服务有具体要求的质量特性，如汽车的省油度、服务的快捷性、产品的可靠性等。客户对期望质量的要求没有当然质量那样苛刻，尽管要求提供的产品/服务比较优秀，但并不是"必需"的产品属性或服务行为。在企业的市场调查中，客户谈论的通常是期望质量。产品/服务水平超出客户期望越多，客户满意度越好，反之亦然。客户对期望质量的需求是一种期望型需求，其需求的实现程度与客户满意度的关系是一种线性相关的关系。

（3）迷人质量　迷人质量是指产品/服务所具备的、超越了客户期望的、客户没有想到的质量特性。客户对迷人质量不会有过分期望，但企业一旦能够提供这种质量，则能给客户惊喜，激起客户的购买欲望，客户表现出的满意状况会非常高。客户对迷人质量的需求是一种魅力型需求，随着其需求实现程度的增加，客户满意度也急剧上升。反之，即使该需求不能实现，客户也不会因此表现出明显的不满意。客户对其需求的实现程度与客户满意度的关系是非线性相关的关系。

上述三种产品或服务的质量属性，从不同角度对满意度的影响因素进行了定性分析。对企业而言，它们所提供的产品或服务必须保证当然质量、不断改进期望质量、积极开发迷人质量。需要指出的是，这三种质量可能是动态变化的。例如，随着科技进步、生产发展、客户需求变化等，期望质量可能转变成当然质量，迷人质量则可能转变为期望质量甚至当然质量。

2. 客户满意影响因素的分析途径

客户满意是客户的一种心理感受，是一个复杂的心理过程，不同的客户其心理过程皆不一样，即使是同一个客户在不同的情景下消费同一种产品或服务，其满意度也会不一样。而且根据客户满意度的定义，客户满意度是客户期望与客户感知效果的比较结果，客户期望属于客户心理范畴的概念，而感知效果既取决于企业提供的产品或服务实绩，又取决于客户的感知水平（感受性），还取决于当时双方关系的情景。因此，分析客户满意影响因素应当从客户期望与企业表现两个角度去衡量。

（1）客户期望　客户期望是指市场上的客户从各种渠道获得企业及其产品、价格、服务等信息后，在内心对企业及产品或服务形成某种标准，进而会对企业的行为形成一种期盼。客户获得这些信息的渠道包括客户过去的购买经验、周边人们的言论、企业发布的广告以及企业对产品的许诺等。由于客户对其产品或服务形成的标准高低不一，因而其期望的等级也不一样。

期望的满足程度影响着客户的满意度，从而影响企业的销售和收入。根据客户满意的定义，当客户感知的实际效果一定时，客户期望与客户满意成反方向变化，即降低客户期望有望提高客户满意度，但愿意前来尝试的客户也会少，因此即使客户满意，但由于客户的基数小，销售量也就少。相反，提高客户期望有利于吸引客户购买，但不利于客户满意度，从而导致重复购买率低。

企业可以从"渴求的产品和服务""容忍的范围""必要的产品和服务"等方面收集影响客户期望的信息。同时，产品或服务属性对客户的重要程度也会影响客户期望，对客户越是重要的产品或服务属性，客户的期望就越高；反之，客户认为对其不太重要的属性，期望也就越小。

（2）企业表现　让客户满意的关键之一就是要弄清哪些因素对客户重要，需要尽力满足客户的哪些期望。这些因素不仅来自产品/服务本身，许多产品/服务之外的因素也会影响客户满意度。从企业的产品和服务构成来看，影响客户满意的因素可以分为五个层次：

1）核心产品。优秀的核心产品/服务是赢得客户满意的基础。但由于技术进步与扩散市场的激烈竞争等因素，产品越来越同质化，向客户证明企业的产品/服务优于其他企业往往是困难的。

2）服务支持。这一层次包括外围的和支持性的服务，这些服务有助于向客户提供核心产品，如服务时间、员工水平、信息沟通、存储系统、维修和技术支持、求助热线以及其他支持计划等。

3）计划表现。这一层次主要体现在企业的产品和服务是否符合标准，以及企业向客户的承诺是否得到履行，如坚持标准、按时供应、信守承诺等。客户任何时候都期望企业信守诺言，这是关系中一个非常重要的因素。

4）客户互动。强调企业应通过整合多种互动渠道，与客户之间进行有效互动，如各种接触渠道的便利性和服务的一致性、服务的速度和质量、企业员工的能力与素质、客户被关注的程度以及客户如何被接待和服务等。

5）情感因素。企业与客户需要一些情感上的沟通，这是建立有价值客户关系的重要组成部分，没有客户的这种情感，就没有真正的客户关系，而只是一系列的交易。企业需要考虑传递给客户的情感信息是正面的还是负面的。

案例分享：2016 年 6 月 30 日，J. D. Power 亚太公司发布了 2016 中国汽车销售满意度调查研究结果，这其中，奥迪超出豪华车细分市场的平均得分，成为销售满意度排名最高的品牌，在主流车细分领域，东风雪铁龙位居榜首。

J. D. Power 的中国汽车销售满意度研究主要从售前服务启动到交车环节的五大因子分析，从而衡量消费者买车体验的满意程度，按照权重分别为"交车过程"（23%）、"开始购车经历"（21%）、"交易过程"（20%）、"经销商设施"（19%）和"销售人员"（17%）。

报告显示，尽管购车折扣不断增加，新车车主的满意度却下降了。2016 年豪华车市场每辆新车的平均折扣，从 2014 年的 17108 元增加到 33468 元。在主流车市场，新车平均折扣从 2014 年的 7316 元增加到 9303 元。J. D. Power 汽车零售事业部总经理姜忠军强调指出，这一现象的出现主要是汽车行业增速放缓，当前汽车市场可供消费者选择的车型过多，经销商无所适从导致的，汽车品牌尤其是豪华车品牌不得不选择降价、促销等方式吸引消费者购买。"在折扣让利之外，提升销售体验能够为厂商和经销商提供更多机会。个性化的、一对一的客户服务在销售阶段可以打动消费者，在购车后能为车主带来欣喜，从而实现更长远的价值"，姜忠军如是说。（新浪汽车）

三、客户忠诚理论

（一）客户忠诚的含义

客户忠诚营销理论（Customer Loyal，CL）是在企业形象设计理论（Corporate Identity，CI）和客户满意理论（Customer satisfaction，CS）的基础上发展而来的。其主要内容可表述为：企业应以满足客户的需求和期望为目标，有效地消除和预防客户的抱怨和投诉，不断提高客户满意度，促进客户忠诚，在企业与客户之间建立起一种相互信任、相互依赖的"质量价值链"。

1. 客户忠诚的内涵

客户忠诚是指客户对企业的产品或服务的依恋或爱慕的感情，它主要通过客户的情感忠诚、行为忠诚和意识忠诚表现出来。其中：情感忠诚表现为客户对企业的理念、行为和视觉形象的高度认同和满意；行为忠诚表现为客户再次消费时对企业的产品或服务的重复购买行为；意识忠诚则表现为客户对企业的产品或服务的未来消费意向。由情感、行为和意识三个方面组成的客户忠诚营销理论，着重于对客户行为趋向的评价，通过开展这种评价活动，反映企业在未来经营活动中的竞争优势。

2. 客户忠诚内涵的具体表现

忠诚客户对企业产品/服务有倾向性的购买行为；忠诚客户是企业最有价值的客户；客户忠诚的小幅度增加会带来企业利润的大幅度增加；客户忠诚营销理论的关注焦点是利润。建立客户忠诚是实现持续利润增长的最有效途径，企业必须将做交易的观念转化为与客户建立关系的观念，从集中于对客户的争取和征服转变为集中于客户的忠诚与持久。

（二）客户忠诚的类型

不同的学者从不同的角度将客户忠诚划分为不同的类型。

1. 根据客户重复购买行为产生的原因划分

美国凯瑟琳·辛德尔根据客户重复购买行为的原因，将客户忠诚划分为以下 7 种类型：垄断忠诚、惰性忠诚、潜在忠诚、方便忠诚、价格忠诚、激励忠诚和超值忠诚，见表 1-3。

表 1-3　客户忠诚的类型

序号	客户忠诚的类型	表现属性
1	垄断忠诚	客户在别无选择下的顺从
2	惰性忠诚	由于惰性而不愿意去寻找其他供应源。客户是低依恋、高重复的购买者
3	潜在忠诚	客户是高依恋、低重复的购买者
4	方便忠诚	客户是低依恋、高重复的购买者
5	价格忠诚	对价格敏感的客户会忠诚于最低价格的零售商
6	激励忠诚	企业通常会为经常光临的客户提供一些忠诚奖励
7	超值忠诚	是典型的感情或品牌忠诚。超值忠诚的客户是高依恋、高重复的购买客户

1）垄断忠诚是因为市场上只有一个供应商，或者由于政府的原因只允许有一个供应商。此时该供应商就形成了产品或服务的垄断，客户别无选择，只能选择该供应商提供的产品或服务。

2）惰性忠诚也称为习惯忠诚，是指客户由于惰性方面的原因而不愿意去寻找新的企业。

3）潜在忠诚是指客户希望能够不断地购买企业的产品或者再次享受服务，但由于企业的一些内部规定或者其他因素限制了这些客户的购买行为。

4）方便忠诚是指客户出于供应商地理位置等因素考虑，总是在该处购买。但是一旦出现更为方便的供应商或者更为满意的目标，这种忠诚就会随之减弱，甚至消失。

5）价格忠诚是指客户对价格十分敏感，产生重复购买的原因在于该供应商所供产品的价格符合其期望。价格忠诚的客户倾向于能提供最低价格的供应商，价格是决定其购买行为的关键因素。

6）激励忠诚是指在企业提供奖励计划时，客户会经常购买。具有激励忠诚的客户重复购买产品或者服务的原因在于企业所提供的奖励，因此一旦企业不再提供奖励，这些客户就转向其他提供奖励的企业。

7）超值忠诚是指客户在了解、消费企业产品或服务的过程中，与企业有了某种感情上的联系，或者对企业有了总的趋于正面的评价而表现出来的忠诚。具有超值忠诚的客户不仅在行为上体现为不断重复购买，同时在心理上也对企业的产品或者服务有高度的认同感。

根据客户对企业产品或者服务的依恋程度及客户重复购买的频率，在上述 7 种类型的客户忠诚中，超值忠诚属于高依恋度、高重复购买行为；垄断忠诚、惰性忠诚、方便忠诚、价格忠诚和激励忠诚是低依恋度、高重复购买行为；潜在忠诚则是高依恋度、低重复购买行为。

2. 根据客户对产品或服务的需求、对于品牌的态度和满意度分类

全球著名的战略咨询公司——麦肯锡（Mckinsey）根据客户对产品或服务的需求、对于品牌的态度和满意度，将客户忠诚度由高到低划分为 6 种类型：感情型忠诚、惯性型忠诚、理智型忠诚、生活方式改变型、理智型、不满意型。

（1）感情型忠诚客户　此类客户喜欢公司的产品或服务，认为该公司提供的产品或者服务符合自己的品位、风格。

（2）惯性型忠诚客户　由于固定的消费习惯带来的客户忠诚。

（3）理智型忠诚客户　经常重新对品牌进行选择，反复推敲消费决策。

（4）生活方式改变型客户　客户自身需求的改变，导致消费习惯和方向改变。

（5）理智型客户　通过理性的标准选择新的品牌，经常反复比较消费。

（6）不满意型客户　因为曾经的不满意购买经历而对品牌重新考虑。

在上述客户类型中，前 3 种是企业的忠诚客户，后 3 种则是正准备转向其他企业的产品或者服务的客户。

（三）客户忠诚的衡量

迄今为止，现有研究对客户忠诚的衡量并没有一致意见。有些学者认为可以通过客户保持度和客户占有率来衡量。其中，客户保持度是指企业和客户关系维系时间的长短。与客户保持度相关的概念是客户保持率，即在一段时间内达到特定购买次数的客户百分比。客户占有率也称为客户钱包份额，一家公司的客户占有率是指客户将预算花在这家公司上的百分比。例如，某公司获得了 100% 或者全部客户，换言之，客户把他所有的预算都花在了该公司的产品或者服务上。而这家公司的竞争者获得客户预算的一定百分比时，相对地就是该公司丧失了那部分的客户占有率。

另外一些学者则认为仅通过客户保持度和客户占有率来衡量客户忠诚过于简单，他们认为应当利用更为全面的指标来衡量，包括客户重复购买的次数、客户挑选时间的长短、客户对价格的敏感程度、客户对竞争品牌的态度、客户对产品质量的承受能力、客户购买费用的多少等几个方面。还有学者在上述指标的基础上增加了客户对企业的感情、推荐潜在客户等指标。

综合不同学者的观点，本书认为客户忠诚可以从时间、行为和情感几个方面来衡量。

1. 时间维度

客户忠诚具有时间特征，它体现为客户在一段时间内不断关注、购买企业的产品或者服务。如果客户与企业只有一次交易记录，那自然不能认为该客户的忠诚度很高。因此，客户与企业交易关系的持续时间是衡量客户忠诚的指标之一。

2. 行为特征

（1）客户重复购买率　客户的重复购买率是指客户在一段时间内购买企业产品或者服

务的次数。在确定的时间内，客户购买公司产品或者服务的次数越多，自然说明客户偏爱该产品或者服务，反之亦然。

需要注意的是，在衡量客户重复购买率这一指标时，首先需要确定在多长的时间内衡量客户购买次数。对时间的确定需要根据产品的用途、性能和结构等因素来合理确定。例如，对于汽车、家具、家电等耐用消费品而言，客户购买的时间间隔一般都在3年以上，如果以1年来衡量客户的重复购买率，显然是不合适的。对于银行、饭店以及许多快速消费品而言，其衡量客户重复购买率的时间则以月计算较为合适。其次，在衡量客户重复购买产品或者服务时，并不仅局限于同一类产品或者服务，而应当从企业经营的产品品种的角度考虑。如果客户不是重复购买同一种产品，而是购买企业不同种类或者品牌的产品，那么也应当认为客户具有较高的重复购买率。

（2）客户挑选时间的长短　有关消费者行为的研究表明：客户购买产品都会经历挑选这一过程。挑选意味着客户花费时间用于了解企业产品，同时包括了客户比较不同企业产品的过程。如果客户对企业的忠诚度较低，那么客户就会花费较长的时间来收集信息，比较不同企业提供的产品，最后才决定是否购买。相反，如果客户信任企业的产品，那么用于挑选的时间就会缩短，会快速决定产品的购买。因此，客户挑选产品的时间长短，也可以用来衡量客户忠诚。

（3）购买费用　购买费用包括以下两部分：

1）客户用于某一品牌或者产品的金额。

2）在客户用于某一产品的预算中本企业所占的比重，这也被称为客户钱包份额或者客户占有率。

对企业而言，在客户用于某一产品预算不变的情况下，购买本企业产品的金额增加，则表明客户对本企业产品的信任程度提高，忠诚度增加；或者客户扩大产品预算用于增加购买本企业产品，也表明客户忠诚度提高。

（4）客户对价格的敏感程度　价格是影响客户购买产品或者服务的重要因素之一，但这并不意味着客户对各种产品的价格变动都有同样的态度和反应。许多研究和企业实践都表明：对客户喜爱和信赖的产品或者服务，客户对其价格变动的承受力较强，其购买行为较少受到价格波动的影响，即客户对价格的敏感度低；相反，对客户不喜爱或者没有信赖感的产品或者服务，客户对其价格变动的承受力较弱，一旦价格上涨，客户立刻会减少购买行为，即客户对价格的敏感度高。可见，客户对企业产品或者服务的价格敏感程度，可以用来衡量客户忠诚。

3. 情感特征

（1）客户对企业的信赖　客户对企业的信赖来源于客户与企业交易过程中累积形成的满意，是由满意累积以后形成的对企业产品和品牌的信任与维护。这种信赖会让客户主动向周围的人推荐企业的产品和品牌，提升企业的口碑和影响力。

（2）客户对产品质量问题的态度　对企业而言，即使再仔细的产品质量检查，都无法保证产品100%没有问题。因此，不论是知名企业还是一般的中小企业，其生产的任何产品或者服务都有可能出现各种质量问题。当出现产品质量问题时，如果客户对企业的忠诚度较高，那么客户会采取相对宽容的、协商解决的态度；相反，若客户对企业的忠诚度较低，则会让客户感到强烈的不满，会要求企业给予足够的补偿，甚至会通过法律途径解决问题。

（3）客户对待竞争品牌的态度　客户对待竞争品牌的态度也是衡量客户忠诚的重要指标。一般而言，当客户对企业的忠诚度较高时，会减少对竞争品牌的关注，而把更多的时间和精力用于关注本企业的产品或服务。相反，如果客户对竞争品牌的产品或者服务有兴趣或者好感，并且花费较多的时间了解竞争品牌，那么表明客户对本企业的忠诚度较低。

（四）客户忠诚的影响因素

影响客户忠诚的因素包括提升客户忠诚的积极因素以及维持客户忠诚的消极因素。其中，积极因素是指能够驱动客户主动保持与企业关系的因素，主要是企业能够给客户带来更多的利益。消极因素是指推动客户被动维持关系的因素，如由于客户退出关系需要遭受的损失和代价。对于企业而言，一方面需要不断增加为客户提供的价值，增强客户对企业的心理依附。另一方面，也需要不断提高客户退出关系的壁垒，让客户更长时间维持与企业的关系。另外，不少研究和企业实践都表明，客户满意是影响客户忠诚的重要因素。

1. 积极因素

（1）增强客户从企业获得的利益　客户从企业购买产品或者服务的原因在于客户能够从中获得满意的收益。有调查数据表明，客户一般乐于与企业建立长久关系，其主要原因是希望从忠诚中获得优惠和特殊关照。客户从忠诚中获得的额外收益包括：

1）更低的购买成本或者额外的奖励。例如，汽车服务企业实行的会员卡制度，那些经常光顾、频繁购买的客户可以获得额外的奖励。

2）在提供产品的同时，为客户提供额外的服务。

案例分享：传统的会员积分卡模式已经完全落伍了，在移动互联的今天，怎么改变激励方式？主要有六点：

①即时化。随着客户的年龄越来越年轻，90后、00后都开始买车了，这部分客户会逐步地成为我们的主要客户群体，而这部分人往往缺乏耐心，希望今天做一件事情，我今天就有回报。对于会员也是这个道理。比如说住酒店，前台告诉你，今天这次入住将产生2000积分，如果酒店同意将这些积分兑换成咖啡吧里一杯免费的拿铁（即牛奶咖啡），比等待几天发来一封邮件告诉你账户里多了2000积分，肯定更有激励作用。很明显，即时化是现今忠诚度计划激励重要的趋势。

②个性化。近年来很多企业开始将激励的方式个性化，客户喜欢什么就提供什么样的激励。比如说喜欢音乐会，住酒店就给他提供音乐会门票等。将各种权益个性化，更能吸引客户去消费。

③游戏化。比如加油。传统方法是加1L油积几分，积到多少分换东西。而我们设定一系列的任务，比如在两个月之内，在本市区超过5座加油站加过油，算完成了任务一，目的是让客户知道我公司都有哪些加油站，完成这项任务以后可以拿到多少积分。任务二是欢乐郊游，若客户在几个郊区站加过油，又能得到多少积分。任务三是黑暗骑士，即晚上8点以后有两次加油，因为加油站白天都要排队，晚上车少，所以希望客户晚上去加油。通过对这几项任务进行排名，进行任务化、标签化激励，就会发现客户参与的兴趣比只是简单的加油得积分换礼品要高很多。

④社群化。以宝马俱乐部为例，它本身的定位于社交性、社群性，通过加入现有的社交媒体移动终端，客户们可以很方便地进行观点分享、点赞和转发，所以车主同车主之间的互动立刻得到了加强。

⑤联盟化。汽车企业可以围绕某一类群体的用车习惯，建立场景化的服务联盟，这是非常重要的方式。

⑥移动化。手机APP应用越来越多，怎么做到移动化，使之服务于客户忠诚度的提升。

引自腾讯汽车，曾智辉：打造客户忠诚的三大核心策略

（2）客户的情感因素　客户的情感因素主要涉及客户对企业的信任以及对企业的喜爱，这种情感因素体现了客户对企业及其产品的良好印象。《情感营销》一书的作者认为，情感是成功的市场营销的唯一的、真正的基础，是价值、客户忠诚和利润的秘诀。

案例分享：一家4S店的店长开展了一项活动——"把感动留给您的服务月"。活动中列有一条：洗车时必须检查顾客车的玻璃清洗液，如有必要为顾客添加。一位顾客来店洗车，员工发现玻璃清洗液没有了。洗完之后，员工问顾客要不要加玻璃清洗液。顾客看了一眼没有反应，然后就开车上路了。过了两天，在高速上下雨了，这位顾客想起没有玻璃清洗液。当他试着喷玻璃清洗液的时候，竟喷出了玻璃清洗液，这位顾客一下感动了。虽然该顾客后来搬走了，但还是来这个店做保养。

引自网易汽车，打造强关系 顾客与忠诚客户的六大攻略

2. 消极因素

（1）沉没成本　沉没成本是指客户过去在关系中投入的、在终止关系时将损失的关系投资。对客户而言，这种关系投资只有在特定的关系中才有价值，一旦关系终止，所做的投

资都将失去其价值。这些沉没成本包括学习特定的产品使用而花费的时间、精力以及培训费用，为了使用某种产品或者流程、系统而进行的投资等。

（2）转移成本　转移成本是指客户从一个供应商转移到另一个供应商的过程中所付出的成本，主要包括：收集信息的成本，与新供应商进行谈判所花费的时间、金钱、人力等费用，调整现有业务、流程体系所需的各种费用，熟悉新供应商产品或者服务所需要的学习成本等。

（3）其他因素　除了上述两方面因素之外，还有其他因素也会影响客户忠诚，如企业的内部管理。如果企业不注重对员工进行培训，不注重对客户抱怨的处理，都将影响客户忠诚。

（五）满意度与忠诚度的关系

忠诚度是指客户再次购买相同企业产品或服务的行为。调查表明，如果一个网站不能吸引人，那么75%的客户不会访问第二次。美国亚马逊公司的客户中有65%是回头客，这是它成功的主要原因之一。客户对企业是否满意，会不会再次光临，客户心中有自己的评判标准，那就是企业的产品和服务能否最大化地满足客户需求。客户的忠诚度有赖于满意度的提高，更取决于客户对你的信任度。这种忠诚度可以带来重复的购买、推荐和价值的增加。

1. 客户满意是态度，客户忠诚是行为

忠诚度的基础在于持续的客户满意，满意是一种情感上的联系，而不是一种行为。忠诚的客户来源于满意的客户，但满意的客户并不一定是忠诚的客户。有些企业客户的满意度提高了，但销量并未明显增加。建立并加强客户对企业的信任度更为重要。

2. 忠诚比满意更有价值

在新的竞争环境下，企业越来越重视与客户建立更有价值的关系，客户关系管理也越来越受到众商家的追捧，成为企业重新建立竞争优势的一件法宝。

所谓客户关系管理，是指企业通过富有意义的交流沟通，理解客户并影响客户行为，最终实现获得更多的客户、保留更好的客户、创造更大的客户价值、保持客户永久的忠诚，从而为企业带来更丰厚的利润和持续的竞争优势。

很多时候，企业将客户满意与客户忠诚混淆使用，没有深刻理解其中内涵的差异，使得企业的客户关系管理步入了误区。我们面临的现实情况是，在竞争日趋激烈、以客户为导向的市场环境中，越来越多的公司追逐客户满意度的提升，但是很多企业追逐的效果并不尽如人意。他们发现，企业如果只是追求客户满意度往往不能解决最终的问题。因为很多时候，企业的客户满意度提高了，并不意味着企业的利润就立即获得了提高，这中间的关键就是企业没有使客户对企业的满意上升到忠诚。满意的客户不一定能保证他们始终会对企业忠诚，并产生重复购买的行为。

3. 忠诚是满意的提升

客户满意不等于客户忠诚。客户满意是一种心理的满足，是客户在消费后所表露出的态度；客户忠诚是从客户满意概念中引申出的概念，客户忠诚是一种持续交易的行为，可以促进客户重复购买的发生。对于企业来说，客户的忠诚才是最重要的，满意并不是客户关系管理的根本目的。正如一本名为《客户满意一钱不值，客户忠诚至尊无价》的书中所言："客户满意一钱不值，因为满意的客户仍然购买其他企业的产品。对交易过程的每个环节都十分满意的客户，也会因为一个更好的价格变换供应商，而有时尽管客户对你的产品和服务不是绝对满意，你却能一直锁定这个客户。"

四、客户价值理论

客户价值是营销领域一个很时髦的术语，然而对客户价值的看法却有很多种，甚至存在严重冲突，难以有一个统一合理的定义。目前，在引用客户价值的概念时，主要有两个方向：一是企业为客户创造或提供的价值；二是客户为企业创造的价值。显然，这两个价值的内涵是截然相反的。向客户递送超凡的价值无疑可以成功地赢得客户，但必须同时考虑这种价值递送对企业来讲是否有利可图，如果一味地追求"所有客户100%满意"，那么企业需要增加太多成本，效果可能会适得其反。这是两个方向的价值存在矛盾的地方。但从另一个角度看，它们也存在统一性，即为客户创造价值越多，客户满意度就越高，忠诚度也会提高，客户可以为企业创造更长期的价值。因此，企业为客户创造价值有利于增加客户为企业创造价值。为了统一这两个方面的价值衡量，本书使用客户终身价值（Customer Lifetime Value，CLV）来衡量客户为企业所创造的价值，用客户让渡价值（Customer Delivered Value，CDV）来衡量企业为客户所创造的价值。这里"让渡"的英文词是 Deliver，实际就是向客户"递送"价值的意思。

（一）客户让渡价值的内涵

客户让渡价值是菲利普·科特勒在《营销管理》一书中提出来的。他认为，客户让渡价值是指客户总价值（Total Customer Value，TCV）与客户总成本（Total Customer Cost，TCC）之间的差额。客户总价值是指客户购买某一产品或服务所期望获得的一组利益，它包括产品价值、服务价值、人员价值和形象价值等。客户总成本是指客户为购买某一种产品所耗费的时间、精神、体力以及所支付的货币等。客户购买时总希望将包括货币、时间、精神和体力等在内的相关成本降到最低，同时又希望从中获得更多的实际利益，以使自己的需求得到最大程度的满足。因此，客户会从价值与成本两个方面进行比较分析，从中选出价值最高、成本最低，即客户让渡价值最大的产品作为优先购买对象。为吸引更多的潜在客户，企业必须向客户提供比竞争对手具有更多客户让渡价值的产品，只有这样才能使自己的产品为消费者所注意，进而购买本企业的产品。为此，企业可以从两个方面改进自己的工作：一是改进产品、服务、人员与形象，提高产品的总价值；二是降低生产与销售成本，减少客户购买产品的时间、精神与体力耗费，从而降低货币与非货币成本。影响客户让渡价值的因素很多，如企业的营销组合策略、企业所处的市场环境、科技水平的进步、客户的行为、客户的意识等，它们之间的关系以及作用机制非常复杂。

（二）客户让渡价值的特点

1. 客户让渡价值具有潜在性

在不同的环境因素下，客户追求不同层次需要的满足，其性质与程度都会随着时间与环境而变化，企业必须通过营销策划争取将客户潜在的市场价值转化为企业的现实收益。

2. 客户让渡价值独立于企业

客户让渡价值实质上是客户为满足自身需求而进行消费所体现出的市场价值，但是满足客户需求的方式和产品形态是多种多样的，不一定要与某个具体企业联系在一起。换言之，满足客户需求可能来自不同企业。

3. 客户让渡价值受多因素的影响

客户让渡价值受到客户收入水平、客户对自身需求的认知程度以及客户的个人素质等因素影响，这些都是企业进行营销策划时需要考虑的因素。

4. 客户让渡价值决定客户的购买行为

理性的客户能够判断哪些产品将提供最高价值，并做出对自己有利的选择。在一定的搜寻成本、有限的知识、灵活性和收入等因素的限定下，客户是价值最大化的追求者，他们形成一种价值期望，并根据它做出行动反应。他们会了解产品是否符合自己的价值期望，这种价值期望将影响客户的满意程度和再购买的可能性。总之，客户将从那些他们认为能够提供最高让渡价值的企业购买商品。

5. 客户让渡价值需要企业与客户共同创造

尽管企业在客户让渡价值的创造过程中处于主导地位，但企业为客户所带来的让渡价值并不一定完全由企业单独决定。在客户以特定方式参与到企业生产经营过程之后，客户利益的大小除了取决于企业所提供的产品/服务之外，还取决于企业与客户之间的协作程度。在当今的互联网时代，企业与客户的沟通与协作会更加方便和有效。

（三）客户总购买价值

使客户获得更大让渡价值的途径之一是改进产品与服务、人员与形象，从而提高产品或服务的总价值。每项价值因素的变化都会影响客户总购买价值。

1. 产品价值

产品价值是由产品的质量、功能、规格、式样等因素所产生的价值。产品价值是客户需求的核心内容之一，产品价值的高低也是客户选择商品或服务所考虑的首要因素，要提高产品价值，就必须把产品创新放在首位。企业在进行产品创新、产品价值创造的过程中应注意以下几方面：

①产品创新的目的是为了更好地满足市场需求，进而使企业获得更多的利润。因此，检验产品价值的唯一标准是市场，即要求新产品能深受市场和客户的欢迎，能为企业带来满意的经济效益，这才说明该产品的创新是有价值的。

②产品价值的实现是服从于产品整体概念的。现代营销学认为，产品包含三个层次的内容：核心产品（主要利益）、形式产品（包装、品牌、花色、式样）和附加产品（质量保证、安装送货、维修）。与此相对应，产品的价值也包含三个层次：内在价值，即核心产品的价值；外在价值，即形式产品的价值；附加价值，即附加产品的价值。

现代产品价值观念要求企业在经营中全面考虑三个层次的产品价值，既要抓好第一层次的价值，同时也不能忽视第二层次和第三层次的价值，做到以核心价值为重点，三个层次的价值一起抓。

2. 服务价值

服务价值是指企业向客户提供满意服务所产生的价值。服务价值是构成客户总价值的重要因素。从服务竞争的基本形式看，服务价值可分为核心服务与追加服务两大类。

①核心服务是消费者所要购买的对象，服务本身为购买者提供了其所寻求的效用。核心服务将服务内在的价值作为主要展示对象。服务是决定实体商品交换的前提和基础，实体商品流通所追求的利益最大化应首先服从客户满意度，这正是服务价值的本质。

②追加服务是伴随产品实体的购买而发生的服务，其特点表现为服务仅仅是生产经营的追加要素。从追加服务的特点来看，它的出现和作用是被动的，是技术和产品的附加物。但在高度竞争的市场中，追加服务已被视为价值创造的一个重要内容，因此追加服务不能总是以被动的形式存在。

3. 人员价值

人员价值是指企业员工的经营思想、知识水平、业务能力、工作效率与质量、经营作风以及应变能力等给客户带来的影响和价值。只有企业所有部门和员工协调一致，成功设计和实施价值让渡系统，营销部门才会变得卓有成效。因此，企业的全体员工是否就经营观念、质量意识、行为取向等方面形成共同的信念和准则，是否具有良好的文化素质、市场及专业知识，以及能否在共同的价值观念基础上建立崇高的目标，并作为规范企业内部员工一切行为的最终准则，决定了企业为客户提供的产品/服务的质量，从而影响客户总购买价值的大小。由此可见，人员价值对企业与客户的影响是巨大的。

4. 形象价值

形象价值是指企业及其产品在社会公众中形成的总体形象所产生的价值。形象价值是企业各种内在要素质量的反映。任何一个内在要素的质量不佳都会使企业的整体形象遭受损害，进而影响社会公众对企业的评价。塑造企业形象价值是一项综合性的系统工程，涉及的内容非常广泛。形象价值与产品价值、服务价值、人员价值密切相关，在很大程度上是上述三个方面价值综合作用的反映和结果。形象价值是企业知名度的竞争，是产品附加值的部分，是服务高标准的竞争，说到底是企业"含金量"和形象力的竞争。

（四）客户总购买成本

要实现最大程度的客户让渡价值，仅仅创造价值是远远不够的，还应该设法降低客户购买的总成本。客户总成本不仅包括货币成本，而且包括时间成本、精力成本等非货币成本。通常情况下，客户购买产品或服务首先要考虑货币成本的高低，因而货币成本是构成整体客户成本的主要因素。除此之外，客户在购买产品/服务时所耗费的时间、精力和精神也将成为其购买决策的重要影响因素。因此，企业要想创造最大的让渡价值，使客户充分满意，就必须解决如何帮助客户降低非货币成本的问题。

1. 货币成本

货币成本是客户在购买产品/服务过程中所要支付的最重要的成本，也是客户在消费过程中最为关心的基本要素。客户支付的货币成本越低，所获得的价值就越大。因此，通过技术创新、改进生产及业务流程再造等方式，提高生产效率、降低产品/服务价格，是企业降低客户购买的货币成本的根本途径。

2. 时间成本

时间成本是客户为得到所期望的产品/服务而必须处于等待状态的时间代价。时间成本是客户满意和价值的减函数，在客户总价值和其他成本一定的情况下，时间成本越低，客户购买的总成本越小，客户让渡价值就越大。因此，为了降低客户购买的时间成本，企业必须对其所提供的产品或服务做周到的事前准备，在网点的广泛度和密集度方面均需做出周密的安排，同时努力提高工作效率，在保证商品和服务质量的前提下，尽可能减少客户为购买商品/服务所花费的时间支出，从而降低客户的购买成本，为客户创造最大的让渡价值，增强企业产品的市场竞争力。

3. 精力和精神成本

精力和精神成本是指客户购买产品/服务时，在精力和精神方面的耗费与支出。在客户总价值与其他成本一定的情况下，精力与精神成本越小，客户为购买产品/服务所支出的总成本越低，客户让渡价值就越大。因此，企业如何采取有力的营销措施，从企业经营的各个方面和各个环节为客户提供便利，使客户以最小的成本耗费取得最大的实际价值，是每个企业需要深入研究的问题。

五、客户生命周期理论

生命周期理论由卡曼（A. K. Karman）于 1966 年首先提出，后来赫塞（Hersey）与布兰查德（Blanchard）于 1976 年发展了这个理论。生命周期理论是一种非常有用的工具，经常被用于分析市场、行业、企业、产品的生命周期。

（一）客户生命周期的阶段划分

典型的生命周期被划分为四个阶段，例如将市场生命周期划分为发展期、成长期、成熟期和衰退期；产品生命周期划分为引入期、成长期、成熟期和衰退期。根据研究对象的不同，四个阶段的表述存在某些差异，但其实质都是关于某一事物的成长、消亡和循环的理论。

作为企业的重要资源，客户具有价值和生命周期。客户生命周期理论又称客户关系生命周期理论，是指从企业与客户建立业务关系到完全终止关系的全过程，是客户关系水平随时间变化的发展轨迹，它动态地描述了客户关系在不同阶段的总体特征。客户生命周期可分为考察期、形成期、稳定期和退化期四个阶段。考察期是客户关系的孕育期，形成期是客户关系的快速发展阶段，稳定期是客户关系的成熟期和理想阶段，退化期是客户关系水平发生逆转的阶段。

1. 考察期

考察期是客户关系的探索和试验阶段。在这个阶段，双方考察和测试目标的相容性、对方的诚意及对方的绩效，考虑如果建立长期关系，双方潜在的职责、权利和义务何在。双方相互了解不足、不确定性是考察期的基本特征，评估对方的潜在价值和降低不确定性是这个阶段的中心目标。在这个阶段，客户需要了解企业，企业需要解答客户问题。同时，企业需要对这些潜在的客户群体进行调研，以便确定可开发的目标客户。客户会下一些尝试性的订单，企业与客户开始交流并建立联系。在此阶段，企业有客户关系投入成本，但客户尚未对企业做出大的贡献。

2. 形成期

形成期是关系的快速发展阶段。如果双方关系能进入这一阶段，表明在考察期双方都相互满意，并建立了一定的相互信任和相互依赖。双方从关系中获得的回报日趋增多，相互依赖的范围和深度也日益增加，逐渐认识到对方有能力提供令自己满意的价值（或利益，履行其在关系中担负的职责），因此愿意承诺一种长期关系。随着双方了解和信任的不断加深，关系日趋成熟，双方的风险承受意愿增加，由此双方交易不断增加。当企业对目标客户开发成功后，客户与企业发生业务往来并逐步扩大，表明已进入客户成长期。企业的投入主要是发展投入，目的是进一步融洽与客户的关系，提高客户的满意度和忠诚度，进而扩大交易量。此时客户已经开始为企业做贡献，企业从客户交易获得的收入已经大于投入，开始盈利。

3. 稳定期

稳定期是关系发展的最高阶段。在这个阶段，双方或含蓄或明确地对持续长期关系做了保证。这个阶段有以下 3 个明显特征。

①双方对对方提供的价值高度满意。

②为能长期维持稳定的关系，双方都有大量有形和无形的投入。

③交易量大。

在稳定期，双方的相互依赖达到整个关系发展过程中的最高水平，双方关系处于一种相对稳定的状态，客户忠诚度高，对价格不敏感，企业能够获得良好的、直接或间接的收益。

4. 退化期

退化期是关系水平逆转的阶段。引起关系退化的原因很多，如一方或双方经历了某些不满意，或者需求发生了变化等。退化期的主要特征有：

①交易量下降。

②一方或双方正在考虑结束关系，甚至物色候选的关系伙伴（供应商或客户）。

③开始出现结束关系的意图。

当客户与企业的业务交易量逐渐下降或急剧下降，客户自身的总业务量并未下降时，说明客户关系已经进入退化期。

此时企业有两种选择：一是加大对客户的投入，重新恢复与客户的关系，进行客户关系的二次开发；二是不再做过多的投入，渐渐放弃这些客户。当客户不再与企业发生业务关系，且双方债权债务关系已经理清时，意味着客户生命周期的完全终止。

（二）客户生命周期的交易特征

客户生命周期各阶段所表现出的交易特征各不一样。下面从交易量、价格、成本、间接效益、交易额和利润 5 个方面考察其变化规律。

1. 交易量

由于考察期的客户关系极不确定，客户只是试探性地下少量订单，交易量很小。在形成期，随着双方相互信任的增加和客户承受风险能力的提高，交易量快速上升。在稳定期，双方交易量达到最大并可能维持一段较长的时间。在退化期，双方关系出现问题，交易量回落。因此，考察期的交易量较小，形成期的交易量快速增加，稳定期最大，退化期回落。总之，交易量与客户关系水平成正比。

2. 价格

客户的支付意愿随着客户关系水平的提高而不断增高。随着企业与客户的沟通越来越充分，相互了解不断增进，企业对客户独特需求的理解愈加深刻，为客户提供的服务和信息更具个性化、更有价值，为此客户愿意支付更高的价格。另外，由于信任带来协调、监督等成本的降低也是客户支付意愿提高的一个重要原因。在退化期，客户往往对企业提供的价值不满意，客户的支付意愿也因此下降。

3. 成本

产品成本可以认为是基本不变的，营销成本、服务成本和交易成本随着客户关系的发展有明显的下降趋势。营销成本下降主要是因为老客户维系成本低于新客户开发成本。服务成本下降是因为随着对客户了解的加深和服务经验的积累，服务效率不断提高。交易成本下降是因为规模效应，即随着客户购买量的提高，运作成本降低；随着交易过程的经常化、常规化，交易效率提高；随着信任的增加，协调监督成本、风险评估成本、谈判签约成本等降低；随着关系的发展，沟通效率提高，沟通成本降低。总体来说，随着客户关系水平的提高，企业成本在下降。

4. 间接效益

忠诚的客户是企业的义务广告员，他们常常为企业推荐新客户和传递好的口碑，通过这种途径获得的新客户，为企业节约了大量的成本，企业也因此获得良好的间接效益，即所谓的"口碑效应"。在形成期后期和稳定期，随着客户忠诚的形成和发展，企业可望获得良好的间接效益。

5. 交易额和利润

设某客户在第 t 个时间单元内与企业的交易额为 $TV(t)$、带给企业的利润为 $P(t)$，如图1-6所示，两条曲线 $TV(t)$ 和 $P(t)$ 具有类似的阶段特征：在考察期内总体很小且上升缓慢，形成期以较快速度增长，在稳定期继续增长但增速减慢，在退化期快速下降，两条曲线均呈倒 U 字形。因此，只用一条曲线就可以刻画客户生命周期的特征，一般用 $TV(t)$ 曲线表示，它可看作是狭义的客户生命曲线。但是 $TV(t)$ 曲线和 $P(t)$ 曲线有两点不同：①交易额在形成期后期就接近最大值，并在稳定期保持，但利润在稳定期仍持续攀升，直到稳定期后期才达到最大值。这是由于在交易额达到最大时，价格提升、成本降低和间接效益对利润的贡献并没有达到最大，它们对利润的正效应一直延续到稳定期后期，其中"口碑效应"甚至要延续到退化期；②在退化期，利润回落的速度低于交易额的回落速度。其原因是惯性，即价格、成本和间接效益的变化有一定的滞后效应。

总之，随着客户关系的发展，交易量不断增加，客户支付意愿不断提高，成本不断下降，间接效益不断扩大，交易额和利润不断提高，到了退化期则

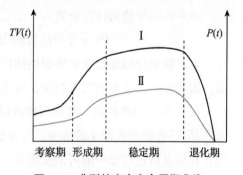

图1-6 典型的客户生命周期曲线

Ⅰ—交易额的变化趋势　Ⅱ—带给企业利润的变化趋势

快速下降。

(三) 客户终身价值

1. 客户终身价值的概念

客户终生价值（Customer Lifetime Value，CLV）是指企业的所有客户在其生命周期内能够给企业创造收益的期望净现值的总和。可以用以下公式表示：

$$CLV = \sum_{i=1}^{N} \sum_{t=0}^{T_i} \frac{(\pi_{it} - C_{it})}{(1 + r_t)t}$$

式中，N 是企业拥有的总客户数量；T_i 是第 i 个客户生命周期的长度；r_t 是第 t 个时间段的贴现率；π_{it} 是第 i 个客户在第 t 个时间段为企业所创造的价值；C_{it} 是在第 t 阶段为获取和维持客户 i 的关系成本。

当 $t = 0$ 时，π_{io} 代表客户 i 已经累积给企业创造的历史价值，C_{io} 表示企业建立并维持与客户 i 的关系过程中，已经付出的全部历史成本。

从上述公式可以看出，影响客户终身价值的因素主要有三个方面：客户关系长度、客户关系广度、客户关系深度。客户关系长度的实质就是客户的生命周期长度 T，即从客户对企业进行了解或企业欲对某一客户进行开发开始，直到客户与企业的业务关系完全终止且与之相关的事宜完全处理完毕的这段时间。客户关系广度是指企业所拥有的总客户数量 N，包括新获取的客户、保留的老客户以及重新获得（曾流失）的客户数量。客户关系深度代表企业与客户关系的质量，体现在客户为企业所创造的价值 π。

客户为企业所创造的价值是多方面的，包括客户购买价值、客户口碑价值、客户信息价值、客户知识价值和客户交易价值等。

(1) 客户购买价值　客户购买价值（Customer Purchasing Value，PV）是指客户直接购买企业的产品/服务为企业带来的价值贡献。客户购买价值受客户消费能力、客户钱包份额、单位边际利润等影响。客户购买价值直接体现为客户的当前价值。

客户购买价值的计算公式为

PV = 客户消费能力 × 客户钱包份额 × 单位边际利润

客户钱包份额是指企业所提供的产品/服务占某个客户总消费支出的百分比。该比例越高，表明客户与企业的关系越深，反之亦然。

(2) 客户口碑价值　客户口碑价值（Public Praise Value，PPV）是指因客户宣传企业及其产品/服务给企业带来的价值。口碑价值的大小与客户自身的影响力相关。客户影响力越大，在信息传达过程中的可信度越强，信息接收者学习与采取行动的倾向性越强。

客户影响力有正、负两方面，正面的客户影响力有利于企业树立良好形象，发展新客户，对企业有利；而负面的客户影响力来自客户对企业的抱怨，它会将企业的潜在客户甚至现有客户推向竞争对手，企业若不及时处理，后患无穷。

此外，客户口碑价值还与影响范围相关，即客户口碑传播的范围越广，可能受到影响的人群越多。当然，客户口碑价值最终仍需体现在受影响人群为企业带来直接收入的大小上，因此受影响人群的购买价值的高低与客户口碑价值呈正相关。

客户口碑价值的计算公式为

$$PPV = 影响力 \times 影响范围 \times 影响人群的平均购买价值$$

（3）客户信息价值　客户信息价值是指客户为企业提供的基本信息的价值。这些基本信息包括两类：一是企业在建立客户档案时，由客户无偿提供的那部分信息；二是企业与客户进行双向互动的过程中，由客户以各种方式（抱怨、建议、要求等）向企业提供的信息，包括客户需求信息、竞争对手信息、客户满意程度信息等。这些信息不仅为企业节省了信息收集费用，而且为企业制定营销策略提供了真实准确的一手资料。

（4）客户知识价值　客户知识价值是指企业对客户的认知，是绝大多数企业进行市场开拓和创新所需的、最重要的知识，它最有可能为企业带来直接的经济回报。客户知识有三个方面的含义：一是客户的知识（knowledge of customer），如谁是企业的客户，他们需要什么；二是关于客户的知识（knowledge about customer），如客户的特征、困难和观点、交易历史以及再次光顾本企业的可能性；三是有关客户环境的知识以及客户的关系网。使本企业区别于其他企业的一个潜在的关键因素，就是能不能充分收集和利用客户知识。如果企业能够同客户建立密切的知识交流与共享机制，及时了解客户的情况及客户所掌握的知识，无疑会使企业更紧密地贴近市场，大大提高企业决策的准确性和在市场上的竞争能力。

企业对客户知识的处理是有选择的，它取决于客户知识的可转化程度、转化成本、知识贡献率以及企业对客户知识的发掘能力。客户知识价值的计量可以通过对客户知识进行专项管理，每一项客户知识转化后的收益由相关部门综合评估核定。

（5）客户交易价值　客户交易价值是指企业在获得客户品牌信赖与忠诚的基础上，通过联合销售、提供市场准入、专卖等方式与其他市场合作获取的直接或间接收益。客户交易价值受产品关联度、品牌联想度、客户忠诚度、客户购买力以及交易双方讨价还价能力等因素的影响。对交易价值的计算，可依据会计的当期发生原则，将企业通过交易获取的收益平均分摊到有交易价值的客户身上。

客户的口碑、信息、知识和交易价值等体现出客户的潜在价值。上述五种客户价值是衡量企业与客户关系深度的重要指标。图1-7是客户关系维度示意图。

一般而言，关系长度代表客户与企业保持交易关系的时间长度，与客户终身价值成正相关关系；关系广度代表客户关系的数量，与客户终身价值成

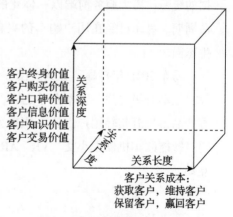

图1-7　客户关系维度示意图

正相关关系；关系深度直接影响客户关系的价值，与客户终身价值成正相关关系。

关系成本代表企业与客户发生关系的所有成本，包括获取新客户的成本、建立关系之后的维持和保留成本以及赢回流失客户的成本等。一般而言，客户终身价值与关系成本是负相关关系。

2. 汽车行业客户生命周期

汽车行业客户生命周期是指购车客户从成为经销商的客户并开始产生售后维修消费开始，经历消费成长、消费稳定、消费下降，最后换购或离开的过程。对于汽车行业客户生命周期的管理，要从客户考虑购买某品牌、某经销商的车辆和服务开始，到入网后对其收入贡献和成本的管理，离网倾向的预警和挽留，直到客户离网后又赢回的整个过程。

这个过程包括七个关键的价值创造环节，即客户购买意向、竞品尝试、购买、进厂维修、体验服务、客户维系、换购新车。这些环节实际上包括了经销商日常经营工作的各个重点。七个环节环环相扣，形成一条营销价值链，也是经销商制定客户策略的入手点。

汽车行业客户生命周期管理围绕上述七个关键价值创造环节，利用丰富的客户数据进行深入分析，设计针对单个客户的个性化策略，继而通过经销商与客户间的大量接触点，去执行这些策略。

案例分享：扎根汽车互联网行业 18 年，易车推动并受益于中国汽车产业的发展壮大。易车首席运营官刘晓科认为，越来越多的汽车厂商开始从关注产品本身转移到关注用户全生命周期的管理，这就要求易车不仅为厂商提供以卖车为核心的营销服务，还要提供用户全生命周期管理的服务。

为此，易车近两年完成了"1234"的布局，"1"是构建一个大账号体系，易车各平台已合计拥有 3000 万个用户账号。"2"是搭建关于人、关于车的两大维度数据体系，积累并扩大大数据优势。"3"是三端（易车、易鑫、淘车）一体，通过账户与数据的统一，三大服务前端以一体化的姿态服务用户。"4"是四个用户和车接触的全生命周期。易车已经在用户购车的兴趣、购买、使用、置换等阶段完成布局，构建了大生态圈。

易车 2018 年打赢了五场战役，分别是年轻焕新之战、移动入口之战、超级账号之战、互动升级之战、数据主导之战。比如，易车通过 IP 年轻化以及互动游戏、小视频等产品，提升年轻用户占比；积极发展小程序、快应用等产品，抢占更多移动入口；通过智能购车机器人小艾、VR、AR、直播、小视频等互动创新产品，与用户更深层次互动。

第四节　客户关系管理的技术运用

一、现代通信技术

现代通信技术的发展，方便了人与人之间的沟通，提高了联系的效率。汽车服务企业完全可以利用现代通信技术的成功，管理客户关系。

（一）现代通信技术的手段及特点

1. 现代通信技术的手段

通信技术是20世纪80年代以来发展最快的领域之一，这是人类进入信息社会的重要标志之一。现代通信主要有电缆通信、无线电通信、卫星通信、光纤通信、移动通信等，各种通信手段既可以单独运用、自成系统，也可以综合运用，组成不同功能的通信网络。广播、电视、电话、手机、电子计算机等都是现代通信技术发展的产物。

2. 现代通信技术的特点

①信息传播速度快。

②可以保存。

③图文并茂，便于说明。

④易于操作。

（二）现代通信技术在客户关系管理中的运用方式

1. 利用交通广播节目服务客户

很多省市设立了交通广播电台，为广大驾驶员提供信息服务，很受欢迎。汽车服务企业可以充分利用这个平台，以嘉宾的身份为听众提供厂商和产品宣传，提供购车、维护保养、车辆保险、车辆维修、汽车精品、汽车装饰美容等方面的技术咨询。这样既为客户提供了帮助，又提高了企业在客户心目中的良好形象；既保持了原有客户的忠实度，又培养了潜在的客户。

2. 短信提醒服务

短信是现代通信技术发展的一个新形式，具有方便、快捷、留存期长等特点，特别适用于信息的告知和大量传递。如果汽车服务企业需要临时性的、大量的信息传播，可以利用短信提醒的方式。例如：企业的某车型出现了某些设计缺陷，需要召回产品，汽车服务企业可以利用群发短信的方式迅速通知客户，帮助客户解决实际问题，体现出对客户的关心与爱护，有利于提高客户的忠实度与满意度。

3. 电子邮件

电子邮件是利用电子手段提供信息交换的通信方式，是互联网应用最广的一种服务。通过网络的电子邮件系统，企业可以非常低廉的价格、非常快速的方式与世界上任何一个角落的用户联系。

电子邮件可以是文字、图像、声音等多种形式。汽车服务企业可以采用电子邮件形式向用户提供大量免费新闻、专题邮件，使客户迅速得到企业传递的信息。

4. @服务

（1）什么是@　符号@在英文中曾经含有两种意思，即"在"和"单价"。美国计算机工程师雷·汤林森赋予符号"@"以新意，由于"@"的发音和"at"类似，用在电子邮件地址格式中正好表示"在…"的意思，"@"就这样进入了计算机网络。由于网络用语越来越时髦，"@"又被"爆炒"出了几种用法，其中一种即代表网络时代。口语中的@有"对他说"的意思，当某人发布"@某某"的信息时，意思是"向某某人说"。@也有发消息的意思，例如："@我"就是通知我，或发消息给我。我们@就是指对×××说，向×××发消息的意思。

（2）@服务的作用　现代企业之间的@服务是简易的客户服务中心，通过电话、传真、计算机等形式为客户提供迅速、准确的咨询信息以及业务受理和投诉等服务，最大限度地提高客户的满意度，自然也使企业与客户的关系更加紧密，是提高企业竞争力的重要手段。

从管理方面，@服务是一个促进企业营销、市场开拓并为客户提供友好的交互式服务的管理与服务系统。它作为企业面向客户的前台，面对的是客户，强调的是服务，注重的是管理，充当企业理顺与客户之间的关系并加强客户资源管理和企业经营管理的渠道。它可以提高客户满意度，为企业创造更多的利润。

从技术方面，@服务是围绕客户采用计算机电话集成技术建立起来的客户关照中心；对外提供话音、数据、传真、视频、因特网、移动等多种接入手段；对内通过计算机和电话网络，联系客户数据库和各部门的资源。

1）@服务是企业对客户整合化的联系窗口，客户不同性质的问题可以通过客户服务中心一站式解决，它能提供客户一个明确且单一的对话窗口，提供"一站式"的服务，解决客户寻求协助的困扰并避免干扰内部作业。

2）@服务是企业让客户感受其价值的中心。进入竞争激烈的电子商务时代，企业应更加专注创造客户的附加价值，特别是未来的竞争主轴——服务。它能提供客户产品之外更多的附加价值，例如个性化咨询服务、24小时电话服务，这些附加价值有助于协助客户解决问题，增加客户满意度。

3）@服务是企业搜集市场情报和客户资料的情报中心。

4）@服务是维护客户忠诚度的中心。客户的忠诚度往往和售后服务成正比，例如快速回应客户的抱怨、协助解决客户的困扰，并让客户感受贴心的服务，此时@服务担负起维护客户忠诚度的重大责任，解决"疑难杂症"。除此之外，还可以推荐其他适用的产品，满足客户其他的需求，增加销售额，因为忠诚的客户可以买得更多，或者愿意购买更高价的产品，而且服务成本更低。忠诚的客户还可能免费为公司做宣传，或推荐亲戚朋友来购买，增加更多的新客户。

（3）@服务的内容

1）电子导航。汽车的大量使用，增大了人们的活动空间，道路的发展在为汽车使用者提供便利的同时，也增加了使用汽车的复杂性。汽车服务企业可以通过@服务方式为本企业客户提供电子导航服务，在方便客户的同时，增加企业与客户的联系频率，使客户对企业具有依赖感。

2）车辆救援。汽车是一个频繁使用的复杂产品，在车辆使用过程中难免会出现各种各样的情况和问题。一旦驾驶者遇到麻烦，他们可以使用@服务与汽车服务企业取得联系，从而获得问题解决方案或提供车辆救援，使自己迅速摆脱困境。雪中送炭的好处远远大于锦上添花的好处。

3）车辆使用咨询。现代汽车的使用功能越来越强大，但是汽车使用者很难完全掌握使用方法。一旦在使用过程中汽车仪表台出现故障信号，驾驶员往往不解其意。或者汽车使用者希望使用车辆的某种配置，又不得其法的时候，通过@服务迅速得到专业的指导与服务，无疑会得到客户的好评。

4）车辆保险咨询。客户在进行车辆投保、续保或者出险理赔时，往往希望得到专业的咨询与服务，@服务可以利用综合服务平台的优势，在车辆保险方面为客户提供服务。

5）抱怨与投诉处理。一旦客户对产品或服务产生不满或达不到客户的心理预期时，客户就会产生抱怨甚至投诉。客户不同性质的问题必须寻求不同部门人员的协助，或牵扯许多单位，以至往来奔波。如果企业任由客户打电话到单位内部联系，常会干扰内部人员的工作，并且造成人员因忙于日常工作而给予客户不友善的态度或不一致的答案，这种情形是导致客户流失的重要原因。@服务作为一个综合性的服务窗口，可以集中处理客户提出的所有问题，提高了解决问题的速度。

二、互联网技术

（一）互联网概述

①互联网始于1969年，由美国国防部研究计划署在ARPA（阿帕网）制定的协定之下，将美国UCLA（加利福尼亚大学洛杉矶分校）、Stanford Research Institute（斯坦福大学研究学院）、UCSB（加利福尼亚大学）和University of Utah（犹他州大学）的四台主要计算机连接起来，从1969年12月开始联机，1983年后渐渐扩大为今天的互联网。互联网的出现不仅提供了一个通信网络，而且改变了整个世界的发展进程。

②互联网（Internet）又称网际网路，音译为因特网，是网络与网络之间串联成的庞大网络，这些网络以一组通用的协议相联，形成逻辑上的单一巨大国际网络。这种将计算机网络互相联接在一起的方法称作"网络互联"，在此基础上发展出覆盖全世界的全球性互联网络，即互相联接在一起的网络结构。

（二）互联网的优势

①互联网能够不受空间限制来进行信息交换。

②信息交换具有时域性，更新速度快。

③信息交换具有互动性（人与人，人与信息之间可以互动交流）。

④信息交换的成本低（通过信息交换代替实物交换）。

⑤信息交换的发展趋向于个性化（容易满足每个人的个性化需求）。

⑥使用者众多。

⑦有价值的信息被资源整合，信息储存量大、高效、快速。

⑧能以多种形式（视频、图片、文字等）交换信息。

（三）互联网技术给企业带来的优势

互联网给企业带来的最大优势是线上线下结合，拓宽发展渠道。在互联网 + 时代，企业不仅可以发展线下，也可以发展线上渠道。传统企业立足于自己的产品，同时接入互联网，有利于产品的销售，也能给客户带来方便。企业通过搭建互联网生态圈，完善互联网基础，通过改造实现互联网化，不仅能提高企业效率，也能让企业的产品和服务具备互联网属性，更容易获得消费者认可。

（四）可为汽车服务企业客户关系管理服务的社交网站平台

社交网站无疑是我们接触最多的网络工具之一，网络社交成为我们日常生活的一部分，因此社交网站的营销价值就凸显出来，它是品牌形象塑造、进行广告销售的有利平台。下面介绍几个可为汽车服务企业客户关系管理服务的社交网站。

1. 知乎

知乎定位为一个真实的网络问答社区，帮助寻找答案，分享知识应用。目前知乎在社交平台可谓领军人物之一，根据 ALEXA 数据统计，知乎日均有 395 万的 IP 访问量，PV 访问量高达 1213 万，强大的、高质量的受众人群，让知乎在社交平台上的价值十分突出。

2. 新浪微博

在微信推出之前，微博可谓稳坐社交平台的头把交椅，用户量过亿。如今虽然风光不如以前，但是仍然处于领军地位。根据 ALEXA 数据统计，微博日均有 2400 万的 IP 访问量，

PV访问量超过1亿人次。微博在热点营销和话题营销方面的作用非常大，集中爆发力强、传播速度快是其营销价值所在。

3. 微信

微信如今已经稳坐社交平台老大的地位，月活用户超过9亿。微信在打造品牌形象、塑造营销闭环方面做得很出色。

4. 人人网

人人网是很多80后、90后的一块回忆画布，上面保留了青春的痕迹。虽然现在人人网被各种社交平台侵蚀了，并且不再成为主流，但是并不妨碍很多人去依托它回忆青春。根据ALEXA数据统计，人人网目前日均仍有29.75万IP访问量。至于营销价值方面，如果品牌针对80后人群，那么人人网还是非常有效的。

5. QQ

QQ的出现影响了几代人，如今的00后成为QQ的主要用户群体。目前QQ开发了很多适合年轻人的功能，比如兴趣部落等，活跃度非常高。而QQ的营销价值在目前并不是十分突出，但是作为社交属性来讲，QQ可以和微信并肩。对于针对年轻用户的品牌，在QQ上进行品牌活动营销或者品牌形象宣传是非常有效果的。

（五）互联网技术在汽车服务企业客户关系管理中的运用

（1）企业策划活动　现代企业的生产经营活动对营销策划的依赖程度越来越大，互联网具有传播速度快、传播范围广的优势。汽车服务企业可以充分利用互联网的优势，进行网上宣传、网上集客，甚至网上成交。利用互联网这一有效工具维护老客户、开发潜在新客户。

（2）汽车论坛　论坛是一种学术探讨、信息发布、政策引领、技术先导的信息传播方式，汽车服务企业可以利用互联网论坛的方式为新老客户提供购车服务、车辆信息、专家评论、客户交流等服务。

（3）网络直播　网络直播是近期出现的一种人际沟通形式，深受年轻人喜爱。它能为受众提供直观的、真实的、第一手的视频资料。汽车服务企业的公益活动和营销活动可以采用网络直播的方式，将活动场面传递出去，提高企业的知名度，吸引客户。

三、现代社交平台

伴随着移动互联的发展，应用移动互联终端的社交APP呈现爆发的状态，并且改变着人们的交流方式与通信方式。常见的社交类应用软件有Facebook、Twitter、微博、QQ、微信、Instagram等。相关调查显示，目前移动终端安装了社交类软件的网民高达89.8%，而经常使用社交类软件的网民占68.4%。

（一）微信

1. 对微信的认识

微信是腾讯公司于 2011 年 1 月 21 日推出的一款通过网络快速发送语音短信、视频、图片和文字，支持多人群聊的手机聊天软件。由于其母公司腾讯 QQ 的存在，此款软件可使用 QQ 账号密码同步登录，从而实现无缝对接，也为微信用户的指数级增长推波助澜。用户可以通过微信与好友进行形式更加丰富的、类似于短信和彩信等方式的联系，好友可以从 QQ 好友以及手机通讯录中直接进行加载，实现了线上与线下的融合。不仅如此，微信还可使用基于空间、地理、位置的定位交友，使用户与真实生活中的线上好友进行交流。微信软件本身完全免费，使用任何功能都不会收取费用。

2. 微信的社交意义

（1）微信是一款即时通信工具　腾讯公司推出微信的初衷，就是为了打造一款以移动终端为平台的即时聊天工具。事实上，这款软件在保留原有的一对一交流的基础上，还创新性地推出了支持多人群聊的新模式，这种模式不同于腾讯 QQ 软件中的群系统，而是一种建立在即时模式下的弱连接系统，参与群聊的用户可以视情况任意地加入或者退出，完全自由且不会对其他用户产生任何影响。在沟通方式上，微信的沟通方式也富有创造性，除了传统的文字、图片传输之外，微信开发了适合移动终端的语音对讲模式，用户可以随时随地与好友进行语音对讲，更符合手机终端的便携化、移动化特征。微信作为一款优秀的即时聊天工具，另一大优势在于其本身不产生费用，通信时产生的费用按照流量计算，并由网络运营商收取，这也为用户畅游微信解决了后顾之忧。

（2）微信是一款基于空间定位的交友系统　陌生人交友系统的核心是基于空间的定位，从某种意义上讲，微信的这种空间定位交友系统成为连接虚拟世界与现实世界的桥梁。陌生人交友系统包括"摇一摇""附近的人""漂流瓶"三个程序。这三个程序可以说各具特色："摇一摇"的定位在于寻找有缘人，即同一时刻一起摇晃手机的用户，这一概念既让人充满好奇又极具噱头；"附近的人"的定位在于寻找身边的人，用户可以通过操作界面浏览附近 1000m 之内感兴趣的用户，并与之进行交流，这一程序实现了虚拟与现实的对接，虚拟中的好友不见面时远在天边，见面时近在眼前；"漂流瓶"是腾讯 QQ 软件保留下来的程序，它的定位是同城或异城交友，同样是基于空间、位置的定位服务。陌生人交友系统的创建同样是对手机终端的独特定制，用户可以在行动中对周边好友进行搜索，这体现了手机终端的智能化、移动化特征。

（3）微信是一个社交网站　微信作为 SNS 社交网站的标志是朋友圈系统，这是微信的又一创新。微信的朋友圈是一个由熟人关系链构建而成的小众、私密的圈子，用户在朋友圈中分享和关注朋友们的生活点滴，从而加强人们之间的联系。朋友圈的一切围绕着图片展开，是拍摄图片、上传图片、分享图片、探讨图片的社交平台。

3. 微信在汽车服务企业客户关系管理中的运用

由于微信的强大功能和庞大的用户数量，使其在汽车服务企业客户关系管理中能够发挥重要的作用。

(1) 进行一对一服务与跟踪　就是汽车服务企业利用已有客户信息或潜在客户信息与客户进行沟通，为客户提供一对一的服务，满足客户的需求，进行有效的、针对性极强的客户服务。特别需要提出的是，与电话沟通方式相比，微信平台具有非即时联络性、可保存性、可视化等优势，不会对客户有太多的受迫性干扰。

(2) 充分利用"群"的作用　"群"是为了某一个特定目的而组成的一种松散的群体，如果有人在"群"里发布某种信息，则"群"内的所有人员都会看到。汽车服务企业可以利用"群"的功能，发布一些对企业对客户有利的信息，吸引客户，起到广而告之的作用。

(3) 充分利用"朋友圈"功能　微信平台的"朋友圈"功能是汽车服务企业用来进行企业客户管理的一个重要工具。"朋友圈"可以说是不是广告平台的广告平台、没有病毒营销的病毒营销、不是公众媒体评论平台的公众媒体评论平台。汽车服务企业可以在微信"朋友圈"里进行信息传播，通过"集赞"的方式引起客户注意，获得客户好评，也可以通过"晒"图片的方式进行企业宣传。

(二) 手机 APP

1. 什么是 APP

APP 是英文 Application 的简称，由于智能手机的流行，现在的 APP 多指智能手机的第三方应用程序。随着智能手机等移动终端设备的普及，人们逐渐习惯了使用 APP 客户端上网的方式。目前 APP 已经不仅仅是移动设备上的一个客户端那么简单，如今，在很多设备上已经可以下载厂商官方的 APP 软件对不同的产品进行无线控制。不仅如此，随着移动互联网的兴起，越来越多的互联网企业、电商平台将 APP 作为销售的主战场之一。数据表明，APP 给手机电商带来的流量远远超过了传统互联网（PC 端）的流量，通过 APP 进行盈利也是各大电商平台的发展方向。事实表明，各大电商平台向移动 APP 的倾斜十分明显，原因不仅仅是每天增加的流量，更重要的是由于手机移动终端的便捷，为企业积累了更多的用户，而且不少用户体验不错的 APP 使用户的忠诚度、活跃度都得到了很大程度的提升，从而为企业创收和未来的发展起到了关键性的作用。

2. 手机 APP 在汽车维修企业客户关系管理的运用

(1) 服务预约　预约服务可以让企业合理安排资源，提供均衡服务，也可以使客户减少等待的时间。APP 可以提供服务预约支持，客户在软件上进行简单的操作，就可以预先安排好服务的时间和服务的内容，甚至可以选择谁来为客户服务。

（2）购买服务提示　有些服务是具有一定时效性的。比如某些限购城市的新车购买时效、旧车淘汰期限、车辆保险期限、车辆保养期限、车辆年审期限、驾驶证审验期限等。新老客户可能由于种种原因忽略了一些重要的时间节点，耽误了重要的事情，给客户带来损失。汽车服务企业可以利用 APP 提前给客户安排若干次事前提醒，使客户感到自己时刻得到企业的关注。

（3）社交服务　在马斯洛的等级需要理论中，人是拥有社交与受到尊重等高级需要的。汽车服务企业可以利用 APP 为新老客户提供生日祝贺、节假日祝福、天气关怀、驾驶环境提示等服务，也可以为新老客户提供车友会、自驾游等社交平台，满足客户社交与受到尊重的需要。

（4）信息搜索　汽车服务企业可以利用 APP 为客户提供一些与产品使用相关的基础知识普及平台，方便客户随时搜索查询。这既方便了客户的使用学习，又体现了企业对客户的关心。

（5）娱乐　汽车服务企业可以利用 APP 传播产品知识，增加客户对企业的了解及信心。

四、数据挖掘技术

随着计算机技术的广泛应用，汽车服务企业每年积累了大量的数据，这些原始数据形成了知识的来源。传统的数据库系统是一个面向事物操作的系统，它可以高效地实现数据的录入、查询、统计等功能，但不能分析数据背后隐藏的知识，无法发现数据中存在的关联和规律，因此无法根据现有的数据预测未来的发展趋势。数据挖掘技术的出现，改变了传统数据库的不足。

（一）数据挖掘的含义

数据挖掘是指从大量的数据中提取隐含的、未知的、潜在的有用信息，使其表现为概念、规则、规律、模式等形式。数据挖掘实质上是一个深层次的数据分析过程，即从大量的数据中，抽取出潜在的、有价值的知识、模型或规律的过程。例如，当汽车服务企业发现一个定期到店为汽车做维护保养的客户不再到店维护爱车时，可能是他对本店的维护保养质量、服务、价格等方面出现了不满。这时就需要与该客户进行联系，了解情况。

（二）数据挖掘的功能

数据挖掘可以从大量数据中发现隐含的、有意义的知识。数据挖掘的目的在于通过数据挖掘预测未来趋势及行为并做出决策。从分析的角度看，数据挖掘主要有以下五大功能。

①趋势和行为分析。数据挖掘可以自动在大型数据库中寻找预测性信息，解决了以往大量靠手工分析的繁琐，其典型应用是市场预测。数据挖掘使用过去有关促销的数据来寻找未来投资中回报最大的客户，还可以预测客户流失以及认定对指定事件最可能做出反应的群体。

②关联分析。若两个或多个变量的取值之间存在着某种规律性，就称之为关联。关联可分为简单关联、时序关联和因果关联。数据关联是数据库中存在的一类重要的、可被发现的知识。关联分析的目的是找出数据库中隐藏的关联网。例如，购买新车与购买汽车保险的关系、新车成交量与优惠政策的关系等。

③聚类分析。数据可以划分为一系列有意义的子集，即聚类。聚类增强了人们对客观现实的认识，是概念描述和偏差分析的先决条件。汽车服务企业可以依据数据分析对客户进行聚类，从而为不同类的客户提供不同的服务，以此来保持客户的高忠诚度。

④概念描述。概念描述就是对某类对象的内涵进行描述，并概括这类对象的有关特征。概念描述分为描述某类对象共同特征的"特征性描述"和描述不同类对象之间区别的"区别性描述"。例如，销售经理按照客户某种购买特性进行分组、汇总，然后观察每组客户的购车偏好以及客户的收入。

⑤偏差检测。数据库中的数据有一些异常记录，从数据中检测这些偏差很有意义。偏差包括很多潜在知识，如分类中的反常实例、不满足规则的特例、观测结果与模型预测值的偏差、量值随时间的变化等。偏差检测的基本方法是寻找观测结果与参照值之间有意义的差别。

（三）数据挖掘在客户关系管理中的运用

1. 数据挖掘在客户分类中的运用

客户分类是将客户分成不同类型的过程，是企业有效地进行客户关系管理的基础。对客户分类有助于针对不同类型的客户进行客户分析，制定个性化的服务策略。

传统客户划分的方法是基于简单的行为特征和属性特征，实际上大多数客户对象并没有严格的属性。聚类分析利用数学方法，通过自然聚集的方式定量地确定属性或状态的亲疏关系，从而进行客观的、分类别的多元分析。在客户聚类分析之前，并不知道客户可以分为哪几类。将数据聚类以后，对每个筛中的数据进行分析，归纳出相同簇中客户的相似性或共性，依次确定客户的类别。

2. 数据挖掘在客户识别和客户保留中的运用

（1）数据挖掘在客户识别中的运用 识别客户是企业发现潜在客户、获取新客户的过程。对于新客户或潜在客户，汽车服务企业可以通过商业客户数据库或市场调查来获取这些客户的基本信息，如地址、年龄、收入范围、职业、教育程度和购买习惯等。得到这些客户信息以后，企业根据客户对企业产品或服务的不同反应建立数据挖掘预测模型，找到对产品最感兴趣的客户群，根据潜在客户的信息分析出最可能的潜在客户，这样就可以有针对性地制定营销及服务策略。例如，如果分析结果表明某种车型的大多数潜在客户都是年龄在30~35岁之间的白领职员，那么就可以有针对性地对这些人制定广告宣传策略，增强广告宣传效果。

（2）数据挖掘在客户保留中的运用　客户保留是留住老客户，防止客户流失的过程。对企业来说，获取一个新客户的成本要比留住一个老客户的成本高得多。在目前的商业环境下，企业间竞争越来越激烈，客户保留也成为企业面临的一个难题。

在客户保留过程中，企业可以运用关联分析和序列模型分析等方法进行角色分析。企业通过对已经流失的客户进行数据分析，找到流失客户的行为模式，分析客户流失的原因，根据已经流失客户的特点，预测现有客户中有流失倾向的顾客，对于这些客户企业应该及时调整服务策略，针对用户分类时得到的用户特点，采取相应的措施挽留客户。

3. 数据挖掘在客户忠诚度分析中的运用

提高客户忠诚度是企业客户关系管理的重要目标。企业获得一个忠诚客户无疑会大大降低企业成本，同时提高企业的竞争力。

数据挖掘在客户忠诚度分析中主要是对客户持久性、牢固性和稳定性进行分析。客户持久性反映的是客户在企业连续消费的时间。客户牢固性反映的是客户受各种因素的影响程度。客户稳定性是客户以一定的周期和频率消费的表现。

一般采用时间序列模型中的趋势分析方法，对客户的持久性、牢固性和稳定性进行分析，通过数据分析和预测结果判断客户的持久性、牢固性和稳定性，继而确定客户的忠诚度。例如，零售企业经常通过办理会员卡、建立顾客会员制度的方式来跟踪顾客的消费行为。通过对顾客会员卡信息进行数据挖掘，可以记录顾客的购买序列，以同一个顾客在不同时期和不同营销活动中购买的商品分组为序列，用序列模式进行数据挖掘，可以分析顾客的购买趋势，从而对顾客的忠诚度进行区分，预测顾客忠诚度的变化。

4. 数据挖掘在客户赢利率分析中的运用

客户赢利率是一个定量评价客户价值的指标。它是根据规定的评价尺度，对客户数据计算得到一个确定结果的过程。企业可以运用数据挖掘技术预测在不同的市场、竞争环境和市场活动环境下客户赢利率的变化，目的是找到最合适的市场环境，使客户赢利率达到最优。

5. 数据挖掘在个性化营销中的运用

个性化营销是面向客户的营销，也是客户关系管理的重要组成部分。个性化营销是在客户分类的基础上进行的。针对不同类型的客户，企业可以采取不同的营销策略，如根据不同需求的客户制定不同的产品策略、价格策略、渠道策略及促销策略。有针对性的个性化营销可以降低广告宣传成本，有效提高营销效果。

交叉销售也是个性化营销的一种形式。交叉销售是根据客户已购买的产品预测其可能要购买的产品。交叉销售的产品是在客户过去的购买信息中发现的，企业可以运用序列模型分析的方法，对客户备选产品进行数据挖掘，根据数据挖掘的结果有针对性地进行营销。例如，企业通过数据挖掘分析发现，大多数购买了汽车的客户一般会购买一定数量的汽车精品，这样企业就可以针对这一发现，向正在购买汽车的客户顺便介绍汽车精品，或者在给客户的服务跟踪调查问卷中附带汽车精品的宣传广告。

通过对客户关系管理中数据挖掘的运用可以看出，在客户关系管理中有很多方面都会用到数据挖掘技术。可见，数据挖掘技术的正确运用对客户关系管理系统功能的全面实现具有重要的意义。

 **本章小结**

客户关系管理是现代企业经营管理中的一种重要手段。从 20 世纪 80 年代初开始的接触管理，到客户关系管理、客户满意、客户忠诚、客户价值、客户生命周期等理论的提出，再到计算机网络的广泛应用，加上现代先进的传媒手段的支持，经过 40 年的发展，基本形成了今天较为完善的客户关系管理理论、管理手段和管理方法。现代企业之间的竞争，不再是传统的产品竞争、质量竞争和价格竞争，更是企业之间的服务竞争、企业对客户的人脉竞争。谁拥有更多的客户人脉，谁拥有更好的客户关系，谁就能在激烈的竞争中占有优势。

客户关系管理不仅是一种管理理念，它还需要科学适用的方法来具体实施，更需要现代化的技术手段来支持。所以，本章的学习不应仅仅停留在客户关系管理的理论上，还要强调客户关系管理的方法与技术，让学生能利用现代技术服务于汽车企业的客户关系管理工作。

课后练习

一、判断题

1. 客户期望越低就越容易满足。 （ 　 ）

2. 客户就是最终消费者。 （ 　 ）

3. 在客户关系建立阶段我们要进行客户分级。 （ 　 ）

4. 只有大企业才需要实施客户关系管理。 （ 　 ）

5. 客户满意与否不会对客户忠诚产生影响。 （ 　 ）

6. 忠诚客户一定来源于满意客户，满意的客户一定是忠诚的客户。 （ 　 ）

7. 客户关系管理指的是 CRM 软件。 （ 　 ）

8. CRM 系统发展到销售数据集中管理阶段，已经可以进行销售自动化处理。 （ 　 ）

9. 负责型的客户关系是企业与客户协同建立伙伴型的长期关系，努力帮助客户解决问题，实现共同发展。 （ 　 ）

10. 一级关系营销是企业通过了解单个顾客的需要和愿望，使服务个性化和人格化，来增加公司与顾客的社会联系。 （ 　 ）

二、单选或多选题

1. CRM 的"铁三角"包括（ 　 ）。

    A．CRM 理念　　　　B．CRM 软件　　　　C．CRM 实施　　　　D．CRM 技术

2．客户关系建立阶段需要经过（　　）环节。

    A．客户沟通　　　　B．客户选择　　　　C．客户开发　　　　D．客户分级

3．影响客户满意的因素是（　　）。

    A．客户预期　　　　B．客户心情　　　　C．客户性别　　　　D．客户年龄

4．评价客户忠诚度可以从（　　）去判断。

    A．客户重复购买次数　　　　　　　　B．客户对品牌的关注度

    C．客户对质量事故的承受能力　　　　D．客户对价格的敏感程度

5．企业在产品/服务销售之后，持续与客户联系，主动向客户提供改进产品/服务的建议以及新产品/服务的信息是（　　）客户关系。

    A．基本型　　　　　B．负责型　　　　　C．能动型　　　　　D．伙伴型

6．客户关系管理系统按照功能可以分为（　　）。

    A．操作型　　　　　B．分析型　　　　　C．辅助型　　　　　D．协作型

7．客户关系管理系统按照集成度可以分为（　　）型。

    A．整合应用　　　　B．专项应用　　　　C．协作应用　　　　D．企业集成应用

8．影响客户忠诚的因素有（　　）。

    A．客户的满意程度　　　　　　　　　B．客户的信任和情感

    C．客户的转移成本　　　　　　　　　D．客户自身的因素

9．汽车服务企业的客户按照不同的价值和重要程度可以分为（　　）。

    A．重要客户　　　　B．一般客户　　　　C．准流失客户　　　D．流失客户

10．关系营销的本质特征是（　　）。

    A．沟通　　　　　　B．双赢　　　　　　C．合作　　　　　　D．控制

11．影响客户忠诚的消极因素包括（　　）。

    A．沉没成本　　　　B．转移成本　　　　C．获得利益　　　　D．其他因素

12．客户忠诚的类型分为（　　）。

    A．垄断忠诚　　　　B．价格忠诚　　　　C．潜在忠诚　　　　D．方便忠诚

13．关系营销的运行原则包括（　　）。

    A．主动沟通　　　　B．承诺信任　　　　C．信息共享　　　　D．互惠

14．现代通信技术的特点是（　　）。

    A．信息传播速度快　　　　　　　　　B．可以保存

    C．图文并茂，便于说明　　　　　　　D．易于操作

15．可为汽车客户关系管理服务的社交网站平台有（　　）。

    A．知乎　　　　　　B．人人网　　　　　C．微信　　　　　　D．新浪微博

16. 数据挖掘的功能有（ ）。

    A. 关联分析   B. 聚类分析   C. 概念描述   D. 偏差检测

三、简答题

1. 客户关系管理系统的发展过程。

2. 汽车服务企业客户关系管理发展的前景是怎样的。

3. 客户关系管理的一般性流程是什么？

4. CRM 的业务流程包括哪些？

5. 客户关系管理的特点是什么？

6. 客户关系管理系统的功能有哪些？

7. 关系营销与传统营销的区别是什么？

8. 客户满意与客户忠诚的关系是什么？

9. 客户忠诚的类型有哪些？

10. 什么是客户生命周期，包括哪些阶段？

11. 关系营销包括的六大关系市场是什么？

12. 互联网有哪些优势？

13. 微信的社交意义有哪些？

14. 数据挖掘在汽车服务企业客户关系管理中的运用有哪些主要内容？

四、案例分析题

一位名叫赫兹的商人，在机场从事汽车服务。开始的时候他把注意力放在了培训驾驶员为客户服务方面，如怎样帮助客户搬运行李，怎样准确报站等，驾驶员们做得也很好。但是赫兹没有意识到客户的一个最主要的需求：两班车之间的间隔时间要短。这一服务上的缺陷引起了不少客户的抱怨，尽管客户的平均等车时间只有 7~10 分钟。为此，他投入巨款购买汽车和雇佣驾驶员，把两班车之间的间隔时间定为最长 5 分钟，有时两班车之间间隔仅 2~3 分钟，最终使客户满意。

赫兹公司的另一项业务是租车给下飞机的客户，待他们回来再乘飞机时，将汽车归还。租车的客户大多数是商人，对他们来说最重要的是速度。赫兹认真地处理这些租车客户的抱怨，尽管租车时的速度很快，但还车时的速度太慢，可是客户没有时间在柜台前排队等着还车。赫兹想了一个办法：当客户将车开到停车场时，服务人员就将汽车风窗玻璃上的识别号码输入计算机，这些计算机与主机联网，等客户来到柜台时，服务人员就能叫出其姓名，只需要再询问里程数与是否加过油，就能把票据打印出来。这样一来，原来需要 10 分钟的服务时间缩短到只需要 1 分钟，客户十分满意，从此以后生意十分兴隆。

通过这个案例，请谈谈你的想法。

第二章
新车销售过程中的客户关系管理

课前导读

新车销售是汽车服务企业最典型、最基础的业务。它不仅是汽车服务企业直接的利润来源，也是后续其他业务利润来源的基础。在新车销售过程中，多数情况下员工直接与客户接触，最能了解客户的消费心理和消费状态，直接影响客户的购买情绪与购买结果，因此处理好新车销售过程中的客户关系是至关重要的。

学习目标

1. 知识目标：学会如何识别和开发潜在客户。

学会如何在新车销售过程中管理客户关系。

学会如何在新车交付环节中管理客户关系。

2. 能力目标：能够将传统客户开发方法与现代客户开发方法相结合，为汽车服务企业开发潜在客户。

能够利用相关理论和方法，在新车销售各环节将潜在客户转化成现实客户。

能够利用相关理论和方法，在新车交付环节提升客户的满意度和忠诚度，实现企业价值最大化。

能够在客户管理中运用相关管理软件。

3. 素质目标：拓展学生的知识领域，培养学生的学习兴趣。

提升学生的思维能力，培养学生的思考习惯。

强化学生的双创精神，培养学生的双创能力。

导入案例

元旦期间，在与亲朋好友的聚会中得知，我的舅舅刚购买了一辆福特新翼虎。在与他聊天时了解到，上海长安福特4S店有个销售冠军王玲，讲了很多关于她的事迹。在车市竞争如此激烈的环境下，特别是在上海这样对车市严格把控的城市，能做到连续6个月的"销冠"实属不易，这让我对这位销售冠军的传奇产生了浓厚的兴趣。当我问舅舅更多关于这位销售顾问成功秘诀的时候，舅舅给我卖关子，建议我亲自见一下她，就知道她成功的原因。说起来，我也算与不少经销商老总打过交道，大多数人的奋斗史都不乏"坚持不懈、真诚"等品质。那到底王玲的故事是否有独特的传奇经历？带着这样的疑问，我来到了上海长安福特4S店。

对于销售业绩特别优秀的女销售顾问，我猜想她一定是个美女。我曾经做过一段时间汽车销售，我们当时的"销冠"基本都是大美人，由美女来接待客户，可能客户的心情更加愉悦，更容易促成订单吧。可是当店总陈燕儿女士将王玲带到我眼前的时候我惊呆了，这个女孩并不像我之前想象中的大美女，而是一个长相清秀的普通姑娘，这让我对她更加好奇，是什么让她在竞争如此激烈的汽车行业连续6个月都是华东地区的"销冠"。

通过初步了解得知，王玲于2015年就职担任销售顾问，之前做财务工作。王玲来到4S店最大的梦想，就是通过自己的努力使生活过得更好。经过1个月的实习和培训，正式加入销售顾问团队。别看现在坐在我面前的她神采奕奕、落落大方，曾经的她由于专业知识不熟、说话害羞和缺乏接待经验，遇到过很多困难，例如对车型不了解，服务的专业度不够，公司的流程不熟悉等，也被客户质疑过。渐渐地，她通过背诵枯燥的车型参数，加强服务意识，真诚地对待客户，把客户当朋友，处处为客户着想，把每个销售步骤细化，少让客户来回奔波，慢慢取得了客户的信任。比如，有的客户在不验车的情况下就将贷款资料和首付款打到公司账上。试想，这得有多大的信任才能让一个陌生客户做出如此巨大的决定。又比如她曾经接待过一位客户，由于各种客观原因，客户最终没有在她这里订车。但王玲细心周到的服务，负责认真的态度，使客户与她成了朋友，此后许多客户买车都从王玲这里购买。这时王玲的梦想是成为一个月薪过万的新秀销售顾问。为了达到这个目标，她不断地调整心态，不断地参加厂方的专业培训，从客户的角度出发，带给客户最贴心的一条龙购车服务。她将客户当作家人，协同各个部门一起为客户提升购车感受。2016年她平均每月网上能够成交15辆左右。此外，她与老客户的关系良好，平均每月老客户介绍的成交也有4辆左右。所有的付出和努力都得到了回报，正是这种强大的正能量给了她力量，帮助她实现了自己的梦想。

这就是一位平凡而又不平凡的销售顾问的经历，将普通的销售工作做到了极致，祝福她未来在这个岗位上继续为广大的汽车消费者排忧解难。（引自新浪网）

第一节　潜在客户识别与开发管理

一、什么是潜在客户

(一) 潜在客户的涵义

所谓潜在客户，是指对某类产品（或服务）存在需求且具备购买能力的待开发客户，这类客户与企业存在着销售合作机会。对于新车销售而言，凡是具备购车意愿且具备购买能力的人员都可视为潜在客户。经过企业及销售人员的努力，可以把潜在客户转变为现实客户。

(二) 潜在客户识别因素

识别潜在客户的"MAN"因素：

M：Money，"金钱"。所选择的对象必须有一定的购买能力。

A：Authority，购买"决定权"。该对象对购买行为有决定、建议或反对的权力。

N：Need，"需求"。该对象有这方面（产品、服务）的需求。

为了便于分析和说明，我们将上述三个因素按照简单的标准进行分类，见表2-1。

表 2-1　"MAN" 三个因素简单分类

购买能力	购买决定权	需求
M（有）	A（有）	N（有）
m（无）	a（无）	n（无）

综合分析上述六种可能性，可以得到下列八种组合结果，并找到相应的接触对策。

①M + A + N：是有望客户，理想的销售对象。

②M + A + n：可以接触，配合熟练的销售技巧，有成功的希望。

③M + a + N：可以接触，并设法找到具有购买决定权的人。

④m + A + N：可以接触，需调查其业务状况、信用条件等。

⑤m + a + N：可以接触，应长期观察培养，使之具备另一条件。

⑥m + A + n：可以接触，应长期观察培养，使之具备另一条件。

⑦M + a + n：可以接触，应长期观察培养，使之具备另一条件。

⑧m + a + n：非客户，停止接触。

(三) 与潜在客户联系的时间

对于所有的潜在客户，要保持长期的联系，以维持潜在客户对企业的关注与热度。根据潜在客户的类别，需安排不同的联系频率，见表2-2。

表 2-2　不同类别潜在客户的联系频率

潜在客户类别	潜在客户特征	与潜在客户联系时间
A	已谈判购车条件、购车时间已确定、准备办理购车手续、有竞争对手在比较的、近期内成交	至少隔 2 日联系一次
B	商谈中表露出有购车意愿、正在决定是否购车、1 个月以上 3 个月以内成交	至少隔 7 日联系一次
C	用车意向不明确，无明确购车时间	节假日关怀

二、潜在客户的主要来源

对于汽车服务企业而言，其潜在客户的主要来源有以下几个方面：

1. 基盘客户

基盘客户既可以理解为留有可联络信息的客户，也可以理解为自销保有客户，即已购买产品的客户。基盘客户从本企业购买汽车后，还要在本企业购买汽车保险、汽车精品、汽车保养与维修，也会为本企业转介绍其他的客户。基盘客户是重要的潜在客户来源。

2. 来店（来电）客户

来店（来电）客户是曾经来店看车、进行购买咨询，或进行过电话咨询的客户。他们表现过购买汽车或服务的意愿，留下过相关信息，收集过本企业的相关资料，只是由于各种原因暂时没有成交。来店（来电）客户是典型的潜在客户。

3. 个人与团体开拓的潜在客户

这部分潜在客户是通过企业的短期促销活动、企业情报系统挖掘、大客户渠道、特定开拓等方式经过市场开拓形成的，也是企业重要的潜在客户来源之一。

4. 其他来源的潜在客户

其他来源的潜在客户是通过车展、内部员工购车、企业外部力量行为造成的潜在客户。

上述四种潜在客户来源的基本关系如图 2-1 所示。

如果再加入客户与企业关系以及客户来店目的两个因素，可以得出图 2-2 所示的效果。

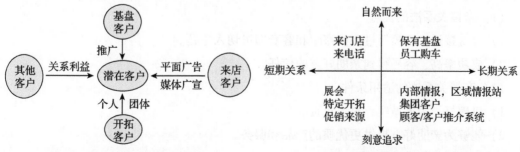

图 2-1　潜在客户来源及其关系　　　　图 2-2　客户来店目的及与企业形成的关系

分析图 2-2，可以得到以下结论：汽车服务企业客户关系管理的目的就是尽可能多地使客户类群处在第四象限（图中右下部分）中，即客户是刻意追求到本企业来，并且与本企业保持长期的关系。

三、潜在客户开发管理

（一）传统的潜在客户开发管理方法

传统的潜在客户开发管理方法有很多，这里主要介绍几种常用的方法。

1. 转介绍法

转介绍法是指通过他人的转介绍来开发潜在客户的方法。人与人之间有着普遍的交往与联系，消费需求和购买动机经常相互影响，同一个社交圈内的人可能具有某种共同的消费需求。只要取得现有客户的信任，就可以通过现有客户的自愿转介绍，开发出有可能成为本企业客户的其他人，而且说服的可能性较大。

（1）转介绍法的优点

1）信息比较准确、有用。介绍人知道他的哪位朋友需要某类汽车，这样就可以减少开发过程中的盲目性。

2）能够增加说服力。由于是经过熟人介绍的，容易取得潜在客户的信任，成功率较高。

（2）转介绍法的适用条件

1）取得老客户信任。只有老客户相信本企业、产品和员工，才可能为企业转介绍，所以取得老客户的信任是转介绍的关键。

2）给转介绍的老客户一定的好处。既让老客户得到经济上的实惠，又让老客户得到心理满足。

3）让渡出一部分利益给潜在客户，培养未来的转介绍者。

2. 亲情关系法

在亲朋好友中开发潜在客户是美国著名的汽车推销大王乔·吉拉德常用的方法。利用这种方法，既能满足亲朋好友的购车需求，又能利用亲情关系提高成交率，可谓一举两得。此外，同学、同乡、战友等社会关系也可以运用此种方法。

（1）亲情关系法的优点

1）容易接近，不需要过多的寒暄和客套即可切入主题。

2）成功率高，容易得到亲朋好友的信任。

（2）亲情关系法的适用条件

1）口碑好，为人诚实，对人负责。

2）能够为亲朋好友提供更优质的产品和服务。

3. 机会开拓法

汽车服务企业创造和利用店庆、车展、社区活动、车友俱乐部、节假日庆典等机会，开展汽车销售、汽车精品销售、汽车维修保养、二手车评估等活动，造势集客，开拓潜在客户。

（1）机会开拓法的优点

1）利用人们好奇、从众的心理特征，短时间内大量集客，集中开拓潜在客户。

2）能够将潜在客户变成基盘客户。

（2）机会开拓法的适用条件

1）汽车服务企业有一定的策划能力及组织大型活动的能力，短时间投入较大资金。

2）对社会的某些热点能够做出迅速反应，企业适应能力较强。

4. "中心开花" 法

"中心开花" 法是指在某一特定的目标客户群中选择有影响的人物或组织，并使其成为自己的客户，借助其帮助和协作，将该目标客户群中的其他对象培养成本企业潜在客户的方法。

（1）"中心开花" 法的优点　利用名人的影响，可以扩大本企业和产品的影响力，容易让其他人跟随。

（2）"中心开花" 法的适用条件

1）企业选择的 "中心" 人物要有很好的社会公众形象，不仅专业能力强，社会影响力也要有持久的、正面的引领作用。

2）本企业要在社会上有良好的口碑，以争取 "中心" 人物的合作。

案例分享：利用保有客户推荐成交销售

广州某4S店，本月×××汽车品牌的销售压力较大，而来店的顾客批次较少。为了提升订单量，经商定，从来店已成交顾客回访和客源开拓做起。

打印从系统提取的所有保有客户资料，把资料分发给各原销售顾问跟踪回访，已离职的销售顾问由新销售顾问跟进。每人每天回访10个客户，预计一周内完成，每天检查当天的回访记录，必要时由销售主管打电话给客户，核实回访的真实性。通过以上回访活动，不到一个月时间，4S店的订单比原来提升了18%，收到了明显效果。

（二）潜在客户开发管理的新方法

在通信发达的今天，电话成为汽车服务企业开发潜在客户的一个很好的帮手和工具。20世纪80年代美国提出了电话营销的概念，很多企业开始尝试这种新型的市场开拓手法。利用电话开发潜在客户包括主动拨出电话开发客户与接听电话开发客户两个方面。

（1）主动拨出电话开发客户　见表 2-3 所列内容。

表 2-3　主动拨出电话开发客户用表

序号	步骤	内容	注意事项
1	工作准备	客户名单、笔、记录本等	在本子里记录：客户名称、名单来源、联系人、职务、电话、评分、谈话内容简记、时间等
2	告知客户目的	明确告知拨出电话的目的：促销活动、试乘试驾、车友会、维修保养等	开门见山，直截了当，切忌耽误客户时间
3	引发客户兴趣	引发潜在客户的足够兴趣，是销售成功的基础阶段。包括优惠活动、保险活动、体验式销售活动、检测、保养、评估置换活动等	这个阶段需要的技能是对话题的掌握和运用
4	获得客户信任	拨打电话时，思路一定要清晰，要热情、大方、友善、真诚。应口齿清晰和明确，条理分明，立场坚定。讲话要有重点，重要部分要加重音量，听上去要更有力，听起来很专业。绝对相信你的产品适合顾客，详细推介产品带给顾客的好处	尽量少用专业术语以及"嗯、这个、那么"等 切记不要逐字逐句宣读文字材料，成为照本宣科的传声筒
5	分析跟踪	不要期待迅速成交，做好被拒绝的心理准备。整理有效的客户资源，定期跟进，跟客户保持联系，等待业务机会	电话沟通是一种交互式的交流方法，要善于倾听对方的意思和需求

（2）接听电话开发客户　如果客户主动来电进行业务咨询，那么他成为本企业潜在客户的可能性非常大，见表 2-4 所列内容。

表 2-4　接听电话开发客户用表

序号	步骤	内容	注意事项
1	拿起电话听筒，自报家门，并告知对方自己的名字	"您好，××××部××" 如果是上午 10 点以前的电话，可以用"早上好"代替"您好" 电话铃响 3 声以上时，应先表示歉意："让您久等了，我是××部××。"	电话铃响 3 声之内拿起听筒 在电话机旁准备好记录用的纸和笔 接电话时，禁止使用"喂"回答 音量保持适度，不可过高，但也不能太低 告知对方自己的名字
2	确认对方	"×先生，您好！""感谢您的关照"	必须对对方进行确认 如果是客户，要表达感激
3	听取对方来电用意	"是""好的""明白""清楚"等	必要时进行记录 谈话时话题不要离题

（续）

序号	步骤	内容	注意事项
4	进行内容确认	"请您再重复一遍" "那么明天在××，10点钟见"等	确认时间、地点、对象和事由 如果是传言，必须记录下电话时间和留言人
5	结束语	"清楚了" "请放心" "我一定转达" "再见" "谢谢"	一定要注意礼节，不可无礼
6	放回电话听筒		等对方放下电话后，再轻轻放回电话听筒

（3）利用电话开发潜在客户的利弊分析

1）优点：成本低，节约人力。

2）缺点：无法从客户的表情、举止判断他的反应；容易打扰他人的正常工作或生活，可能当作骚扰电话被拒绝；不好把握电话沟通的时间。

> **案例分享：** 一个卖劳斯莱斯汽车的销售员，每年给客户打36000个电话，28800个会接，11520个会听他讲，4608个会有兴趣，1843个会来看车，737个会考虑，294个会有意向，117个会洽谈，47个想购买，最终成交18辆，成交18单让他赚到200万元。他得出结论：每拨打一次电话会赚到55.55元。销售就得有这种精神，对的事情坚持做，这就是价值！

四、利用互联网开发潜在客户

（一）汽车网络销售的趋势

随着信息时代的来临，数字化信息革命的浪潮正在大刀阔斧地改变着人类的工作方式和生活方式，数字化革命呼唤新的技术，网络就是其发展产物之一。网络科技的迅速发展，使互联网深入千家万户。2020年中国互联网发展趋势报告显示，截止到2020年2月，中国互联网用户已经达到10.8亿。互联网的出现改变了人们传统的思维方法，坐在家里就可以浏览无数的商品，甚至可以完成交易。

我国汽车的销售模式正在由传统的4S店专卖模式向多种销售模式转变，汽车的网络销售比例和数量正在迅速提升。仅2016年"双11"当天，中国最大的电商平台阿里系新车订单量据称超过10万台，超过50个品牌的国产和进口豪华车主机厂在阿里系平台开设了旗舰店。2016 年汽车电商销售比例达到 5% 。

(二) 如何利用互联网开发潜在客户

1. 利用企业官方网站开发客户

官方网站亦称官网 (Official website)。官方网站是公开团体主办者体现其意志想法，公开团体信息，并带有专用、权威性质的一种网站，基本功能包括：

1) 品牌形象的推广。

2) 政策信息的公开。

3) 新闻发布。

4) 产品信息。

5) 传播企业文化。

6) 发布官方联系方式。

7) 客户服务。

8) 网上销售。

客户服务企业可以开办自己的官方网站，利用官方网站的权威性发布消息、宣传企业、介绍产品，以达到开发客户的目的。

> **案例分享**：奔驰 SMART 流光灰 2012 特别版选择电商平台，采用在线销售形式，149888 元的价格和诱人的大礼包，使 300 辆奔驰 SMART 在 89 分钟内销售一空。几千个销售线索在活动中被搜集并提供给经销商，平均每 18 秒卖出一辆，创造了网络销售汽车的奇迹。
>
> 奔驰采用刺激营销，限时、限量、特价、大礼包等刺激消费者的神经。首先是通过电视、户外、网络预热，借用微博线上活动，寻找"灰"常 SMART 男为活动造势。线下院线活动是将 SMART 开进 5 个重要的城市影院展出。借助电视传播优势等线上、线下整合营销传播方式，极大地提高了奔驰的关注度。

2. 搜索引擎竞价推广

就是在一些著名的搜索引擎上做竞价推广，比如百度竞价推广等。竞价推广是把企业的产品或服务通过关键词的形式在搜索引擎平台上做推广，它是一种按效果付费的、新型的搜索引擎广告。用少量的投入就可以给企业带来大量潜在客户，有效提升企业销售额。这种推广方式按点击量付费，见效快，百度竞价平均每个 IP 收费 0. 40 ~ 60 元。汽车服务企业利用这种方法开发潜在客户，其中关键词的设定是成功的基础。

3. 博客推广

博客推广之所以受到欢迎在于博客做到了博主与浏览者之间的互动，浏览者在浏览博主发表的文章时，有意无意地宣传推广了该文章。要想吸引浏览者，这就要求博主发表的文章有吸引力、有传播力。从这一点来说，博客推广是另一种形式的口碑营销。博客推广的另一大好处是博客对搜索引擎的友好度较高，同样的文章在搜索引擎的排名比一般网站高。

4. 论坛推广

这是一种传统的网络推广方式。汽车服务企业可以利用论坛方式，进行企业和产品宣传，开发潜在客户。但是这种方式费时费力，效果却并不理想。

5. 邮件推广

这也是一种传统的网络推广方式。就是汽车服务企业利用潜在客户的电子邮箱，发送电子邮件给客户。但是由于各大邮件提供商（比如网易等）设置了反垃圾邮件功能，现在已经没有多大效果。

6. 搜索引擎优化推广（SEO）

通过对网站的优化，使产品在网站搜索引擎的排名上升。SEO 往往需要较长的时间，短则 3 个月，长则一年，这取决于 SEO 的优化能力和网站关键词的竞争度。SEO 的价格和搜索引擎竞价相比要高很多，它的平均收费是每个 IP 0.95 ~ 1.95 元，但排名的效果更持久一些。

7. 请专业的网络推广机构

目前有很多专业的网络推广机构，特点是专业性较强，可以达到事半功倍的效果。

（三）国内主要汽车网站

目前我国汽车专业网站比较多，现对其中的五个主要网站进行介绍，具体内容见表2-5。

表 2-5　我国主要汽车专业网站情况介绍表

序号	网站名称	特色	服务内容
1	汽车之家	是访问量较大的汽车网站，根据 iUserTracker 数据统计，汽车之家月度覆盖人数接近 8000 万。中国互联网汽车用户 60% 的时间花费在汽车之家	为汽车消费者提供贯穿选车、买车、用车、置换所有环节的一站式服务，全面、准确、快捷，并致力于以传媒和互联网的力量，整合汽车行业全产业链的内容与服务，提升汽车消费者的生活品质，改变中国人的汽车生活
2	易车网	为中国汽车用户提供专业、丰富的互联网资讯服务，并为汽车厂商和汽车经销商提供卓有成效的互联网营销解决方案	易车旗下的业务包括：中国第一个汽车消费门户——易车网（www.yiche.com）、国内最大的二手车交易信息服务平台——优卡网（www.ucar.cn）、专为汽车行业人士打造的信息服务和分享平台——汽车产经网（www.autoreport.cn）、中国首家汽车行业营销管理与电子商务在线软件服务商——易湃、中国最大的数字营销服务公司——新意互动（CIG）

（续）

序号	网站名称	特色	服务内容
3	爱卡汽车	爱卡汽车是一个社会化网络互动媒体，拥有丰富的汽车主题社区。2002 年 8 月创建，口号是：用户需求是我们最强大驱动力	爱卡汽车的日均浏览量达 7500 万，有效注册用户超 800 万，开放的互动交流平台超过 900 个 爱卡汽车的业务覆盖国内 437 个城市，囊括海内外近 10000 余款车型的即时资讯、资深评测、权威数据和全面报价，并保持 7 天 24 小时不间断更新 爱卡汽车拥有领先的社会化网络产品：精准口碑导购平台——"说真的"；汽车主题社交平台——"Myxcar"；一键式互动问答系统——"爱卡万能"；跨平台移动终端应用等 爱卡汽车的专业团队为客户和合作伙伴提供顾问式营销策划服务
4	太平洋汽车网	以自身魅力迅速引起业界的瞩目，赢得了广大网友的拥护	以资讯、导购、导用、社区为出发点，坚持原创风格，为网友提供汽车报价、导购、评测、用车、玩车等多方面的第一手资讯，并营造一个互动的车友交流空间
5	网上车市	网上车市已经发展成为国内领先的汽车垂直媒体网站	以"数据·人文"为服务理念，以市场行情、导购为基本原则，致力于为中国汽车消费者提供全面、客观、及时的车型数据及"一站式"购车服务

除了表 2-5 介绍的汽车网站外，搜狐汽车、汽车点评网、新浪汽车等汽车专业网站也可用于汽车服务企业潜在客户开发。

五、利用微信平台开发潜在客户

微信（wechat）是一个为智能终端提供即时通信服务的应用程序，它支持跨通信运营商、跨操作系统平台，可以使用通过共享流媒体内容的资料和基于位置的社交插件"摇一摇""漂流瓶""朋友圈""公众平台""语音记事本"等服务插件。

微信提供公众平台、朋友圈、消息推送等功能，通过"搜索号码""附近的人"、扫二维码方式添加好友和关注公众平台，用户可以将内容分享给好友以及将看到的精彩内容分享到微信朋友圈。截至 2016 年 12 月，微信的月活跃用户数已达 8.89 亿。

鉴于微信的强大功能和庞大的用户群体，汽车服务企业应当充分利用微信这个现代网络工具进行潜在客户的开发。

（一）通过微信公众号开发潜在客户

1. 什么是微信公众号

微信公众号是开发者或商家在微信公众平台上申请的应用账号，该账号与QQ账号互通，通过公众号，商家可在微信平台上实现与特定群体的文字、图片、语音的全方位沟通和互动。

2. 微信公众号的账户类别及其功能

（1）服务号　能给企业和组织提供更强大的业务服务与用户管理能力，帮助企业快速实现全新的公众号服务。公众平台服务号是公众平台的一种账号类型，旨在为用户提供服务。

1）1个月（自然月）内仅可以发送4条群发消息。

2）发给订阅用户（粉丝）的消息，会显示在对方的聊天列表中。

3）服务号会显示在订阅用户的通讯录中。通讯录内有一个公众号的文件夹，点开可以查看所有服务号。

4）服务号可申请自定义菜单。

（2）订阅号　订阅号为媒体和个人提供了一种新的信息传播方式，构建与读者之间更好的沟通与管理模式。公众平台订阅号是公众平台的一种账号类型，旨在为用户提供信息。

1）每天（24小时内）可以发送1条群发消息。

2）发给订阅用户的消息，将会显示在对方的"订阅号"文件夹中。点击两次才可以打开。

3）在订阅用户的通讯录中，订阅号被放入订阅号文件夹中。

（3）企业号　企业号为企业或组织提供了移动应用入口，帮助企业建立与员工、上下游供应链及企业应用间的连接。公众平台企业号是公众平台的一种账号类型，旨在帮助企业、政府机关、学校、医院等事业单位和非政府组织建立与员工、上下游合作伙伴及内部IT系统间的连接，并能有效地简化管理流程、提高信息的沟通和协同效率、提升对一线员工的服务及管理能力。

3. 微信公共号的注册办理

汽车服务企业开设微信公众号需要与腾讯公司签订协议，用户注册微信公众账号后可以通过微信公众平台进行品牌推广。微信用户关注微信公众账号后，成为该账号订阅用户，微信公众账号将通过微信公众平台发送消息与订阅用户进行互动。微信公众账号可以通过QQ号码或电子邮箱账号进行绑定注册。

4. 微信公共号在潜在客户开发中的运用

1）进行企业宣传和产品宣传。

2）进行企业产品知识讲座。

3）发布信息，吸引潜在客户到店。

4）微信公众平台现在增加了微信小店功能，微信小店基于微信支付，包括添加商品、商品管理、订单管理、货架管理、维权等功能，开发者可使用接口批量添加商品，快速开店。

必须是已经微信认证、已接入微信支付的服务号，才可在服务中心申请开通微信小店功能。

> **案例分享**：某年冬季，东风日产公司在微信等社交媒体投放广告，时间跨度为春运、除夕、情人节，分六批推送，涵盖回家、拜年、春运、父母、红包、相亲六个话题。除了直击新年话题外，这次营销还巧妙地结合产品，主打感情牌，直击目标人群的痛点，引发共鸣。

（二）运用 APP 开发潜在客户

APP 作为一种第三方应用的合作形式参与到互联网的商业活动中，随着互联网越来越开放，APP 作为一种盈利模式，开始被更多的互联网商业大亨看重，思想的具体表现，一方面可以积聚各种不同类型的网络受众，另一方面借助 APP 平台获取流量，包括大众流量和定向流量。

汽车服务企业可以通过 APP 的设计与开发，为本企业客户提供方便快捷的服务，赢得现有客户的口碑，或向潜在客户介绍本企业提供方便快捷服务的能力，以此开发潜在客户。

> **案例分享**：大众汽车"蓝色驱动"APP 下载人数超 30 万
>
> "蓝色驱动"是大众中国公司设计的一个车载移动应用，是国内为数不多的通过 APP 进行品牌营销尝试的厂家。在整个营销过程中，活动总浏览量达到了 10 万次，30 多万人下载了 APP，社交网络上的评论及分享 22 万次。大众为这一活动设立了专门的网站，用丰厚的奖品和奖励激励下载者使用，整个活动除了通过大众汽车官方主页、大众汽车网站，还通过移动端广告进行传播，使大众的品牌和服务得到了良好的宣传推广。

（三）二维码

1. 什么是二维码

二维码（2-dimensional bar code）用特定的几何图形、按一定规律在平面（二维方向）上分布的黑白相间的图形记录数据符号信息。在代码编制上。巧妙地利用构成计算机逻辑基础的"0""1"的概念，使用若干个与二进制相对应的几何形体来表示文字数值信息，通过图像输入设备或光电扫描设备自动识读，以实现信息自动处理。

二维码具有条码技术的一些共性：每种码制有其特定的字符集；每个字符占有一定的宽度；具有一定的校验功能等。同时具有对不同行的信息自动识别功能以及处理图形旋转变化的特点。二维码在横向和纵向两个方位同时表达信息，因此能在很小的面积内表达大量的信息。

2. 二维码的功能

（1）方便网页浏览 随着手机功能的增强，不少用户开始使用手机上网，但是繁杂的网址输入使得很多用户头疼不已，二维码的出现恰好解决了这一问题，只需扫描对应网站地址的二维码，即可直接打开该网站，免去了繁杂的网址输入过程，如图2-3所示。

（2）观看立体报纸 一向标榜纸张文明的报刊行业也开始进军互联网，而它们的媒介就是二维码。不少报纸推出了二维码新闻，读者用手机扫描报纸上的二维码，即可观看该条新闻的视频信息、图片及网页等，"立体报纸"就这样诞生了，如图2-4所示。

图2-3 扫描二维码进入网站

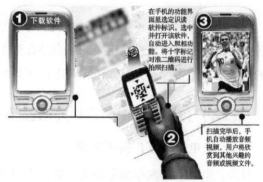

图2-4 扫描二维码观看立体报纸

（3）确认商品信息 现在很多食品的包装上会有条形码或者二维码，扫描包装上的二维码可以详细了解产品名称、生产日期、商品参考价格等一系列商品信息，这样可以有效防止购物欺诈，如图2-5所示。

（4）添加微信好友 微信二维码是腾讯开发的、配合微信添加好友的一种新方式，含有特定的内容格式，只能被微信软件正确解读。打开二维码，用摄像头对准二维码扫描成功后，会显示二维码主人的名片信息，就可以添加他为好友了，如图2-6所示。

图2-5 扫描二维码确认商品信息

图2-6 扫描二维码添加微信好友

3．二维码在客户开发中的运用

①通过客户扫描本企业二维码，进行企业宣传和产品宣传。

②通过客户扫描本企业二维码，宣讲本企业产品知识和服务内容，引发潜在客户的兴趣。

③通过客户扫描本企业二维码，添加潜在客户为微信好友，增加联系密度。

④在朋友圈中发布产品和服务信息，增加信息传播强度。

第二节　新车销售客户关系管理

当前，我国的汽车销售主要采用特许经营方式，客户在 4S 店购车是一种主流的习惯。将潜在客户变成现实客户最主要的行为是在汽车 4S 店内完成的。本节根据客户在汽车 4S 店内的一般性购车过程，介绍如何在新车销售现场管理客户关系。

一、客户接待过程中的客户关系管理

（一）来电咨询客户关系管理

目前，电话成为汽车服务企业与客户沟通的一个很好的帮手和工具。客户在购车或想从汽车销售企业得到某种服务时，往往会按照企业提供的电话号码提前进行电话联络。这时，客户虽然没有与企业服务人员进行当面沟通，但是可以根据员工接听电话时的态度及回答问题时的专业程度，判断该企业的管理水平及可信任程度，从而决定是否继续深入交往。接待人员如果处理得当，来电咨询客户就有可能成为企业的真实客户。为便于说明，将如何管理来电咨询客户关系列成表格，见表 2-6。

表 2-6　电话接待用表

序号	顺序	礼貌用语	注意事项
1	拿起电话听筒，自报家门，并告知对方自己的名字	①"您好，××公司××部××" ②"您好，××部××" ③如果是上午10点以前的电话，可以用"早上好"代替"您好" ④电话铃响三声以上时，应先表示歉意："让您久等了，我是××部××。"	①电话铃响三声之内接起 ②在电话机旁准备好记录用的纸和笔 ③接电话时，禁止使用"喂"回答 ④音量保持适度，不可过高，但也不能太低 ⑤告知对方自己的名字
2	确认对方	"×先生，您好！""感谢您的关照"	①必须对对方进行确认 ②如果是客户，要表达感激

（续）

序号	顺序	礼貌用语	注意事项
3	听取对方来电用意	"是""好的""明白""清楚"等	①必要时进行记录 ②谈话时话题不要离题
4	进行内容确认	①"我再重复一遍"（您是准备×××，是吧） ②"那么明天在××，10点钟见"等	①确认时间、地点、对象和事由 ②如果是传言，必须记录下电话时间和留言人
5	结束语	①"清楚了" ②"请放心" ③"我一定转达" ④"再见" ⑤"谢谢"	一定要注意礼节，不可无礼
6	放回电话听筒		等对方放下电话后，再轻轻放回电话听筒

案例分享：2014年4月7日，客户瞧先生在网上询问朗动汽车自动领先型的价格。在聊天过程中得知，客户之前在别的店比过价，给予的优惠是6500元外加全车膜、底盘装甲、坐垫、脚垫等一系列赠品，并收取3000元评审费。因为一个皮坐垫的原因没有成交。在电话沟通中，销售顾问站在客户的角度，告知客户皮坐垫的优势与好处，客户更想得到皮坐垫。然后销售顾问答复：可以给客户赠送皮坐垫，希望客户到店详谈。客户很高兴。

次日上午客户到店，销售顾问细数新开旗舰店的优势，人多、地广、资源足，特别侧重于介绍"北现金融"办理方便、快捷、服务到家，收取资料少，可以贷款五年等优势。因为这些优势，需要收取2000元资料费。客户讨价还价，后来降到1000元。最后以优惠6500元，收取3000元评审费加1000元资料费，再赠送全车膜、底盘装甲、坐垫、脚垫等一系列赠品成交订车。

（二）展厅接待中客户关系管理

1. 汽车4S店展厅接待人员主要从事的工作

展厅接待是一个专职岗位，在4S店里一般属于销售部，其工作职责可以理解为销售顾问工作的一部分。对于客流量大的4S店，一般都会设置专职展厅接待岗位，目的是为了做好客户分流，减少客户被冷落的现象，提高客户满意度。工作内容为：客户进展厅时第一时间去迎接，问好，询问客户来店目的，介绍4S店服务项目，接受客户咨询，引导客户接受后续服务，有的店还会增加提供饮品、接电话等内容。负责展厅接待的人员需要接受礼仪、销售流程、汽车专业知识、满意度等内容的培训。

2. 客户接待过程中的客户关系管理的内容

汽车服务企业通过前期卓有成效的宣传工作，必然会带来来店人员的增加。从客户进店的时刻开始，展厅接待人员就要开始必要的客户管理工作，其目的是管理进店客户的情绪，并了解客户的相关信息。主要内容包括：

（1）主动接待，热情服务，进行简单记录　随时注意有没有客户进入展厅。展厅接待人员应随身携带名片和笔记本，以便随时记下客户进店时间、进店人数、联系方式、来店原因、是否预约等信息。

客户一进门，展厅接待人员要面带微笑、双眼注视客户、稍稍鞠躬并说"欢迎光临×××"。若是2人以上同行，则不可忽视对其他人的照顾。客户经过任何工作人员旁边时，工作人员即使忙于其他工作，也应面带微笑点头致意。

若同时有两三批人来看车，要及时请求支援，不可让任何人受到冷落。

若儿童随行，则接待人员或其他销售人员应负责招待。若儿童愿意到儿童游乐区玩耍，则引导他们前往，并保证儿童的安全。

（2）明确客户来店的目的，做到精准服务　展厅接待人员应迅速了解客户进店的目的，并说："先生（女士）您好，您是来看车，还是有其他的业务？"一边递上名片一边自我介绍说："我是XXX"。当了解到客户来店的目的后，展厅接待人员必须适时做本企业宣传和产品宣传，以增加客户的购买信心。然后根据客户的来店目的做好客户分流，为客户提供精准服务，提高客户的满意度。

若客户不需要协助，那就让客户轻松自在地活动，但仍应随时注意观察客户的动态，比如客户在看什么、客户关心什么、客户在意什么，以便及时调整自己的销售方案。若发现客户有疑问或需要服务的迹象时，要立即上前服务，最好将客户引入到洽谈区坐下。

（3）安抚客户，缓解对抗情绪　买卖双方的交易过程实际上是一种博弈过程，客户往往是弱势的一方，客户进店时带有防范的心理，这个时候管理好客户的心理情绪是客户关系管理的重点。

一般来说，客户初次来到汽车展厅时，心理活动会有焦虑、担心、舒适三种状态，如图2-7所示。

在客户心里感到舒适时，最容易成交。所以展厅人员在接待客户时，首要问题是打消客户的焦虑和担心，尽快让客户心里处于舒适区状态。

1）结合具体情况进行交流。对于客户的情绪管理，

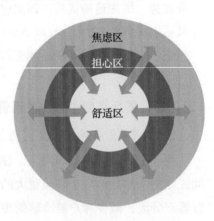

图2-7　客户心理三区域示意图

关键是要拉近员工与客户的心理距离，削弱客户的戒备心理。展厅接待人员要具备良好的把控环境的能力，结合客户进店时的具体情境迅速"破冰"。常用的"破冰"话题包括天气、服饰、热门话题等。

2）安排客户到洽谈区就座，并提供三种以上的饮品。经验表明，客户在店内停留的时间越长，成交的概率就越大。客户进店后，展厅接待人员应尽量让客户到洽谈区就座，以安抚客户的情绪。同时向客户提供三种以上的饮品，让客户自主选择。这种做法的好处：第一，能使客户感到自己受到尊重；第二，能使客户感觉到自己享有充分的自主选择权。

3）准确交接。客户坐稳后，如果客户已有熟悉的汽车销售顾问或预约好汽车销售顾问，接待人员应迅速进行联系，减少客户等待的时间。如果到店客户没有进行事先预约，接待人员应向客户推荐汽车销售顾问，并向客户进行适当的宣传，增强客户对即将得到服务的信心。汽车销售顾问到场后，接待人员应将已掌握的客户来店信息详细地介绍给汽车销售顾问，以增加客户的好感，并帮助汽车销售顾问迅速进入角色，然后礼貌告退。

（三）三表一卡管理

1. 什么是"三表一卡"

对于以汽车4S店为代表的汽车服务企业而言，来店（来电）客户的最初管理工具就是"三表一卡"。

汽车4S店的三表一卡是指来店（电）顾客登记表、潜在客户进度管制表、营业活动日报表和客户管理卡。

来店（电）顾客登记表登记的顾客通常指第一次来店（电）的顾客，大家共用一张表，当日填写完成，交销售经理检查审核后，确认内容真实，没有遗漏，由信息员（内勤）存档管理。来店（电）顾客登记表见表2-7、表2-8。

表2-7　×××汽车4S店来店顾客登记表

年　月　日

序号	信息管理填写					销售顾问填写								
	来店时间	人数	销售顾问	首次来店（电）	第2次以上	离店时间	客户名称	电话	想购		商谈内容	级别	渠道	试乘试驾	
									车型	车色				是	否
1															
2															
3															
4															
5															
6															
7															
8															
9															

（续）

年　月　日

序号	信息管理填写					销售顾问填写								
	来店时间	人数	销售顾问	首次来店（电）	第2次以上	离店时间	客户名称	电话	想购		商谈内容	级别	渠道	试乘试驾	
									车型	车色				是	否
10															
11															
12															
13															
14															
15															
16															
17															
18															
19															
20															

表 2-8　×××汽车 4S 店来电顾客登记表

年　月　日

序号	客户姓名	电话	地址	想购		商谈内容	意向确度	销售顾问	渠道
				车型	车色				
1									
2									
3									
4									
5									
6									
7									
8									
9									
10									
11									
12									
13									
14									
15									
16									
17									
18									
19									
20									

　　潜在客户进度管制表用于销售员对自己掌握的客户资源进行动态管理，该表由销售员个人填写，一人一月一个表。潜在客户进度管制表见表 2-9。

表2-9　××汽车 4S 店潜在客户进度管制表

潜在客户进度管制表（____年____月）

销售顾问：

序号	客户姓名	客户来源	联系电话	车型	车色	前月进度	1	2	3	4	5	6	7	8	9	10	11	12	13	14	15	16	17	18	19	20	21	22	23	24	25	26	27	28	29	30	31	备注
																																						日期
1																																						
2																																						
3																																						
4																																						
5																																						
6																																						
7																																						
8																																						
9																																						
10																																						
11																																						
12																																						
13																																						
14																																						
15																																						
16																																						
17																																						
18																																						
19																																						
20																																						

客户来源：S－来店　T－来电　B－保有　R－介绍　K－开发
进度状况：D－交车　O－订车（已收订金；未收订金；已收全款，但尚未交车）
H级：信心＋购买力（7日内订车可能）　　A级：信心＋需求＋购买力（15日内订车可能）
B级：需求＋购买力（30日内订车可能）　　C级：需求＋购买力（30日以上订车可能）

营业活动日报表由销售人员每日下班前填写。填写本日销售活动的结果，并计划次日的销售活动，再交销售经理指导批示。营业活动日报表见表2-10。

表2-10 ×××汽车4S店营业活动日报表

<table>
<tr><td colspan="13" align="center">营业日报表</td></tr>
<tr><td colspan="7">年 月 日（星期 ）</td><td colspan="6" align="right">销售顾问：_____</td></tr>
<tr><td colspan="12" align="center">拜访预定</td><td rowspan="3">拜访经过</td></tr>
<tr><td rowspan="2">序号</td><td rowspan="2">客户姓名</td><td rowspan="2">客户来源</td><td rowspan="2">车型</td><td rowspan="2">车色</td><td rowspan="2">联系电话</td><td colspan="3">目的</td><td colspan="2">进度确认</td></tr>
<tr><td>手续管理</td><td>促进</td><td>开拓</td><td>原来</td><td>现在</td></tr>
<tr><td>1</td><td></td><td></td><td></td><td></td><td></td><td></td><td></td><td></td><td></td><td></td><td></td></tr>
<tr><td>2</td><td></td><td></td><td></td><td></td><td></td><td></td><td></td><td></td><td></td><td></td><td></td></tr>
<tr><td>3</td><td></td><td></td><td></td><td></td><td></td><td></td><td></td><td></td><td></td><td></td><td></td></tr>
<tr><td>4</td><td></td><td></td><td></td><td></td><td></td><td></td><td></td><td></td><td></td><td></td><td></td></tr>
<tr><td>5</td><td></td><td></td><td></td><td></td><td></td><td></td><td></td><td></td><td></td><td></td><td></td></tr>
<tr><td>6</td><td></td><td></td><td></td><td></td><td></td><td></td><td></td><td></td><td></td><td></td><td></td></tr>
<tr><td>7</td><td></td><td></td><td></td><td></td><td></td><td></td><td></td><td></td><td></td><td></td><td></td></tr>
<tr><td>8</td><td></td><td></td><td></td><td></td><td></td><td></td><td></td><td></td><td></td><td></td><td></td></tr>
<tr><td>9</td><td></td><td></td><td></td><td></td><td></td><td></td><td></td><td></td><td></td><td></td><td></td></tr>
<tr><td>10</td><td></td><td></td><td></td><td></td><td></td><td></td><td></td><td></td><td></td><td></td><td></td></tr>
<tr><td>11</td><td></td><td></td><td></td><td></td><td></td><td></td><td></td><td></td><td></td><td></td><td></td></tr>
<tr><td>12</td><td></td><td></td><td></td><td></td><td></td><td></td><td></td><td></td><td></td><td></td><td></td></tr>
<tr><td>13</td><td></td><td></td><td></td><td></td><td></td><td></td><td></td><td></td><td></td><td></td><td></td></tr>
<tr><td>14</td><td></td><td></td><td></td><td></td><td></td><td></td><td></td><td></td><td></td><td></td><td></td></tr>
<tr><td>15</td><td></td><td></td><td></td><td></td><td></td><td></td><td></td><td></td><td></td><td></td><td></td></tr>
<tr><td colspan="4">截止本日客户数</td><td colspan="4" align="center">本日访客户数：</td><td colspan="5">销售顾问请求支援事项：</td></tr>
<tr><td colspan="2">交车目标</td><td></td><td>H级</td><td></td><td colspan="4" rowspan="2" align="center">小计：</td><td colspan="5" rowspan="4"></td></tr>
<tr><td colspan="2">交车实际</td><td></td><td>A级</td><td></td></tr>
<tr><td colspan="2" rowspan="2">O级
（订单）</td><td rowspan="2"></td><td>B级</td><td></td><td colspan="4">本日止月累计访问客户数：</td></tr>
<tr><td>C级</td><td></td><td colspan="4" align="center">合计：</td></tr>
<tr><td colspan="6">客户来源：S-来店 T-来电 B-基盘 R-介绍 K-开发
H级：信心＋需求＋购买力（7日内订车可能）
A级：信心＋需求＋购买力（15日内订车可能）
B级：需求＋购买力（30日内订车可能）
C级：需求＋购买力（30日以上订车可能）</td><td colspan="7">手续管理：订车、交车、售后服务 促进：潜在客户的促进本日访问户数；对应栏位内的手续管理、促进、开拓本日止月累计访问户数；对应栏位同本日累计访问户数</td></tr>
</table>

客户管理卡用于销售员对自己所管理的每个客户随时间变化进行动态管理。客户管理卡见表2-11。

表2-11　客户管理卡

卡号:

客户资料	客户姓名		性别		住址		电话		客户建档日期	年　月　日
	婚否		子女状况　__子__女			职业		单位名称		
	现有车型		现有车型购买时间或同时购买行驶里程		市　区	微信名称或号码				
客户需求分析	兴趣爱好		购车用途	对曾使用车辆的关注点				是否置换		
	信息渠道		使用者	购买车辆的关注点	1、		2、	3、		
	意向车型		意向颜色	外___内___	预算/价位		支付方式			
	预计购买时间　年　月	对比车型1	对比车型2	对比车型3	对比车型4					
	试驾感受　满意点:　　不满意点:			首次报价/优惠幅度:						
首次到店接待过程	接待时间　___点___分至___点___分,合计___分钟	首次试驾日期　　年　　月　　日			客户方便接受回访时段					
	写出回访或接待过程（含登门拜访），对于没有成交或接受客户没有接受邀约的原因及应对措施要描述清楚，如"战败"或失控，填写原因及去向（在回访或接待过程中，客户意向接受邀约，客户意向降级不允许跳级，同时降级必须由销售总监签字确认）									
	接待后确定客户级别				回访后客户接受级别		审核签名			
回访日期	回访次数（时间段）									
月　日	第1次　__:__—__:__									
月　日	第2次　__:__—__:__									
月　日	第3次　__:__—__:__									

（续）

回访日期	回访次数（时间段）	写出回访或接待过程（含登门拜访），对于没有成交或客户没有接受邀约的原因及应对措施要描述清楚，如"战败"或失控，填写原因及去向（在回访或接待过程中，客户意向或接待过程中，同时降级不允许跳级，同时降级必须由销售总监签字确认）	回访后客户级别	审核签名
月　　日	第 4 次　——：——　——：——			
月　　日	第 5 次　——：——　——：——			
月　　日	第 6 次　——：——　——：——			
月　　日	第 7 次　——：——　——：——			

（续）

回访日期	回访次数（时间段）	写出回访或接待过程（含登门拜访），对于没有成交或成交客户没有接受邀约的原因及应对措施要描述清楚，如"战败"或回访或接待过程中，填写原因及去向（在回访或接待过程中，客户意向降级不允许跳级，同时降级必须由销售总监签字确认）	回访后客户级别	审核签名
月　日	第8次 ＿：＿—＿：＿			
月　日	第9次 ＿：＿—＿：＿			
月　日	第10次 ＿：＿—＿：＿			
月　日	第11次 ＿：＿—＿：＿			
月　日	第12次 ＿：＿—＿：＿			

注：1. 回访次数（时间段）：填写接待或回访的时间段，例如11:32—14:30，要写出接待或回访的起止时刻。
2. 原则上，回访客户到第12次还没有成交，转交数字营销部门继续跟踪，如果战败或失去，在展厅经理确认后转客服部门。

2. "三表一卡"之间的关系

1）凡客户来店（电），必须由轮班销售员按来店（电）顾客登记表规定项目完整登记和填写；不能留下资料的，也要对客户来店（电）的相关情况（如某先生或某女士，来店或来电，进店离去时间等）进行登记填写。

2）凡有意向的客户（含H级、A级、B级、C级）和已成交的客户，均应建立客户管理卡，并按规定进行跟踪促进。

3）除C级以外的所有意向客户，均应汇总到潜在客户进度管制表，进行跟踪推进管理。

4）凡是登记在来店（电）顾客登记表的客户，在随后的任一时刻只能处于两种状态：在潜在客户进度管制表和客户管理卡（反面）中被继续跟踪管理；经过推进后成交，进入客户管理卡（正面）管理。

5）营业活动日报表记录销售员每日的工作活动，所有在来店（电）顾客登记表、潜在客户进度管制表、客户管理卡里记录的顾客接待、潜在顾客等级推进、用户回访，均能在营业活动日报表里找到对应时间点的工作活动记录。

6）潜在客户进度管制表和客户管理卡（反面）里的回访计划与营业活动日报表里明日工作计划在同一时间点能够对应起来。

7）客户管理卡（反面）的顾客回访情形与潜在客户进度管制表里的回访后等级推进结果以及营业活动日报表里的当日工作总结在同一时间点能够相互对应。

8）客户管理卡（正面）的用户回访计划与实际回访情形与营业活动日报表里的工作计划与总结，在同一时间点能够相互对应。"三表一卡"之间的逻辑关联见表2-12。

表 2-12 "三表一卡"之间的逻辑关联表

表格名称	填写人	审核人	类型
来店（电）顾客登记表	值班销售员	销售经理	展厅客户管理
潜在客户进度管制表	销售员	销售经理	顾客意向等级动态管理
营业活动日报表	销售员	销售经理	销售人员活动管控
客户管理卡	销售员	销售经理	客户分类管理

二、需求分析过程中的客户关系管理

需求分析过程中的客户关系管理是指客户购买意向和客户购买方案的管理，这项工作主要由汽车销售顾问完成。展厅接待人员将客户介绍给汽车销售顾问后，销售顾问应当对客户的购买意向和购买方案提出建设性的意见。在这个过程中，汽车销售顾问应向客户显示出良好的专业技能与职业素养，让客户感觉到汽车销售顾问是站在客户的立场上帮助他们解决问题，从而对本店的产品与服务产生信任感甚至依赖感，进而成为本店的忠实客户。

（一）进行客户需求分析的必要性

对客户进行需求分析，是现代营销与传统营销区别之所在，现代汽车销售是以客户需求为中心的顾问式销售。面对各种各样的汽车，多数消费者处于知之甚少的状态。遵照冰山理论，客户的需求分为显性需求和隐性需求两种，由图2-8可以看出，即使客户本身也不能明确总结出自己对车辆的真正需求。因此，对客户的购买意向做出明确判断，并且有效推荐真正符合其需求的产品与配备，从而提升销售的成功率，这是汽车销售人员真正赢得客户的法宝。

需求分析的主要内容如下：

①通过客户表述的显性需求，深度挖掘客户的隐性需求。

②通过对购买动机的分析，为客户设定购买标准。

③掌握开放式提问和封闭式提问的使用。

④通过提问和倾听，完成对客户车辆购买的需求分析。

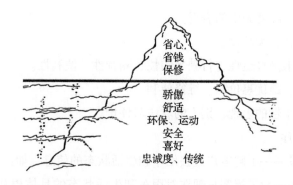

图2-8 客户的显性需求与隐性需求——冰山理论示意图

（二）客户需求分析和提供咨询的方法及技巧

1. 提出问题

客户需求分析和对客户提供咨询的实质，就是买卖双方进行沟通，包括提问、倾听、核查并理解信息、回答问题并提出解决方案等。要想定性顾客的愿望和需要，销售顾问必须在接待过程的谈话中，通过提问收集完整的信息。

（1）提问的内容 在需求分析阶段，通过5W+2H式的提问，取得客户需求的基本信息和购车动机。

Who——请问这车将来谁开？

When——请问您是近期购买还是打算再看看？

Where——请问您主要在城区内使用还是经常跑长途？

Why——您买车的用途是？

What——您最关注车辆的哪些方面？

How much——您的购车预算大概是多少？

How to pay——您准备采用哪种付款方式？

汽车销售顾问提出的问题包括开放式问题和封闭式问题，两者的提问方式不同，收到的效果也不相同，见表2-13。

表2-13　开放式问题与封闭式问题对照表

开放式问题	用"谁""什么""何时""何地""为什么""如何"等字句进行提问 不用"是""否"来回答	目的：收集信息
封闭式问题	用"是""否"回答问题	目的：确认信息

通过提问，可以了解顾客购车的动机和偏好。客户购车大致有以下六大动机：

安全：主动安全和被动安全。

性能：车辆在实际驾驶中的表现。

创新：技术革新、尖端设备。

舒适：驾驶与乘坐舒适性、行驶平顺性、隔音性、便利性。

经济：性价比、最优惠价格、维修便利。

认同：自我与个性的表现、别人的看法与评价。

（2）提问的顺序

1）过去的情景——了解客户过去用车和生活状态的信息，如："您过去开过什么车？"

2）现在的想法——了解客户现在对用车和生活状态的具体想法，如："您希望驾驶一辆什么样的车？""您在车辆选择时比较看重的是造型、安全、配置？""在您关注的车型中，让您记忆深刻的有哪些？"

3）需求的确认——了解自己对客户所提问题的理解程度，如："您刚才说更喜欢欧系车，我可不可以理解为您更看重它的安全性？"

4）提高自己——顺便了解客户对自己理解能力的评价，如："顺便请教您，您觉得我理解了您提出的问题吗？我今后还应做什么改进？"

（3）提问的技巧　提问的技巧见表2-14。

表2-14　提问的技巧

问题类型	提问方式
一般性问题（指过去和现在）	开放式提问
辨别性问题（指现在和将来，辨别动机）	开放式提问
连接性问题（指将来，连接购买动机）	开放式提问、封闭式提问

2. 倾听并做记录

（1）学会做一位倾听者 要为顾客做出正确的需求分析，不但要会问，而且要会"听"，有时候"听"比问还要重要。"听"有两种类型：被动的"听"和主动的"听"。被动的"听"既不尊重客户，也起不到"听"的效果；主动的"听"不仅使顾客感到受尊重，还可以从顾客那里得到有用的信息，提高需求分析的质量。通过"听"，汽车销售人员可以知道顾客想买什么样的车、有什么样的顾虑、有什么样的要求，然后用汽车销售人员的专业知识给顾客当好参谋。

（2）倾听方法

1）注意与客户的距离。人与人之间的距离是很微妙的，有的客户对此很敏感。当你的视线能够看到一个完整的人，上面能看到对方的头，下面能看到对方的脚，此时的距离是安全的。

2）注意与客户交流的技巧。在倾听对方的谈话时，不管对方的观点是否正确，只要与买车没有原则上的冲突，就没有必要去否定他，跟他抬杠，汽车销售人员可以说："对，您说的有道理。"客户站在他的角度上，自然认为自己说得对，汽车销售人员即使心里不认同也不要否定客户，反而还要点头、还要微笑。这样的话，客户就会感到销售人员和蔼可亲。汽车销售人员还要学会将"那是呀"三个字经常挂在嘴边。这三个字说出来，客户心理上的感觉就会非常轻松，感觉到自己被认同。

（3）学会记录 汽车销售人员不但要会听，而且要会记录。记录会给汽车销售人员带来如下好处：

1）表明你在认真地听。

2）让顾客感到自己受到重视。

3）便于归纳客户的真实意思。

4）可以发现客户的漏洞，为将来处理客户异议做准备。

5）避免遗忘。

3. 核查与理解

核查与理解就是汽车销售人员在与客户沟通时，验明客户的真实意思表示以及自己对问题理解的正确性，起到强调、印证的作用。可以采用以下四种方法：

（1）展开法 在表述当中，把需求展开到每个配置上。比如客户说注重安全性，汽车销售人员就要讲到主动安全、被动安全、防御、信息等方面的具体配置上，包括安全气囊、ABS、EBD等。

（2）重复法 多次重复客户说过的话，加深自己的印象，也起到核查的作用，表明自己在尊重客户。

（3）澄清法 有的客户说得太笼统，真实意思不明确，比如："我想买一辆酷的、超炫的、时尚的汽车"等，汽车销售人员就要落实清楚。

（4）总结法　汽车销售人员用简单的专业语言，将与顾客谈论的话题进行小结。如："刚才您提到的问题，我总结一下您主要关注座椅是否舒适，动力是否强大，安全性好吗三方面问题，是吧？"

4. 提出解决问题的方案

汽车销售企业聘请汽车销售人员的目的是什么？汽车购买者咨询汽车销售人员的目的又是什么？答案是同一个：帮助客户解决问题。

通过询问和倾听，把客户需求罗列出来（存在的问题、客户类型、目前车辆的使用、预算及购买计划），分别对应产品或服务的点，这样更加有针对性。比如顾客说"我想要一款漂亮的车"，汽车销售人员就要根据客户的基础信息（职业、爱好、旧车、意向车型、看过什么车、第几次来店、怎么知道我们的等）进行仔细分析，找出客户到底想要什么车型。

作为真正的专家，销售顾问应该做到以下几点：

1）按重要性排列客户的需求、愿望及局限。

2）确定关键需求，而关键需求的满足是销售成功的重中之重。

3）准备论证，引导客户根据关键需求找到合适的车辆。例如：×××款车的行李舱比你的××车长 7 cm，或买×××款车每年可以为您节省 1240 元左右。

三、异议处理中的客户关系管理

异议处理中的客户关系管理主要是对客户购买信心的管理。汽车是一种较为特殊的商品，它的涉及面较广，既涉及技术问题，又涉及经济问题；既涉及使用问题，又涉及售后服务问题。所以顾客在购买汽车时往往小心谨慎，顾虑重重。如果汽车销售顾问能够处理好客户购买过程中提出的异议，并得到客户的认可，将对争取客户信任起到关键作用。

（一）客户异议的概念

客户异议是指客户对汽车销售顾问或其销售活动做出的一种在形式上表示怀疑、不解或否定的反应。简单地说，被客户用来作为拒绝购买理由的意见、问题、看法就是客户异议。客户异议往往是不可避免的。

（二）客户异议的种类

在实际工作中，客户的异议可以表现在各个方面，通常为对价格方面的异议、对产品方面的异议、对汽车企业方面的异议、对交易条件的异议、对售后服务方面的异议。但概括起来，无外乎两种异议，即真实的异议与虚假的异议。

1. 真实的异议

客户由于暂时没有需要、对汽车不满意或抱有偏见而表达出来的异议往往是真实的异议，这些异议主要表现在价格太高、质量问题、对售后服务的担心、对交易条件不满、对汽车厂商不满、对销售人员不满等。

（1）价格太高　汽车销售顾问最常见的客户异议就是价格问题。销售顾问必须做好心理准备，客户只会强调产品价格高，而不会对销售人员讲价格太便宜。因此，面对客户提出的价格太高的异议，销售顾问首先要明白，这种异议是绝大多数购买者所具有的自然反应。尤其是在接待初期客户询问价格时，无论销售顾问给出什么样的价格，客户的第一反应就是"太贵了"，此时客户的标准反应模式就是拒绝。因此，汽车销售顾问应该尽量避免在客户接待初期就进入价格战。

（2）质量问题　汽车产品的价格一般都比较高，对中国消费者来说是一个不小的数目，同时驾驶汽车又是一件"人命关天"的事情，所以汽车购买者更加关心汽车的质量问题。一方面消费者从新闻媒体和社会传闻中得到大量的、有关汽车质量方面的不利信息；另一方面是从竞争对手那里得到贬义的评价，甚至会对汽车销售顾问所做的汽车质量的解释或说明有反感，特别是对那种"不着边际的夸夸其谈"抱有怀疑和不信任。这些都会造成客户对汽车质量的异议。

（3）对售后服务的担心　汽车产品的使用寿命比较长，使用成本也比较高，所以成熟的消费者更加关注企业的售后服务。很多客户担心售后服务不够周到，也有的客户担心特约服务网点不够多、维修不方便、维修企业的技术能力不够。总之，购买者通常认为：买车之前你什么都说好，买完后出了问题谁也不管，到处"踢皮球"，更谈不上服务态度了。

（4）对交易条件不满　交易条件也是一种客户经常提出的异议，如降价让利的幅度、现金折扣、赠送的礼品、免费保养的次数、车辆的装潢美容、付款方式、交车的时间等，多数购买者希望买车时得到更多的实惠。

（5）对汽车厂商的不满　客户对汽车厂商的异议可能来自于竞争对手的宣传、朋友的抱怨、媒体的负面报道等，也有的客户对汽车厂商或汽车品牌的知名度不高而出现担忧。因此，汽车销售顾问销售的不仅仅是汽车，还应包括汽车生产商和汽车品牌。

（6）对销售人员的不满　由于销售顾问的某种语言或行为可能引起客户的异议。例如销售顾问衣冠不整、态度不好、三心二意、敷衍了事、业务生疏、夸夸其谈、轻视慢待顾客等。因此，汽车销售顾问在向客户销售汽车时，首先要销售自己。汽车销售顾问若不能给客户留下良好印象，就不会得到客户的信任。

2. 虚假的异议

1）消费者心里比较喜爱某种车型，但是嘴上却提出一些异议来，目的是迷惑汽车销售顾问，造成一种假象，为自己争取有利的交易条件。"听说这种车开一段时间后经常出现一些小毛病""这车是不错，就是车型太老了，很快就会下线停产"，这种异议很可能是虚假的异议。

2）客户用借口、敷衍的方式来应付销售人员，目的就是不想和销售顾问进行实质性洽谈，不想真心实意地转入到销售活动中来。"这车太贵了""这车外观不够时尚"，可能就是客户的借口。有些客户确实有购车的愿望，但是由于车的价格超出了自己的预算，或对所要购买的车型信心不足，需要再做比较，或因其他原因暂时不能购车，就用各种异议为自己找退路。

（三）客户异议的原因

客户产生异议的原因主要有两类：来自客户自身的原因和来自销售人员的原因。

1. 客户自身的原因

1）惯性思维，拒绝改变。每个客户都是一个独立的主体，都有自己的见解和思维。客户在购买一辆汽车时，都会有意无意地通过各种渠道学习和认知有关汽车的知识。一般来说，所买的车辆越贵、购买频率越低，学习的时间越长，久而久之，就会形成一个固定的概念，在头脑里就会有一个习惯性的认识。例如，多数人在听到日系车时的反应是经济、省油、车身钢板薄、安全性差；而听到美系车时的第一反应是安全性好，舒适度较好，但是费油。这种习惯性思维造成客户对某一品牌的汽车先入为主，或"情有独钟"或"不屑一顾"。要改变这种思维方式，最好的方法是取得客户的信任，否则销售顾问很难用讲解的办法抗拒客户的拒绝，只能让客户在实践中改变自己的认知。

2）客户情绪处于低潮。客户的心情也是客户产生异议的原因。当客户心情不佳时，他会受情绪的影响，故意提出各种异议，刁难甚至恶意反对，有意阻止成交。

3）客户没有成交意愿。这是由于客户的购买意愿没有被完全激发出来，前面的产品介绍没有成功，没有得到客户的确认。这就要求销售顾问在介绍产品和试乘试驾时要有针对性。

4）无法满足客户的需求。当客户的需求无法满足时，客户会产生异议，因而无法继续买卖行为。

5）客户的预算不足。汽车的最终售价与客户的心理价位不相符，客户的预算不足，支付能力有限，因而对价格产生异议。

6）客户抱有隐藏式的异议。客户心理有异议，但又不愿直说，也会提出各式各样的异议。原因是客户可能听到了不正确的信息，或者收到了竞争对手的恶意诱导，或者是客户没有理解销售顾问的真实意思。

2. 销售人员的原因

1）销售顾问自身的行为举止和态度让客户反感。

2）销售顾问在介绍产品时夸夸其谈，客户怀疑不真实。

3）销售顾问在介绍产品时过多地使用专业术语，客户不理解，但又不好意思问。

4）销售顾问说得太多，听得太少，以至于没有弄清客户的真实意思。

5）销售顾问在介绍产品时与客户发生争执甚至抬杠。

6）销售顾问没有给予客户应有的尊重。

7）销售顾问在介绍产品时事实调查不正确，引用了不准确的资料。

8）销售顾问故作姿态，让客户难堪。

（四）处理客户异议的原则

1. 预防原则

所谓预防，就是汽车销售顾问在为客户介绍汽车时，自己先做一些演练，根据实际销售经验，首先估计客户会提出何种反对意见，然后针对可能出现的反对意见，预先想好应对答案。预防一个销售问题，与医治病人相类似，就是"治病不如防病"。汽车销售顾问在工作中要多下功夫，了解自己，了解自己的产品，了解竞争对手的产品，了解客户。销售顾问准备得越充分，解答客户异议时就越准确，越从容。汽车销售顾问在处理客户异议时要做好两件事：

1）判断客户异议的真伪，像看病一样，不能过早下结论。前期要判断正确，多留意显性和非显性表现。

2）预设应对的答案，做到未雨绸缪，知己知彼。

2. 正确对待

客户异议是不可避免的，它是汽车销售流程中的一部分。

3. 避免争论

汽车销售顾问在回答客户的问题和异议时，有时会产生争论，这是非常不明智的举动。与客户争论可以说是有百害而无一利，客户一旦不高兴，就可能终止交易。因此，无论客户怎样挑毛病，无论怎样反驳，甚至客户的话是错的，销售顾问也不要与之争论，自己要始终保持冷静，待客户消气后再加以陈述。

4. 把握时机

一般情况下，客户为了证明自己的信息和观点正确，或者急于达到某种目的，往往会越说越多。客户所说的，有正确的，也有错误的，甚至是自编的、听起来没有依据的。这样可能更有利，销售顾问可以在客户"说"的过程中发现某些不正确的异议，这样就会变被动为主动。

（五）处理客户异议的技巧

1. 认真倾听

面对客户的异议，汽车销售顾问不要紧张害怕，首先要弄清客户异议的真实来源和异议的真实目的。要做到这一点，汽车销售顾问必须仔细认真地听完客户"异议"的细节，弄清楚原因才好对症下药。倾听，这是对客户的尊重。然后表示认同，这就是情感认同法。每个人都渴望自己得到尊重，不能让客户带着情绪和你谈话。可以这么说："只有学会了倾听，才会学会销售"。

2. 重复和认同回应

重复和认同回应的目的，在于通过重复客户"异议"提出的问题，做及时的认同回应，来达到以下目的：

1）告诉客户：我在听你说话，我很尊重你。

2）让客户消气。

3）让客户感到他的问题得到销售顾问的关注。

4）缩短了买卖双方的距离。

5）找到客户异议的真实来源。

汽车销售顾问可以用"我若没理解错的话，您刚才说的是?"和"您的担心没错，很多购买我们车的客户之前也关心过这个问题"这类的语言，做重复和认同回应。

3. 提出证据

解答客户异议的最好方法就是用事实说话。汽车销售顾问应在平时多收集一些对自己有用的证据，并放在手边。可用的证据包括准备销售的车型和竞争对手车型的对比资料、专业刊物、报纸文章、检测结果、参考资料、客户证明、试乘试驾体验等。

4. 从容解答

依靠主机厂和汽车4S店的大量相关资料的支撑和对客户异议的真实了解，再加上个人的自信，有条有理，从容不迫，不伤和气地向客户一一做出解答。

（六）处理客户异议的方法

1. 忽视法

忽视法就是当客户提出某些反对意见，但并不是真的需要解决或讨论时，这些意见和眼前的交易没有直接的关系，汽车销售顾问只要面带微笑同意就好了。对于"为反对而反对"或者只是想表现自己的看法高人一等的客户意见，如果认真地处理，不但费时，还有节外生枝的可能。因此，汽车销售顾问尽可满足他的表达欲望，再采用忽视法快速引开话题。常用的"忽视法"有微笑和点头（表示"同意"或表示"听了你的话"），说"你真幽默""嗯，高兴!"等。

2. 补偿法

当客户提出异议且有事实依据时，汽车销售顾问应该承认并欣然接受，强力否认事实是不明智的举动，需要设法给客户一些补偿，失之东隅，收之桑榆，让客户取得心理上的平衡，即让客户产生两种感觉：产品的价值与售价一致；产品的优点对客户而言是重要的，产品没有的优点对客户而言是不重要的。世界上没有十全十美的产品，人们会认为产品的优点越多越好，其实真正影响客户购买决策的关键点不多，补偿法能有效地弥补产品本身的弱点。补偿法的运用范围非常广泛，效果也很实际。例如，有的客户嫌车身过短，汽车销售人员可以告诉客户"车身短有助于您方便地停车"。

3. 太极法

当客户提出某些不购买的异议时，销售人员可以立刻回复说："这正是我认为你需要购买的理由"，也就是销售人员立即将客户的反对意见，直接转换成他必须购买的理由。人们在日常生活中也经常碰到类似太极法的说辞。例如，客户说："收入有限，付了车款后就没有钱买全险了。"销售人员可以说："正是因为收入有限，才更需要购买全险，以获得保障。"

太极法能处理的异议多半是客户不十分坚持的异议，特别是客户的某些借口。销售人员通过太极法处理异议，迅速地陈述他能带给客户的利益，以引起客户的注意。

4. 询问法

要想弄清异议的原因，就要学会询问，给客户一个解释的机会，一旦客户说出为什么担忧，销售顾问就可以利用。询问法在处理异议中扮演着两个角色。

首先，通过询问，可以把握客户真正的异议点。销售人员在没有确定客户异议的重点及程度前，直接回答客户的异议可能引起更多的异议，从而使销售人员陷入困境。在销售人员的字典中，有一个非常珍贵的、价值无穷的字眼"为什么"，请不要轻易放弃这个利器，也不要过于自信，认为自己能够猜出客户为什么会这样或为什么会那样，要让客户自己说出来。当汽车销售顾问询问"为什么"的时候，客户必然会做出以下反应：我必须回答自己提出反对意见的理由，说出自己内心的想法，必须检视提出反对意见是否妥当。此时，销售人员能明确地把握客户反对的项目和反对的原因，也能有较多的时间思考如何处理客户的反对意见。

其次，通过询问，直接化解客户的反对意见。销售人员可以使用反问的技巧，直接化解客户的异议。"您怎么会有这样的想法呢？""您为什么会这样想呢？""您怎么想到问这个问题呢？""您是如何听到这个消息的？""您真正的意思是…？"，这些询问语句都可以运用。

5. 欲擒故纵法

当个人的意见被别人直接反驳时，内心总会感到不快，甚至会很恼火。如果客户遭到一位素昧平生的销售人员的正面反驳，会恼羞成怒，即使销售人员的话是正确的，而且并无恶意，也会引起客户的反感。因此，销售人员最好不要开门见山地直接提出反对的意见。在表达不同意见时，可以采用欲擒故纵的方法，采用"是的……如果"的句法，软化不同意的语气。

例如，客户说"这部车的总价太高，我没法马上支付。"销售人员可以说："是的，我想大多数的人和您一样，不容易立刻支付这样一大笔钱。根据您的收入状况，如果您在发年终奖金时，多支付一些，其余的部分，采用分期付款的方式，这样您支付起来一点也不费力。"

6. 直接反驳法

在处理客户异议时，前面已多次强调不要直接反驳客户，因为直接反驳客户容易引起与客户争辩，往往事后懊恼，却很难挽回。但有些情况销售人员必须直接反驳，以纠正客户的错误观点。当客户对企业的服务、诚信等实质性问题有所怀疑，或当客户引用的资料不正确时，就必须直接反驳，因为客户若对企业的服务和诚信有怀疑，拿到订单的机会几乎是零。例如，客户说"我在网上的论坛里看到你们企业的售后服务非常不好"，销售人员可以说："我相信您看到的一定是个案，有这种情况发生，我感到非常遗憾。我们的售后服务人员都是经过厂家严格培训认证后上岗的，无论是维修技术还是服务水平都是一流的，我们还提供24小时服务。"使用直接反驳法时，在遣词造句方面要特别留意，态度要诚恳，本着对事不对人的原则，切勿伤害客户的自尊心，要让客户感受到你的专业性和敬业精神。

（七）客户价格异议的处理

在客户的所有异议中，真正的难点和处理最棘手的就是价格异议。哪方面的异议都有可能避免，唯独价格方面的异议不能避免。这就是在这里单独提出来的原因。

价格问题永远是买卖双方最敏感的话题，也是汽车销售中遇到最多的问题。消费者在购买汽车时，往往对汽车价格做过市场调查，货比三家，有备而来。即使没有做过调查，也会通过价格异议为自己争得价格方面的利益和实惠。对于价格异议，汽车销售顾问可以采用以下几种方法解答。

1. 把客户从价格问题引导到价值问题上

比如销售顾问可以告诉客户，这辆车的品牌效应是别的汽车不能比的，汽车厂商、汽车专营店的口碑和服务也是别的公司不能比的，用性价比来说服客户。

2. 大胆地询问

当客户提出某店某车的价格便宜时，汽车销售顾问可大胆地询问客户，别的车是什么车型？他们报价多少钱？询问这两个问题之后，就可以有不同的应对方法。如果客户报不出来，说明客户说谎，就是为了砍价；如果报出来，就问排量一样吗？配置一样吗？若不一样，就讲我们的优势和卖点。总之，不仅要比价格，还要比品质，要剖析竞争对手送给客户优惠的"含金量"多还是少。

3. 运用价值比较法

俗话说"一分钱，一分货"，这句话还是很有道理的。汽车销售顾问要向客户说明价格与价值之间的对应关系。例如"你住五星级饭店与你住三星级饭店所享受的舒适度一样吗", 不同星级饭店的价格自然不一样, 五星级饭店的价格高, 是因为它提供服务的水准高。我们向客户提供的不仅仅是汽车, 还有服务和形象。汽车销售顾问可以使用我们可以置换、24 小时免费救援、售后打折、个性服务等语言解答客户的疑虑。

4. 使顾客处于两种状况

1）精打细算。客户买车是要用的, 汽车的使用成本也很高。销售顾问可以用精打细算方法解答客户的价格异议, 例如说: 我们这些服务也是可以换成钱的。又如: 洗车, 一年多少钱! 24 小时服务, 值多少钱? 保险理赔, 给您省了多少时间? 又值多少钱?

2）个人情感。销售顾问可以利用与客户建立的关系, 用自己真诚的言行举止来打动客户。比如说: "小刘的服务您认为怎么样? 我们也打了 3 个月的交道了, 都成为朋友了, 您应该了解小刘的能力的, 以后我在其他地方给您弥补弥补, 这也值些钱吧!"

5. 照顾客户的情绪

在一般情况下, 汽车销售方为照顾客户的情绪, 总是在价格上给予客户一定的优惠, 这是必需的, 但是要注意以下几个方面:

1）尽量送实物, 少降价。

2）暗示自己能力有限, 现在的优惠已经勉为其难了。

3）最失败的价格异议处理方法就是在价格上无限让步。

四、报价成交中的客户关系管理

报价成交中的客户关系管理是针对客户"虚荣心"与"贪婪心"的管理, 同时也是向客户展现本企业"诚心"的管理。客户出于自我保护心理和争取最大利益的心理, 在最终决定是否购买阶段一定会讨价还价。汽车销售顾问这时会面临两难的选择: 如果不同意客户的价格要求, 客户很可能放弃购买, 前面的工作也就前功尽弃; 如果同意客户的要求, 客户可能提出更多的要求, 损害企业和自身的利益。管理好报价成交中的客户关系, 让客户在成功的喜悦中成交, 是这个过程的关键。

（一）迎合客户购买心理的策略

一个优秀的汽车销售人员, 若想成功地完成销售, 需要采用一定的策略, 适当迎合客户的购买心理, 而不是简单地询问客户是否愿意购买。可以选择应用的策略如下:

1. 顺势法

例如, 贴近最近电视上热播的一个广告, 如××越野车拉力赛, 由于参赛车型已牢牢地吸引和抓住了客户的心理, 我们可以顺势而为, 这就是顺势销售。

2. 激将法

在某种场合下, 通过利益关系、供需关系、人情关系等, 激发客户付定金购买, 这也是一种迎合客户心理的营销策略。

3. 匮乏术

就是使客户感觉到这种车型很少，货源比较紧张，如果今天不订，可能需要等上很长一段时间。在这种情况下，客户怕失去机会就会下订单。这就叫匮乏术。

4. 馈赠术

很多汽车销售公司都在使用这种方法，如买车附送礼品，赠送车辆保险，赠送汽车配件和汽车装饰，免费上牌，增加免费保养的次数等。用这种方法促销，就是馈赠术。

5. 折扣法

折扣法也是一种常用的方法，如今已有汽车销售公司把它应用到维修服务上，就是客户来店维修后，按照专营店的积分办法，分数累积到一定值，客户可以得到一些折扣或一定价值的礼品。

6. 展示法

就是参加各种大型的、有影响的汽车展示会来促进营销。也有的专营店把汽车摆到了企业、院校、住宅等热点场所展示，反响比较好。

（二）报价中常见的问题

在成交报价时，汽车销售顾问应当充分了解客户的心理感受。由于客户处于弱势的一方，他们通常有以下的心理活动：

1）这里会欺骗我吗？

2）这里的价格是我所满意的吗？

3）能真实告知我购车的一切吗？

因此，汽车销售顾问要向客户表明，已充分考虑了客户的所有需要，然后简明报价，争取客户接受样车及购买方式。

（三）报价成交的内容

1. 报价成交的原则

1）价格商谈不是讨价还价。

2）杜绝不见面就谈价。

3）绝不一谈价格就打折。

4）让步应有代价。

5）谈价没有常胜将军。

2. 报价成交的内容

报价成交的内容包括以下两个方面：

（1）产品的报价

1）按照厂家统一规定报价。目前我国汽车 4S 店的汽车销售价格通常由汽车生产厂家统一指导，汽车销售商调整的空间不是很大，汽车销售价格的透明度相对较高。汽车销售顾问按照厂家统一的规定报价，既可以满足厂家的要求，又能显示出诚恳的态度。

2）结合厂家规定优惠金额，进行优惠报价。为了增加汽车经销商销售的灵活性，汽车生产厂家会给予经销商一定的价格优惠额度。同时客户对于汽车的标价不会完全认可，他们一定会要求汽车销售顾问给予一定的价格优惠，这时汽车销售顾问应该满足客户的心理需求。

3）根据客户需求，说明自己的权限及申请的范围。对于汽车销售顾问首次给予的价格优惠，客户一般不会立即接受，他们会提出更高的要求。为了维护公司的利益，汽车销售顾问应该适当拒绝。但是这种拒绝不能过于直接，否则会损害客户的自尊心。合理的做法是表明理解客户的要求，但是说明自己的能力有限，爱莫能助，争取得到客户的理解。如果客户一再坚持，可以表示将向上级申请，表示最后的让步。

（2）报价单的制作　为了规范公司的工作流程，提高客户的信任度，增加价格的透明度，汽车销售顾问应为客户制作报价单并向客户明示。制作报价单应注意以下几点：

1）制作的报价单要将所有可能商谈的内容予以反映。

2）让客户了解所有的消费项目和金额，说明购车的费用以及购置税、验车费等项目明细。

3）让客户了解所有手续的办理周期。

4）明确车辆交付的时间及交付内容。

5）详尽计算各项费用，并轻松、耐心地回答客户关心的问题。

3. 实用成交的技巧

（1）直接请求促成法　直接请求促成法是指销售人员得到客户的购买信号后，直接提出建议购买的方法。这种方法可以大大缩短达成交易的时间，从而尽快签约。其实"直接法"不只是简单地提出交易，在直接提出建议之前，汽车销售人员已经做了大量的准备工作。

直接请求促成法并不是在每一次汽车销售中都适用。汽车销售顾问应考虑当时洽谈的场合和情形、所销售的汽车产品以及与客户的关系等多种因素，综合考虑以后才决定是否使用这种方法，操之过急可能失去成交机会。

直接请求促成法特别适合在以下几种情况下运用，效果会更好。

1）销售人员比较熟悉的老客户或保有客户，或者与新的意向客户已经建立了互信关系。

2）客户在听完汽车销售顾问的产品介绍后，没有异议，甚至对销售人员的介绍表示十分赞同。

3）客户对某一车辆已有好感，购车意向比较明显，但不愿主动提出成交建议。

4）销售人员在处理完客户的重大异议之后，或者成功帮助客户解决了某项困难时。

5）当汽车销售顾问拿着购车合同做试探，客户没有明显的拒绝反应时。

（2）假设客户购买（假设法）　这种方法是汽车销售顾问在假定客户已经接受销售建议，同意购买的基础上，通过提出一些具体的成交问题，要求客户购买商品的方法。例如，汽车销售顾问说："看来您对这辆车的各个方面都比较了解，也比较喜欢。您喜欢红色的，还是白色的?"如果客户回答："我喜欢白色的。"这时汽车销售顾问就可以将客户自然地引到压力销售上来。汽车销售顾问又问："您真的很有眼光，这款车就是白色的好卖，差不多快脱销了，我尽快给您安排新车交车前的检查好吗?"

假设法的好处是可以将销售洽谈直接引入实质阶段，可以节省销售时间，可以把客户的购买信号转变为购买行为。

假设法通常针对下面几种客户使用：

1）已经取得信任的保有客户、新的意向性客户、依赖型客户、性格随和的客户。

2）明确发出购买信号的客户。

3）对现有车型很感兴趣，并且没有提出什么异议的客户。

4）虽然提出过很多异议，但是都已经解决了的客户。

（3）二选一法　汽车销售顾问可以通过"您用现金还是分期付款?""您选择手动档还是自动档?"等方式提问，帮助客户下决心。这样既可以促进成交，又可以让客户感到他的意见得到了充分尊重。

运用这种方法时需要注意，汽车销售顾问提供的选择事项应让客户从中做出一项肯定的回答，而不要给客户一个拒绝的机会。向客户提出选择时，应尽量避免提出太多的方案，最多不要超过三个。

（4）诱导法　诱导法就是利用现有的机会诱导客户，给客户一种"机不可失，时不再来"的感觉，帮助客户下决心。例如说"我们公司现在正在搞促销活动，X 月 X 日之前买车，我公司赠送倒车雷达""如果您现在买车，正好赶上下星期的节假日，您可以带着家人一起出去游玩。"等等。

（5）小恩小惠促进法　在公司规定和授权的范围内，可以给客户一些折让。比如说"如果您今天就做出决定的话，我争取送您一副脚垫，或者增加免费保养的次数，或者服务价格优惠。"

（6）利益总结法　客户往往不能完整地知道购买某款车带给他的全部好处。汽车销售顾问可以从专家、参谋的角度，帮助客户归纳总结，并通过列举的方式展示出来，让客户增加购买这款车的欲望。比如说"这款车的驾驶座椅有记忆功能，它能始终让您保持最舒适的驾驶状态，无需反复调整"等。

（7）供应压力法　就是以车型（颜色、数量）供应紧缺为理由提示客户成交。比如说"这款车自上市以来就很紧俏，尤其是白色的，通常要等待两个星期才能提到现车，趁我们有现货，我希望您尽快定下来。"

（8）赞美法　该方法比较适合那些自诩为内行、专家，十分自负或情绪不佳的客户，让他从内心里接受你的赞扬，促其成交。比如说"看来您对这款车真是很了解，对于车的优点比我了解的都多，今天从您这里我学到了不少的知识。既然您这么喜欢这款车，今天就定下来吧。"

（四）报价成交的执行技巧

1. 强调产品及服务带给客户的利益

可以采用整体报价策略，不仅仅是购车的价格，还要包括技术、服务、形象等带来的附加值，尤其是当产品售价不占优势，而服务水平较高时，更应利用整体报价的优势，见表2-15。

表 2-15　整体报价优势表

整体报价内容	本店报价	竞争产品报价
产品（技术）	=	=
价格	贵 +	贵 −
服务 形象	采用的技巧包括对报价基础进行经济评估（服务＋形象）	

2. 说明价值与价格的关系

价格是价值的货币表现，客户所付出的绝不仅仅是车辆的价格，而是汽车整个寿命周期内的全部费用支出。客户全部支出＝购买价＋使用过程的维修费＋使用过程中的成本费用＋道路费用＋保险费用－再售价值。所以要向客户强调价值，向客户说明价值是比价格更重要的理念。要突出产品为客户带来的利益、突出产品自身的价值，强调价值给客户带来的好处，而不是价格，让客户感觉他得到的要高于价格，使客户内心建立价值与价格的平衡。尤其是本店销售的汽车档次较高、售价较高时，更应突出强调产品的价值。在实践中可以采用"三明治"报价法，如图2-9所示。

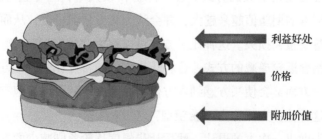

利益好处

价格

附加价值

图 2-9　"三明治"报价法示意图

3．正确使用让价方法

在客户购买汽车的过程中，一定会出现讨价还价的环节，而在讨价还价中，让步是一种必然的、普遍的现象。如果买卖双方都坚守各自的边界，互不让步，那么协议将永远无法达成，双方追求的经济利益也无从实现。只有在价格磋商中，伴随着双方的让步，进行多轮讨价和还价，直至互相靠拢，才能最终实现交易目标。

讨价还价中的具体让步方式是多种多样的，下面通过一个卖方让步的实例加以说明。

某卖方初始报价 160 元，理想价格为 100 元，该卖方为达到预期目标，做出的让步即为 60 元。假定双方一共经历 4 轮议价，其让步方式可以有八种，见表 2-16。

表 2-16　常见的让步方式

序号	第一轮让步	第二轮让步	第三轮让步	第四轮让步	让步方式
1	0	0	0	60	冒险型
2	15	15	15	15	刺激型
3	8	13	17	22	诱发型
4	22	17	13	8	希望型
5	40	12	6	2	妥协型
6	59	0	0	1	危险型
7	50	10	-1	1	虚伪型
8	60	0	0	0	低劣型

第一种是较坚定的让步方式。其特点是在价格谈判的前期和中期，无论买方做何表示，卖方始终坚持初始报价，不愿做出丝毫的退让，而到了谈判后期才迫不得已做出大的退让。这种让步方式容易使谈判形成僵局，甚至可能导致谈判的中断，我们把这种方式称为"冒险型"。

第二种是以相等或近似相等的幅度逐轮让步的方式。这种方式的特点是使买方每次的要求和努力都得到满意的结果，但也可能刺激买方坚持不懈地努力，以取得卖方的持续让步。而一旦停止让步，就很难说服买方，并有可能造成谈判的终止或破裂，我们把这种让步方式称为"刺激型"。

第三种是让步幅度逐轮增大的方式。在实际价格谈判中，应尽量避免采取这种让步方式。因为这样会使买方的期望值越来越大，并会认为卖方软弱可欺，从而助长买方的谈判气势，很可能使卖方遭受重大损失。这种让步方式可以称为"诱发型"。

第四种是让步幅度逐轮递减的方式。这种让步方式的特点在于，一方面表现出卖方的立场越来越强硬，另一方面又会使买方感到卖方仍留有余地，从而始终抱有继续讨价还价的希望。因此，我们把这种让步方式称为"希望型"。

第五种是开始先做出一次大的退让，然后让步幅度逐轮急剧减少的方式。这种让步方式的特点是，它既向买方显示卖方的谈判诚意和妥协意愿，又巧妙地暗示卖方已尽了最大的努力和做出了巨大的牺牲，进一步的退让已近乎不可能。这种让步方式可以称之为"妥协型"。

第六种是开始让步幅度极大，接下来则坚守立场，毫不退让，最后一轮又做出小小的让步。这种让步方式充分表明了卖方的成交愿望，也表明进一步讨价还价是徒劳的。但是，开始的巨大让步也会大幅度提高买方的期望，虽然之后卖方的态度转为强硬，可能会消除这一期望，可是很高的期望一旦立即化为泡影，买方往往难以承受，从而影响谈判的顺利进行。另外，开始就做出巨大让步，可能使卖方丧失在较高价位成交的机会，因此把这种让步方式称为"危险型"。

第七种是开始做出大的让步，接下来又做出让步，之后安排小小的回升，最后又被迫做出一点让步。这是一种较为奇特和巧妙的让步方法，往往能操纵买方的心理。它既表明卖方的交易诚意和让步已达到极限，又通过"一升一降"使买方得到一种心理上的满足。我们把这种让步方式称之为"虚伪型"。

第八种是开始便把自己所能做出的全部让步和盘托出的方式。这种让步方式不仅会在谈判初期大大提高买方的期望值，而且没有给卖方留出丝毫的余地。后几轮完全拒绝让步，既缺乏灵活性，又容易使谈判陷入僵局。开始即做出全部让步，还可能使卖方损失不该损失的利益。这种让步方式称之为"低劣型"。

从上述分析可以看出：不同的让步方式传递着不同的信息，对买方形成不同的心理作用，也对谈判进程和结果产生不同的影响。在实际的价格谈判中，普遍采用的让步方式是第四种（希望型）和第五种（妥协型）。它们的共同特点是让步的幅度逐轮递减，以此向对方暗示正在逼近让步的极限值，为顺利达到或接近双方的成交价格铺平道路。

最后需要说明，由于交易的内容和性质不同，双方的利益需求和谈判实力不同，价格谈判中的让步不存在固定的模式，通常表现为几种让步方式的组合，并且这种组合还要在谈判中根据实际情况不断地调整。无论具体情况如何，让步策略的运用都要遵循以下基本的原则。

1）注意选择让步的时机。

2）在重要的、关键性问题上要力争使对方先做出让步。

3）不要轻易让对方从销售人员口中获得让步的许诺。

4）不要承诺做出与对方同等幅度要求的让步。

5）让步要有明确的导向性和暗示性。

6）要注意使己方的让步同步于对方的让步。

7）一次让步的幅度不宜过大，让步的节奏也不宜过快。

8）让步之后如觉得不妥，可以寻找合理的借口推倒重来。

案例分享： 2015 年某日，一对年轻夫妻到凯迪拉克展厅订购一辆豪华版 XTS。客户之前并不了解凯迪拉克 XTS，只是收到通用别克 4S 店的短信，短信上说购置通用凯迪拉克可以享受置换补贴，所以顺路到展厅看看。客户对这款车型和这个品牌并不了解，为什么在第二次到店就成功签单？下面来看看该案例如何通过需求分析、产品推荐、试乘试驾、二次回访、促成交易等五个步骤取得成功。

需求分析：销售顾问分析，客户收到短信马上一家人来看车，说明客户有购车动机，有购买能力，购车时间也锁定在近期，所以在接下来的介绍中特别积极主动。随后客户说不了解凯迪拉克，销售顾问着重介绍了凯迪拉克品牌的历史、文化和地位，将自信传达给客户，让客户认可凯迪拉克豪华品牌的地位。

产品推荐：销售顾问了解到，客户的对比竞品车型是宝马 5 系标配，说明该客户具有较强的购买力，可以推荐豪华版 XTS，其价格刚好在该客户的预算范围内。销售顾问于是向客户介绍 XTS 豪华版能体现凯迪拉克的科技感和安全舒适性，这是宝马所不具备的，以此引起客户的兴趣。而且客户是做电子商务的，接受新事物能力比较强。销售顾问一一介绍了 XTS 的安全策略，结合场景进行 CUE 演示，还向客户介绍了配合手机的应用功能。在介绍时，销售顾问观察客户的表情，同时跟客户互动，发现客户对这些配置非常好奇。

试乘试驾：邀请客户试乘试驾，全面展示静音、加速、音响、人机、互动等。这时客户迫不及待要自己亲身体验。从客户简单反馈中掌握客户对车型的爱好程度，判断购买的可能性。试乘试驾结束后，取得了客户的认可。

二次回访：第二天销售顾问回访客户，是否喜欢我店的车型？客户表示非常喜欢，有机会再到店看看。销售顾问尝试邀约，并告知客户周末有活动。但是客户周六没有到店，销售顾问再次邀约下周日是否有空，客户在电话里做了肯定的回复。

促成交易：七天后，客户如约到店，准备交易，但妻子还有犹豫，男主人没了主见。销售顾问随即播放一段 XTS 在美国道路上行驶的精彩视频，大气的画面舒缓了客户的抵触。销售顾问再次向客户介绍凯迪拉克超高的安全配置，并让评估师免费做了二手车评估，最终销售顾问的专业讲解和诚意取得了客户的信赖，成功下单。

五、新车销售现场客户关系管理教学软件应用

根据北京运华科技发展有限公司开发的汽车销售情境三维仿真教学系统，选取"销售顾问接待客户"部分做教学应用。

销售顾问接待到店客户

方女士在 4S 店展厅看车，销售顾问刘浩上前询问客户的需求，并进行了客户接待。

步骤一：接待到访客户。单击展厅高亮客户，进行客户接待，如图 2-10、图 2-11 所示。

图 2-10　展厅及销售顾问的岗位

图 2-11　接待到访客户

步骤二：自我介绍，递交名片。

①向客户进行自我介绍，如图 2-12 所示。

图 2-12　向客户进行自我介绍

②递交名片，如图 2-13 所示。

图 2-13　向客户递交名片

步骤三：展车介绍。

①根据客户需求，介绍车型情况。

②客户接听电话，并准备离店。

步骤四：递送宣传册，记录客户到店信息。

①递送车型宣传册，如图 2-14 所示。

图 2-14　递送车型宣传册

②记录客户到店信息，留存客户联系方式。

步骤五：送客户离店。

第三节　新车交付中的客户管理

　　经过汽车销售顾问的努力，客户签订了车辆购买合同，完成了车辆购买，接下来的工作就是汽车服务企业准备车辆，等待客户前来提车。汽车销售进入新车交付环节。

一、新车交付中客户管理的重要性

新车交付中的客户管理是对客户情感的提升和对客户满意度的管理，由汽车销售顾问、服务专员、服务经理等人共同完成。调查结果显示，新车交付过程中企业的表现，对销售满意度（SSI）的影响高达 53.2%。但是在实践中，企业人员往往忽视了这一点，影响了企业在客户中的形象，容易造成客户心中"人走茶凉"，甚至"上当受骗"的感觉，给客户关系管理工作造成负面影响。之所以出现这种情况，是因为客户与销售人员在购买过程各阶段的关注点和热情度不同步，如图 2-15 所示。

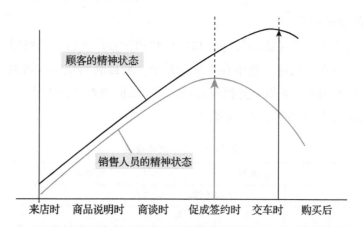

图 2-15　客户与销售人员在购买过程各阶段的关注点与热情度曲线

从图 2-15 可以看出，在交车时客户的精神状态依然亢奋，热情度高涨，还停留在对新车的高度关注之中，而此时汽车销售人员的精神状态开始下滑，热情度降低，关注点开始转移。因此，企业人员应保持热情度，才能做好客户管理工作。

二、新车交付的流程

（一）交车前的检查

交车前检查就是新车交付顾客之前进行的一种检查，英文是 Pre Delivery Inspection（PDI）。PDI 是交车体系的一部分，包括一系列新车交货前需要完成的工作，其中大部分项目由服务部门来完成。服务部门的责任是以正确、迅速的方法执行 PDI，使车辆完美无缺地交到用户手中。保质保量地交付一辆完美无缺的汽车，是使用户满意的重要条件。

1. 交车前检查的基本要求

2002 年 7 月 23 日起实施的《汽车售后服务规范》对汽车服务行业提出了以下 PDI 服务的基本要求。

①供方在将汽车交给顾客前，应保证汽车完好。

②供方应仔细检查汽车的外观，确保外观无划伤及外部装备齐全。

③供方应仔细检查汽车内饰及装备，确保内饰清洁和装备完好。

④供方应对汽车性能进行测试，确保汽车的安全性和动力性良好。

⑤供方应保证汽车的辅助设备功能齐全。

⑥供方应向顾客介绍汽车的使用常识。

⑦供方有责任向顾客介绍汽车的装备、使用常识、保养常识、保修规定、保险常识、出险后的处理程序和注意事项。

⑧供方应向顾客提供 24 小时服务热线及求援电话。

⑨供方应随时解答顾客在使用中所遇到的问题。

2. 交车前的检查项目

新车检查一般在制造厂（或销售部）指定的特约维修厂进行，其费用由制造厂（或销售部）支付。由于新车在销售过程中存在中间环节，所以新车交车前的检查分为整车厂对经销商或运输商交车前的检查以及经销商对顾客交车前的检查两种情况。

经销商对顾客交车前的检查项目见表 2-17。

表 2-17　交车前检查表

车型		车架号		发动机号		
		是否正常			是否正常	
		是	否		是	否
检查项目	车身油漆			空调		
	发动机运转			全车灯泡		
	车镜			点烟器、烟灰缸		
	全身玻璃			底盘		
	（电动）摇窗机			轮胎及胎压		
	后视镜					
	喇叭					
	风窗清洗喷嘴					
	收音机（CD）					
通用附件	随车配置	是否正常		随车文件	是否正常	
		是	否		是	否
	工具包			合格证/首保卡		
	备胎			使用说明书		
	轮毂盖					
	钥匙					
	千斤顶					
	警告牌					

（续）

车型		车架号		发动机号	
服务承诺	车辆是否清洗干净			□是	□否
	车辆是否注入 1/4 箱燃油			□是	□否
	其他服务承诺＿＿＿＿＿＿是否得到满足			□是	□否
顾客意见					

销售人员签字： 　　　　　　顾客签字：

日期： 　　　　　　　　　　日期：

（二）交车前的准备

1. 确认交车时间

汽车销售顾问要按预期与客户确认新车交付时间并发出邀请，同时注意下列事项：

①交定金后预告的交付期可能出现延误，须得到客户认同。

②尊重客户对交付时间的选择，承诺兑现。

③确保至少 45 分钟的交付时间。

④若同时交付两辆以上，须妥善安排时间和地点。

2. 车辆准备

车辆必须经过实际的操作，确认所有的功能都处于正常状态。

①清洁车辆。首先清洗车辆及车体内外，然后检查车辆的内部和外观，这样比较容易发现问题，但是要避免清洗时划伤漆面。

②查看车身有无漆面划伤、剥落、凹痕、锈点；缝隙的大小和均匀度是否符合规定；车内电线束是否扎紧和吊挂是否牢靠；车窗、车厢、发动机舱及行李舱等是否有不洁点；是否遗留无用的标签或会扎人的物品；油箱内是否加注了规定数量燃油（不可用油票代替）。

③经办人员整理 PDI 检查表，按新车汇总表的顺序归档，以备查验。PDI 检查表至少应该保留三年。

④预先将交车事项通知专营店相关员工，做好交车前的各项准备工作。

⑤让客户确认是否要撕掉保护膜。

⑥装配好约定的选用备件。安装选用配件必须按照作业流程进行。

⑦确认一条龙服务已经完成，并在车头披挂交车彩带。

3. 票据证件准备

交车前要对涉及车辆的相关文件进行仔细、全面的检查，确认无误后，装入到文件袋，以便交给客户。这些文件包括：商业单据（发票、合同等）；临时性车牌；使用说明手册、保修手册、产品合格证；完税证明、保险凭证；销售人员、服务部经理/服务代表的名片；

交车确认表、PDI 检查表等。

4. 人员及场地准备

①布置和协调新车交付场地（场地清洁、立牌等），如图 2-16 所示。

②准备新车交付时需要的展厅设备（相机、鲜花、小礼品等）。

③通知相关人员（总经理、销售经理、服务经理、服务顾问）。

图 2-16　交车场地准备要求示意图

（三）车辆交付行动

1. 热情接待

交车时，汽车销售顾问要陪同客户赏车，称赞客户的选择，关心客户的感受，同时注意以下几点：

①交付前 30 分钟，电话确认客户到店时间。

②销售顾问提前 3 分钟到展厅门口迎接，要满怀热情，充满喜悦。

③恭喜客户，感谢并赞美客户购买。

④热情款待，倒茶送水，准备礼品。

⑤向全体访客说明交车的流程及时间安排。

2. 介绍售后服务

①介绍售后服务接待区的地点。

②介绍售后服务顾问。

③参观售后维修客户休息区。

④说明保修手册上的保修内容和范围。

⑤介绍售后维修预约流程及 24 小时救援服务内容。

⑥简述用户手册的章节内容与使用方法。

3．文件交付

①销售顾问说明购车的各项费用开支（车辆、保险、精品、上牌等），多退少补，逐项打勾，请客户签字。

②清点并移交车辆文件及全部车钥匙。

4．车辆验收与操作

销售顾问对照新车交付表，带领客户逐项检查新车的各项功能。与客户共同检验车况，尤其是车内座椅、地毯等是否干净整洁；车辆外部灯、保险杠、门把手等有无损坏，漆面是否有划痕等。

①销售顾问应让客户了解车辆的各项功能，并确保客户可以独立操作。

②清点车辆各项配置、精品、备件。原厂带的附件、销售人员答应赠送的物品和客户要求的配置是否齐全。尤其要向客户确认需要客户自行购买的附属品，如千斤顶、工具包、故障警示架等是否齐全。

③告知免费赠送×L汽油，以及最近的加油站的位置。

④清点完毕后，若确认无误，请客户在新车交付表上签字，见表2-18。

表2-18 新车交付表

注：1. 因车型不同，如没有该装备和功能，则取消相应操作。
　　2. 交付完成项目，则在方框内"√"

网点留存联

（四）新车交付仪式

①介绍总经理（销售经理）或服务经理（服务顾问）与客户见面。

②由在场职位最高的领导向车主交付新车钥匙模型。

③再次热情恭贺并衷心感谢客户。

④相关人员与客户合影。

⑤赠予客户礼品。

⑥询问客户方便的联系方式，请车主为本店推介其他客户。

⑦全体参与仪式者引导及欢送客户离去。

> **案例分享**：2012 年 12 月 5 日，东风雪铁龙高端中级车 C4L 在中国首发。2012 年 12 月订车的客户，在 2013 年 1 月开始陆续提新车。1 月 13 日上午 9:30，安徽首位客户耿先生早早来到安徽伟风 4S 店，期盼已久的雪铁龙 C4L 终于交付了，这辆新车无疑是给自己和家人最好的新年礼物！

三、交车日的客户特点及关系维护

（一）交车日的客户特点及关系维护重点

交车日是指客户按约定来店提车的日期。对大多数客户来说，从销售服务商拿到车辆是从决定、等待到期望实现的高潮，交车日也是销售服务商服务过程的开始，即客户获得销售服务商服务价值的起点。对于客户来说，车辆移交是一段值得纪念的经历，同时交车日也被视为 4S 店营造终身客户的重要时刻。

1. 交车日的客户特点

客户满意度的提升是一步一步层层推进的，着眼于每一个细微处，渗透到全过程，其中交车过程是其中最为重要的一环。

在新车交付后，客户才算真正获得他想要的车辆，从图 2-15 中可以看出，交车时才是客户最高的兴奋点。

2. 交车日客户关系维护重点

据美国第三方市场咨询研究机构 J. D. Power 分析指出：在客户的期望值中，交车过程占 32.8%，交车时间占 12.2%。

（1）交车过程中影响客户期望值的因素

1）交车过程中回答问题的能力。

2）交车过程中礼貌和友好的程度。

3）交车过程中关注客户的程度。

4）汽车的车况。

5）汽车的干净程度。

6）对用户手册等文件和单据的解释。

7）对汽车功能和特性的解释。

8）对汽车维护要求的解释。

9）对汽车保修期和保修范围的解释。

10）完成交车过程所耗时间。

（2）交车时间影响客户期待值的因素

1）能够在许诺的时间内交车。

2）交车所需要的时间长度。

由于客户对交车的期待值很高，所以交车进行的好坏及交车时客户关系维护的情况直接影响客户的满意度。交车时客户关系维护的重点内容见表2-19。

表 2-19　交车时客户关系维护的重点内容

步骤	重点内容
交车前	①预先告知客户交车日期及交车所需大概时间，并且提前一天再次确认 ②交车前一天，销售顾问和售后人员按照 PDI 检验单再次检查车辆。如没有亲自检查车辆，严禁交车 ③预先准备好所有书面文件，使交车更有效率
交车时	①客户一到即予迎接，给客户提供合适的招待（咖啡、饮料等） ②向客户介绍交车步骤以及持续的时间 ③熟练演示车辆各功能使用操作方法，介绍维修保养常识以及上牌程序。告知定期保养项目 ④介绍服务人员的重要性和 24 小时救援电话 ⑤必要时重复车辆的使用操作过程 ⑥目送客户的车离开视线
交车后	①将客户档案转交给售后服务部门 ②进行电话回访和客户关怀，维系好客户关系。让客户影响其他用户，比开发一个新客户要容易和轻松得多

（二）衡量成功交车的标准

从客户的角度出发，衡量成功交车的标准如下：

①在所承诺的时间内交车。

②确保车辆内外清洁。

③确保车辆的所有装置均处于正常工作状态。

④交车时，油箱内加了适量燃油。

⑤向客户详细说明车辆的性能以及各控制装置的操作方法。

⑥向客户详细说明车辆的保修期及维护保养周期。

⑦确保客户知晓如何在经销店进行车辆维修，将客户介绍给维修部门人员，并预约首次维护保养日期。

⑧在一个合理的时间段内，完成全部交车过程。

交车是整个销售过程中客户最兴奋的时刻，也是获得其推荐的最佳时刻。通过交车，能激发客户的热情，感动客户，与客户建立长久的关系。运用衡量成功交车的标准，可以有效判定客户的满意程度以及汽车服务企业的客户关系维护状况。通过规范的交车流程，将与客户的友好关系推向一个高潮，并建立起长期的客户关系。

 **本章小结**

客户关系管理涉及企业管理的方方面面，贯穿于企业整个生产经营活动的始终。但是最基础、最关键的工作在潜在客户开发环节，没有足够的客户开发，其他后续工作就无从谈起。所以如何开发潜在客户，采用什么方法开发潜在客户，利用哪些现代化手段开发潜在客户，是本章学习的重点内容。

对于汽车服务企业而言，由于汽车这种商品的特殊性，决定了车辆成交的复杂性。从客户电话咨询或进入展厅开始，接待访客、需求分析、车辆介绍、异议处理、交车服务等每一个环节都会影响汽车服务企业与客户之间的关系。不论是展厅接待人员，还是汽车销售顾问或其他相关业务人员，其工作作风、业务水平等都是客户关系管理的组成部分。

本章学习的目的就是使学生掌握所学的基础理论与具体方法，并将其运用到汽车服务企业的实践当中。

课后练习

一、判断题

1. 识别潜在客户应遵守"MAN"原则中，Authority 代表购买"决定权"。（   ）

2. 转介绍法的优点是容易接近，不需要过多的寒暄和客套即可切入主题。（   ）

3. 客户离店时，汽车销售顾问一定要填写"三表一卡"。（   ）

4. 客户的隐性需求比显性需求要多。（   ）

5. 作为汽车销售人员，"听"比"说"还要重要。（   ）

二、单选或多选题

1. M + A + N 类型客户代表（   ）。

    A. 有望客户，理想的销售对象

B. 可以接触，配上熟练的销售技巧，有成功的希望

C. 可以接触，需调查其业务状况、信用条件等

D. 非客户，停止接触

2. 对于汽车服务企业而言，其潜在客户主要来源有以下几个方面：（　　）。

A. 基盘客户　　　　　　　　　　　B. 来店（来电）客户

C. 个人或团体开拓的潜在客户　　　D. 其他来源的潜在客户

3. 在某一特定的目标客户群中，选择有影响的人物或组织，并使其成为自己的客户，借助其影响和协作，将该目标客户群中的其他对象培养成本企业潜在客户的方法是（　　）。

A. 转介绍法　　　　　　　　　　　B. 亲情关系法

C. 机会开拓法　　　　　　　　　　D. "中心开花"法

4. 利用电话开发潜在客户的优点是（　　）。

A. 可以随时与客户取得联系　　　　B. 成本低，节约人力

C. 给客户的信息量大　　　　　　　D. 可以从客户的表情、举止判断他的反应

5. 微信公共号在潜在客户开发中的运用包括：（　　）。

A. 进行企业宣传和产品宣传　　　　B. 进行本企业产品知识讲座

C. 发布信息，吸引潜在客户到店集客　D. 具有微信小店功能

6. 客户进店时，心理三区域是（　　）。

A. 混合区　　　B. 担心区　　　C. 舒适区　　　D. 焦虑区

7. 记录会给汽车销售人员带来如下好处：（　　）。

A. 表明你在认真地听

B. 让顾客感到自己受到重视

C. 便于归纳客户的真实意思

D. 可以发现客户的漏洞，为将来处理客户异议做准备

8. 汽车销售人员用简单的专业语言将与顾客谈论的话题进行小结，这种核查的方法是（　　）。

A. 展开法　　　B. 重复法　　　C. 澄清法　　　D. 总结法

9. 提问的顺序是（　　）。

A. 过去的情景——了解客户过去的用车和生活状态等信息

B. 现在的想法——了解客户现在对用车的具体想法

C. 需求的确认——了解自己对客户所提问题的理解程度

D. 提高自己——顺便了解客户对自己理解能力的评价

10. 客户购车有六大动机，包括（　　）。

A. 舒适　　　B. 安全　　　C. 性能

D. 颜色　　　E. 经济

11. 在下列异议中，哪些属于客户的原因：（　　　　）。

　　A. 客户的惯性思维　　　　　　　　B. 销售顾问的行为举止

　　C. 汽车的安全性差　　　　　　　　D. 客户与销售顾问发生争执

12. 用"是的……如果"的句法应对客户异议的方法是（　　　）。

　　A. 太极法　　　　　B. 欲擒故纵法　　　C. 忽视法　　　　D. 直接反驳法

13. 处理客户异议的技巧有（　　　）。

　　A. 认真倾听　　　B. 重复和认同反应　　C. 提出证据　　　D. 从容应答

14. 整体报价中的价格包括：（　　　）。

　　A. 车辆的购买价格　　　　　　　　B. 汽车使用中的维修成本

　　C. 车辆形象和公司服务的附加利益　　D. 车辆使用费用

15. 价格谈判中较为普遍采用的让步方式是（　　　）。

　　A. 希望型　　　　　B. 虚伪型　　　　　C. 妥协型　　　　D. 诱发型

16. 三明治报价法处于中间层次位置的是（　　　）。

　　A. 利益好处　　　B. 附加价值　　　C. 产品使用费用　　D. 价格

三、简答题

1. 简述亲情关系法开发潜在客户的优点及适用条件。

2. 你认为汽车服务企业应如何利用微信工具开发潜在客户？

3. 你认为汽车服务企业应如何利用 APP 工具开发潜在客户？

4. 简述客户接待过程中客户关系管理的内容。

5. 为什么说新车交付环节是汽车服务企业管理客户关系的重要环节？

四、案例分析题

6 月 16 日，今天是我店 VIP 吴先生喜提爱车——凯迪拉克 XT5 的日子。作为本次主角，我们为尊贵的吴先生特别准备了一个属于他的交车仪式。

精心布置的交车现场，一尘不染的 XT5 新车，每一处细节都力求完美，我们要用个性化的交车仪式给车主留下一次难忘的温馨体验，与凯迪拉克一路陪伴，相得益彰，璀璨生辉。倾心的准备，精致的装扮，我们把一切都准备好后，默默地等待主人公登场。上海绿地凯迪拉克专营店始终如一，致力于不断优化购车、用车体验，秉承凯迪拉克"尊崇有加"的服务理念，为每一位购置凯迪拉克的车主打造宾至如归的购车体验，并为拥有特殊纪念日的贵宾打造私人定制专属的交车仪式，使客户拥有一个难忘的提车时刻！

请分析：上海绿地凯迪拉克店如此做法的用意是什么？

五、实训题

1. 潜在客户开发方案实训

1）实训目的：使学生掌握潜在客户开发的方法与途径。

2）实训地点：理论学习教室或专用实训室。

3）实训工具：文具、计算机、网络等。

4）实训成果：提交一份合理的、可行性强的潜在客户开发方案。

5）实训步骤

第一步：学生分组。

第二步：学生头脑风暴，教师指导。

第三步：设计潜在客户开发方案。

第四步：分析论证。

第五步：提交潜在客户开发方案。

第六步：答辩通过。

6）实训题目：某汽车服务企业曾经是该地区唯一一家汽车4S店，多年来经营状况良好，具有一定的经济实力与良好口碑。近10年来，由于该地区新增了多家竞争企业，产生了客户分流，使其业务出现了一定的下滑。为了吸引客户，提升经营业绩，该企业准备采取一定的措施，在保住老客户的同时，更多地开发新客户。请你利用所学相关知识，为该企业设计一套可行的潜在客户开发方案。

2. 客户接待过程中的客户关系管理实训

1）实训目的：使学生掌握客户接待中处理企业与客户关系的技巧。

2）实训地点：理论学习教室或专用实训室。

3）实训工具：文具、实训车辆、商务洽谈设施、相关文件等。

4）实训成果：学生能够正确运用所学知识，完成客户接待任务，并取得客户好感，增加成交机会。

5）实训步骤

第一步：学生分组。

第二步：角色扮演。

第三步：答辩通过。

第四步：学生互评。

第五步：教师指导。

6）实训题目：一对35岁左右的年轻夫妻步入一家汽车4S店的大门，他们衣着整洁，神态自若，态度较为傲慢，对展厅接待人员表现出不屑的神态，言语也不十分友好。如果你是展厅接待人员或汽车销售顾问，你如何通过接待工作赢得他们的好感，获取他们必要的信息资料，既能争取该客户在本店完成交易，又能完成公司规定的信息登记工作。

第三章
汽车服务企业售后客户关系管理

课前导读

　　对于汽车服务企业而言，每一次向客户提供产品和服务都是新一轮占有市场的开始，售后的客户关系管理是企业整个工作过程的重要环节。企业售后客户关系管理已经成为企业保持或扩大市场份额的要件。企业售后客户关系管理的优劣直接影响消费者的满意程度。

　　优质的售后客户关系是品牌经济的产物，在市场激烈竞争的社会，随着消费者维权意识的提高和消费观念的变化，消费者不再只关注产品本身，在同类产品的质量与性能都相似的情况下，更愿意选择那些拥有优质售后服务的公司。客观地讲，名牌产品的售后服务往往优于杂牌产品。名牌产品的价格普遍高于杂牌，一方面是基于产品的质量和成本，同时因为名牌产品的销售策略中已经包括了售后服务成本。

学习目标

1. 知识目标：学会汽车服务企业客户跟踪的内容、方法、流程与技巧。

   懂得售后服务的意义所在，学会企业售后服务的内容与方法。

   学会售后跟踪管理与售后服务相关教学软件的应用。

   学会汽车服务企业客户档案管理的内容及运用。

   懂得汽车服务企业客户保持的意义，学会客户保持的内容、方法与策略。

2. 能力目标：能够按照流程，采用正确的方法，有效地对客户进行跟踪，赢得客户的好感。

   能够利用相关理论和方法，对汽车服务企业客户进行良好的售后服务。

   能够正确地建立汽车服务企业客户档案，并将相关信息合理利用。

   能够利用相关理论和方法，对汽车服务企业客户关系进行保持和维护。

   能够在客户管理中运用相关管理软件。

3. 素质目标：拓展学生的知识领域，培养学生的学习兴趣。

提升学生的思维能力，培养学生的思考习惯。

强化学生的双创精神，培养学生的双创能力。

导入案例

有一天快下班了，有位客户打电话给前台服务顾问小王，说他的卡宴汽车明天一早要到服务中心做保养，以便赶去乡下参加表哥婚礼，时间比较急迫。这时小王也比较忙，就对客户说："知道了先生，您把车辆信息通过短信发给我吧，我给您按照流程预约"。客户这时就说："这么麻烦啊"，然后挂断了电话。直到小王忙完了，才想起刚才有位客户说要预约保养，怎么还没收到车辆信息的短信呢？小王打电话给客户："喂，您好，我是保时捷服务中心的服务顾问小王，刚刚给您联系过您车辆明天预约保养的事了，还没收到您的短信。"这时客户说："不用啦，我正在附近的维修店做保养。"然后客气地说了一句谢谢，就挂断电话了。小王及时备注，并上报给前台主管。

后续企业开会，对此事的原因进行了分析：①预约流程复杂，客户嫌麻烦。②工作人员工作忙，导致与客户交流中断，并未及时跟进客户。③客户不喜欢被怠慢。

建议做法是：建立完善的信息化管理体系，通过客户电话号码追踪确认客户车辆信息，做好服务预约工作。客户主动打电话来，足以说明有意来维修（消费）。对不同层次客户要随机应变，顾问小王如果能做到让客户感到满意，就能引导客户来消费。

心理分析：在客户服务中，要对客户消费行为中的心理活动进行分析，在正确引导客户消费的同时，满足客户心理需求，做到万无一失。

第一节 售后跟踪管理

客户跟踪及售后服务中的客户关系管理是对客户忠诚度与未来潜在客户的管理，由汽车销售顾问、市场客服人员与售后服务的其他相关人员共同完成。

一、为什么要进行售后跟踪

（一）什么是售后跟踪

售后跟踪是指汽车服务企业工作人员在成交后继续与客户交往，并完成与成交相关的一系列服务工作，以便更好地实现推销目标的行为过程。通过对客户进行跟踪，查找汽车销售企业工作中的失误和问题产生的原因，消除客户的误解和抱怨，使客户感受到关心和尊重，从而与客户建立更牢固的关系，增加客户的忠诚度。

（二）售后跟踪的意义

1. 体现了以满足顾客需求为中心的现代市场营销观念

售后跟踪使顾客在购买商品后还能继续得到销售人员在使用、保养、维修等方面的服务，以及购买后如果质量、价格等方面出现问题能得到妥善的解决。这使客户需求得到真正意义上的实现，使客户在交易中获得真实的利益。所以说，售后跟踪是现代市场营销观念的一种体现。

2. 售后跟踪使企业利益持续得以实现

企业的经营目标是获取利润，而利润来源于企业为客户提供的服务。这个服务不仅仅是历史服务和当前服务，更是着眼于未来的潜在服务。汽车是一种高价值的耐久消费品，在汽车的长期使用中，客户还要持续从汽车服务企业购买大量的服务，汽车服务企业对客户的售后跟踪服务可以实现企业利益的最大化。

3. 售后跟踪有利于提高企业的竞争力

随着科学技术的进步，同级别汽车在其品质和性能上的差异越来越小。企业间竞争的重点开始由汽车产品转移到为消费者提供各种形式的售后服务。售后服务是否完善，已成为消费者选择汽车商品时考虑的一个重要方面。而各种形式的售后服务，是在售后的跟踪过程中完成的。

4. 售后跟踪有利于获取重要的市场信息

通过成交后的跟踪，汽车服务企业可以获取客户对汽车使用、维护、保养等多方面需求的信息。因此，售后跟踪的过程，实际上是获取顾客信息反馈的过程，便于企业开发新的产品。

5. 售后跟踪有利于和客户建立起良好的合作关系

售后跟踪可以加强销售人员和客户之间的联系，通过为客户提供服务，了解客户当前的习惯、爱好和职业，从而有利于和客户建立比较紧密的个人情感联络，有利于客户重复购买或者推荐其朋友购买产品。

> **案例分享：** 客户张先生在汽车销售顾问的帮助下买下了一辆豪车。车虽说不错，可毕竟价格不菲，所以总有一种买贵了的感觉。几个星期后，汽车销售顾问打电话说要登门拜访，客户张先生不禁有些奇怪，不知道他来有什么目的。星期天上午，汽车销售顾问一进屋，就祝贺张先生选择了一款好车。在聊天中，汽车销售顾问讲了好多这款车的典故，让张先生很开心，觉得这车很值。那天汽车销售顾问表现出的热情甚至超过交车的时候，让张先生大受感动。一个月后，客户张先生开着豪车参加一个聚会，他的朋友对这款车产生了兴趣。张先生将汽车销售顾问介绍给那位朋友，结果这位汽车销售顾问又顺利地做成了一笔生意。

二、售后跟踪管理的内容

（一）售后跟踪的方法

1. 电话跟踪

当车辆卖出去以后，汽车服务企业人员要经常性给客户打电话，以关心、关切的态度询问客户车辆的使用情况以及提醒必要的保养等。要积极引导话题，例如说：您的车开得怎么样啊？行吗？发动机提速很快吧？有很多朋友羡慕吧？开着车出去旅游了吗？到了哪些地方，好玩吗？等等，不一定要聊车，也可以希望客户转介绍。

2. 电子邮件

汽车服务企业人员还可以通过发电子邮件、传真、短信、生日卡片等方式，向客户表达敬意与谢意，目的在于让客户明白企业在销售成交之后并没有把他忘记。

3. 亲自拜访

除了经常性打电话联络外，汽车服务企业人员亲自访问的作用无可替代。在销售成交之后，企业人员应该选择合适的时间亲自登门拜访，俗话说见面三分亲。企业人员与客户见面能很好地增进与客户之间的感情，比较容易听到客户的真实想法和意见。

（二）客户跟踪的项目

1. 写感谢信和打电话感谢

销售人员交车后要致电客户，进行电话回访或亲访，也可以邮寄感谢信和照片给客户。

2. 预约首次保养

对于一位购买了新车的客户来说，第一次维修服务是客户亲身体验专营店服务流程的一次重要机会。销售流程的后续跟踪的要点，是在客户购买新车之后到首次保养之间继续促进和发展双方关系，以促使客户返回专营店进行"首保"。通过定期跟踪，巩固与客户之间良好的关系，再通过这种关系的延长，不断地获得新的、潜在意向客户。

3. 吸引客户来店

通过不断的跟踪工作，为客户创造优质的用车环境，构筑客户对网点的信赖，吸引客户再次来店，鼓励客户推介新客户。

4. 后续关怀

包括生日关怀、节日关怀、居家关怀、出险慰问、产品资讯等。

三、售后跟踪管理的流程

(一) 区别不同的客户级别

1. 对于成交客户

对于已经成交的客户，汽车服务企业的销售顾问或客服部门人员应根据客户资料对客户进行级别划分，如普通用户、会员、VIP 会员等。针对不同级别的客户，分别给予不同的优待。

2. 对于未成交客户

对于未能成交的客户，汽车服务企业应按照公司的相关规定，进行意向等级划分与管理，如图 3-1 所示。

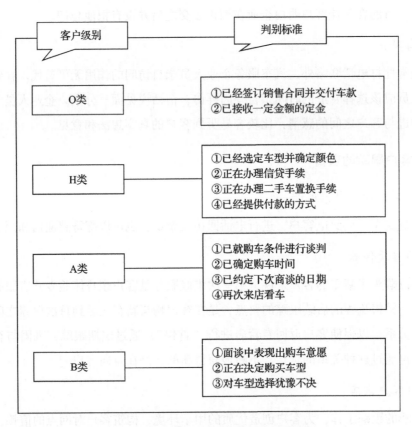

图 3-1   客户意向等级划分与管理示意图

(二) 成交客户的售后跟踪管理流程

对于成交客户而言，汽车服务企业的售后跟踪流程如图 3-2 所示。

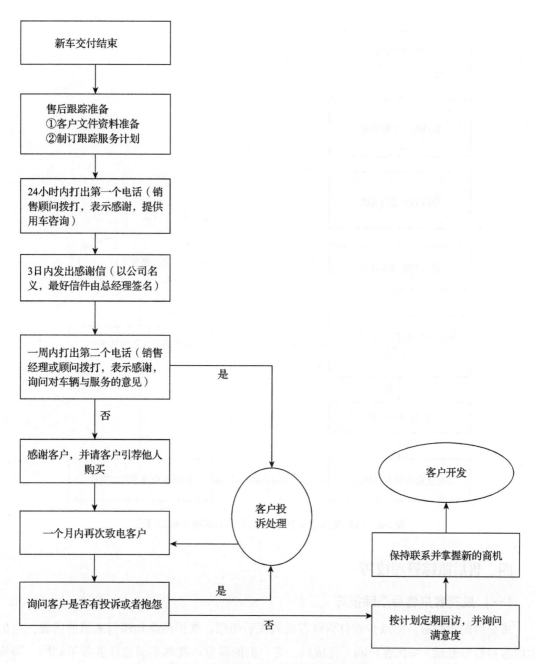

图 3-2　汽车服务企业的售后跟踪流程图

（三）未成交客户的跟踪管理流程

如果客户本次未能完成购买，汽车服务企业也要对客户进行跟踪管理，争取下次成交机会。汽车服务企业对未成交客户的跟踪管理流程如图 3-3 所示。

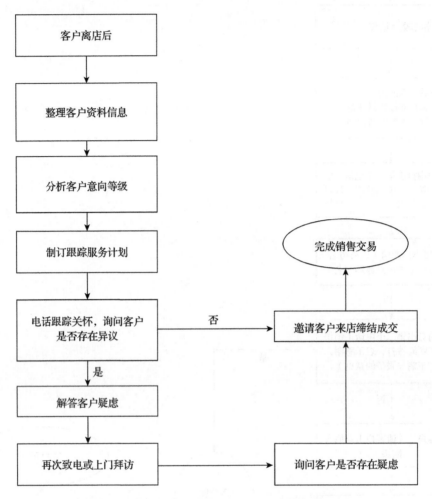

图 3-3　汽车服务企业对未成交客户的跟踪管理流程图

四、售后跟踪管理技巧

(一) 成交客户售后跟踪技巧

成交后的跟踪服务能减少或打消顾客的购买后悔感，维护品牌和销售人员的信誉，为扩大顾客群打好基础。每次客户购买完成后，客户们的满意程度和不满意程度各不相同。即使已经结束购买，客户仍在考虑自己的决策是否正确。此时汽车服务企业对客户的跟踪回访会使客户得到温暖，坚信自己的购买决定。

对已成交客户跟踪可以采用以下四种方法。

1. 经常与顾客联系

很多汽车服务企业会记住客户的特殊日子，保持与客户的联络频率。

2. 调查走访销售后的状况

对于已经购买汽车的客户，汽车服务企业人员应调查走访销售后的客户车辆使用状况，及时收集反馈信息。

3. 提供最新的情报

向客户提供最新资料，这也是一项有力的售后服务。产品的情报资料一般包括以下两种。

1）商情报道资料。

2）商品本身的资料。

4. 将客户组织起来

把现有的客户组织起来，这种客户组织化的方式，往往使消费者产生对该企业或品牌的认同，有利于加深相互了解和信任，争取客户的理解和谅解，增进友谊和合作。

（二）未成交的客户跟踪技巧

与客户建立长期关系的关键，取决于汽车服务企业售后服务的态度，做好未成交的客户跟踪服务工作也是非常重要的。若未与客户成交，汽车服务企业人员应做好以下跟踪服务。

1）了解客户的背景。

2）检讨自己的过失。失误是顾客投入竞争对手怀抱的最大原因。

3）保持联络。对于未成交的顾客，要保持书信与电话联系。

4）建立社交网络。利用现代社交工具，了解客户的相关信息，尽量投其所好。

汽车服务企业人员在建立社交网络时要注意以下两点：①不要把注意力集中在自己身上；②不要只顾介绍自己的产品与业务，而不顾对方的反应。

（三）新车交付后客户跟踪的执行技巧

1. 发出第一封感谢信的时间

第一封感谢信应在向客户交车的 24 小时内发出。发出这封感谢信的目的，是扩大企业的知名度，向公众传递这家汽车服务企业或者专营店做事规范、值得信赖的良好信息。而这个重要信息说不定就能影响到这群人当中的某一个，成为新的潜在购车客户。

2. 打出第一个和第二个电话的时间

在交车的 24 小时内，由汽车销售公司或专营店的销售经理拨打第一个电话。电话内容：一是感谢客户选择了本企业并购买了汽车；二是询问客户对新车的感受，有无不明白、不会用的地方；三是询问客户对专营店、对销售人员服务的感受，以便发现问题加以改进；四是及时处理客户的不满和投诉；五是询问新车上牌情况，是否需要帮助。最后将回访结果记录到调查表里，以便跟踪。

在交车后 7 天内，销售顾问打出第二个电话，内容包括：询问顾客对新车的感受，提醒新车首次保养，以及新车上牌情况、有无投诉等。

3. 不要忘了安排面访客户

可以找一个合适的时机，如客户生日、购车周年，去看望客户，了解车辆的使用情况，介绍公司最近的活动以及其他相关信息，最后将面访结果记录到调查表里。

4. 每两个月与客户联络一次

主要内容包括：保养提醒，了解客户使用情况。可以投其所好，选择适当的时机与客户互动，如一起打球、钓鱼等。通过这些活动，增进友谊，变商业客户为真实朋友，协助解决客户的疑难问题等。最后将结果记录到调查表里，以便跟踪。

5. 开展多种形式的人文关怀

汽车服务企业要经常举办免费保养活动，举办汽车文化讲座和相关活动；新车、新品上市时及时通知；天气冷暖突变时发短信提醒；客户生日或客户家人生日时发出祝贺；客户的爱车周年时不要忘记有创意的祝贺；遇到好玩的"短句""笑话"用手机短信发送，与客户分享；年终客户联谊会别忘了邀请客户一起热闹一番，等等。

五、售后服务管理

随着汽车数量的不断增加，汽车后市场需求也随之增大。汽车售后服务业作为汽车后市场的主要业务，不仅占据了汽车市场的重要利润源，其发展程度也代表了一个国家汽车市场的发展水平。

(一) 汽车售后服务的概念

从不同的角度审视，汽车售后服务有不同的含义。从经销商的角度看，汽车售后服务是指消费者自购车之日起至报废之日止，由该车所有花费引发的商机，包括维修保养、配件供应、汽车美容、汽车改装等；从生产企业的角度看，汽车售后服务是指产品售出后，为保证产品能正常使用而向用户提供的各方面服务，包括首保、三包、索赔、技术培训、质量跟踪等。

售后服务是现代汽车企业服务的重要组成部分，做好售后服务，不仅关系到本公司产品的质量完整性，而且关系到客户能否获得真正的、完全的满意。

(二) 汽车售后服务的特点

汽车售后服务需要贴近用户，因此汽车售后服务网点众多，分布广泛，而且汽车售后服务内部分工细致，服务类型多样。汽车售后服务业经过一段较长时间的发展，逐步形成了自己的特点，并区别于其他行业。

1. 涉及范围广泛，产业链较复杂

汽车消费与其他商品的消费不同，一旦购买了汽车，就需要定期加油、保养、保险、维修以及缴纳各种费用，直到汽车报废、解体，其消费支出是持续的。基于汽车消费的这个特点，汽车售后服务业涉及的范围相当广泛，其产业链与其他行业相比也更复杂。

2. 一次出售与重复使用并行

在汽车产业的利润构成中，汽车售后服务业已经超越汽车制造业，成为汽车产业利润的主要来源，这种现象与消费者对汽车售后服务业需求的快速增加有关。汽车商品的购买活动在固定的销售店面发生，体现了一次性的特点，而汽车售后服务针对使用过程中出现的现象，往往在不同时间点被顾客重复使用与购买。

3. 消费具有较高的弹性和利润空间

由于汽车服务具有可以被消费者重复使用和购买的特点，服务供应者可以多次对汽车消费者索价。同时汽车服务具有一定的差异性，服务提供者可以利用自己的垄断地位，在与消费者的讨价还价中索取高价。正是这种特定的索价机制，保证了汽车售后服务业具有较高的利润空间。

4. 既是产业链的终端，又与始端有着密切的联系

汽车售后服务业一般处于汽车产业链的末端，作为联系汽车生产者与使用者的纽带，在信息沟通上具有一定的优势，汽车服务提供者在从生产者获得利润反馈的同时，又可以向消费者收取服务费，从而维持汽车售后服务业的延续。

(三) 汽车售后服务在汽车产业中的地位和作用

随着汽车市场的逐渐成熟，汽车的生产和销售利润率逐渐降低，而售后服务利润率逐步提高。这与整个社会高利润率由第二产业转向第三产业的情况相符。汽车售后服务在汽车产业中的地位凸显，从以下几点可以看出：

1. 汽车售后服务是汽车产业的重要利润来源

国际著名咨询公司麦肯锡的研究结果显示，从销售额看，在成熟的汽车市场中，生产仅占21%，配件占39%，零售占7%，服务占33%。在美国，汽车售后服务业被誉为"黄金产业"；在欧洲，汽车售后服务也是汽车产业获利的主要来源。从销售利润看，国外汽车市场50%～60%的利润是在服务业中产生的。

2. 汽车售后服务市场是衡量汽车产业水平的重要指标

一个国家和地区的汽车市场是否发达，主要看两个市场，一是销售市场，二是售后服务市场。在汽车销售市场逐渐成熟的形势下，售后服务市场的地位显得越来越重要。

3. 汽车售后服务成为市场竞争热点

汽车售后服务已经成为当今乃至未来汽车企业扩大市场销售、占领市场份额和提高市场竞争力的新热点。而且消费者已经把一个企业的售后服务质量作为判断其产品可信度的首要条件，这种市场变化促使企业将产品的售后问题提升到新的高度。

4. 售后服务是客户心目中最看重的因素

在现代汽车市场竞争中，客户认为最重要的影响因素不是价格，也不是技术，而是售后服务，如图3-4所示。可见在客户心目中，他们更看重的是购买车辆后还能从汽车服务企业得到哪些服务及其服务水平。

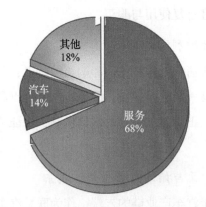

图3-4　汽车市场中客户注重的因素示意图

案例分享： 李先生要来鹏龙星徽店保养他的汽车，店里的预定专员从 DMS 中发现，客户的生日正好是他要来店保养车辆的这一天。鹏龙星徽店为这位李先生准备了一份生日礼物——免费空调滤芯更换。李先生来店后，立即收到了店员献出的大束鲜花，使他真正感受到了贵宾的优待。李先生深受感动，后来他带来不少朋友到鹏龙星徽店内维修车辆。

（四）汽车服务企业售后服务的主要内容

1. 整理客户资料，建立客户档案

客户送车进厂维修、养护或来公司咨询商洽汽车服务事项，在办完有关手续或商谈后，业务部应在 2 日内将客户有关情况整理制表，装入档案袋。客户有关情况包括：客户名称、地址、电话送修或来访日期；送修车辆的车型、车号和维修养护项目；保养周期和下一次保养日期；客户希望得到的服务；在本公司的维修保养记录（详见表3-1）。

表 3-1 客户档案资料表

客户名称	客户地址		客户电话	客户联系人
来 访 日 期	来访事由			来 访 人
首次送修日期	车 型	车 号	维 修 项 目	送 修 人
维修记录				
送修日期	维修项目	下一次保养期	送修人	客户意见
客户希望得到的服务：				
客户相关情况（对车辆爱护情况，个人爱好，单位对维修车辆的政策）：				

2. 根据客户档案资料，研究客户的需求

业务人员应当根据客户的档案资料，研究客户对汽车维修保养及其相关服务的需求，找出下一次服务的内容，如通知客户按期保养，通知客户参与本公司的联谊活动，告之本公司优惠活动，通知客户按时进厂维修或免费检测等。

3. 与客户进行电话信函联系，开展跟踪服务

业务人员通过电话联系，让客户得到以下服务：

1）询问客户用车情况和对本公司服务有何意见。

2）询问客户近期有无新的服务需求。

3）告之相关的汽车运用知识和注意事项。

4）介绍本公司近期为客户提供的各种服务，特别是新的服务内容。

5）介绍本公司近期为客户安排的各类优惠联谊活动，如免费检测周、优惠服务月、汽车运用新知识晚会等，清楚告知活动的内容、日期和地址。

4. 售后服务工作规程

1）售后服务工作由业务部主管指定专门的跟踪业务员负责完成。

2）跟踪业务员在客户车辆送修进场手续办完后，或客户到公司访谈咨询后，两日内建立相应的客户档案。

3）跟踪业务员在建立客户档案的同时，研究客户的潜在需求，拟定下一次有针对性的通话内容和时间。

4）跟踪业务员在客户车辆出厂或业务访谈咨询后3~7天内，应主动电话联系客户，做售后第一次跟踪服务，并就客户感兴趣的话题与之交流。电话交谈时，业务员要主动询问在我公司保养维修车辆的使用情况，并征求客户对本公司服务的意见，以示对客户的真诚关心，以及服务上追求尽善尽美的态度。与客户的谈话要点要做记录，特别是对客户的要求、希望或投诉，一定要记录清楚，并及时予以处理。能当时答复的应尽量答复，不能当时答复的，通话后要尽快研究找出办法。仍不能解决的，要在两日内报告业务主管，请示解决办法，并在得到解决办法的当日告知客户，一定要给客户一个满意的答复。

5）在销售后第一次跟踪服务的一周时间内，业务跟踪员应对客户进行第二次跟踪服务电话联系，电话内容仍以客户感兴趣的话题为主，内容要避免重复，要有针对性，要体现本公司对客户的真诚关心。

6）在公司决定开展客户联谊活动、优惠服务活动、免费服务活动后，业务跟踪员应提前两周用电话告知客户，并提前两日向客户寄出通知信函。

7）每一次跟踪服务电话，包括客户打入本公司的咨询电话或投诉电话，经办业务员都要做好电话记录，登记入表，并将电话登记表归档保存。

8）每次发出的跟踪服务信函，包括通知、邀请函、答复函都要登记入表，并归档保存。

9）指定跟踪业务员不在岗时，由业务主管临时指派本部其他人员暂时代理。

10）业务主管负责监督检查售后服务工作，每月对本部门售后服务工作进行一次小结，每年末进行一次总结。小结、总结均以本部工作会形式进行，由业务主管提出小结或总结书面报告，并存档保存。

11）本制度使用以下四种表格：客户档案资料表、跟踪服务来电记录表、跟踪服务电话登记表、跟踪服务信函登记表。

（五）售后服务在车辆维修中的运用

对于汽车服务企业而言，为客户提供的售后服务主要体现在对车辆的维护和保养。

1. 预约服务

（1）预约的目的　汽车服务企业为了更好地为客户提供售后服务，有效方法之一就是事前进行预约，这样可以大大提升客户的满足感。预约的目的有以下几方面：

1）记录客户的需求。

2）为客户提供预约建议。

3）用预约工单形式准备接待客户。

4）预订/储备所需要的零件。

5）便于机动灵活地处理客户问题。

6）充分利用车间的生产能力。

（2）预约的好处

1）可以按时接待客户，减少客户等待时间。

2）加快服务速度，提高企业工作效率。

3）使客户得到周到的服务。

（3）预约服务的流程

车辆维修预约流程如图3-5所示。

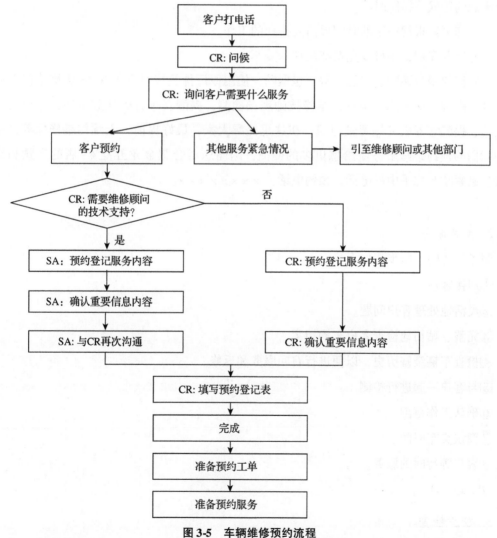

图3-5　车辆维修预约流程

CR—客户关系维持人员　SA—维修前台接待人员

案例分享：温馨小贴士：您是预约客户吗？您知道预约的好处吗？合肥金龙五菱4S店贴心管家告诉您，预约好处可多着呢！要仔细看一下预约的好处：

①省事：您可以根据自己的情况灵活安排车辆的保养、维修，方便快捷，一个电话就轻松搞定。

②省时：您的车辆进厂就可以直接得到服务，大大减少中间不必要的时间浪费，节省您的宝贵时间。

③省心：维修服务人员可以用宽裕的时间来检查及维修车辆，确保车辆的性能和维修质量。

④我们事先知道您需要的维修项目，可以提前帮您安排工位、配件、维修技师，节省您的等候、排队时间。

⑤您可以根据约定的时间灵活安排您的工作。

⑥保养完后，还可以免费清洗您的爱车。

我们的服务顾问会向您讲解三包索赔，使用原厂件及按时在正规4S店维修保养的好处，提醒首保时间及里程，维修技师现场检测，提醒新车行驶注意事项，介绍驾驶技巧，提醒您养成良好驾驶习惯。在这里提醒大家，最好提前一天预约维修保养，希望我们的预约维修服务能给您更多的便捷，谢谢您对合肥金龙五菱4S店的光顾和支持！赶紧拿起您手中的电话，预约电话：×××××××××。

2. 接待服务

服务接待的工作步骤如下：

①迎接客户。

②灵活地处理客户问题。

③完整、贴切地检查客户车辆档案。

④检查车辆维修历史，以便进行召回服务和返修。

⑤与客户一起进行检测。

⑥确认工作范围。

⑦商议交车时间。

⑧客户等待时的服务。

⑨处理工单。

3. 初步检查

初检的好处是维修顾问可以指出故障并提出建议，同时对客户不注意的易损件进行检查。

4．确认工单

工单是汽车服务企业对车辆维修的工具，是汽车服务企业与客户之间的维修合同，因此工单的书写必须规范、清晰和易懂。

5．监控流程

对车辆维修过程进行监控，是保证车辆维修质量的重要一环，也可以让客户放心。

6．终检

每一位客户对维修企业都有很高的期望，为了满足客户的期望，终检是必不可少的。

7．答疑解惑

主动向客户提供维修信息，包括工作范围、发票内容、终检结果、车辆总体状况、下次必做的工作等。

8．感谢客户并道别

案例分享：20××年12月19日上午，湖北省客户陈先生打电话到西安市荣宝宝马售后服务部，称他的车仪表板显示冷却液温度过高。接完陈先生的电话，售后部门立即安排技术经理朱宝林与陈先生沟通，了解车辆当时的状况，确认是否有危险。由于客户远在湖北十堰，于是朱经理电话告知陈先生一些紧急预防措施，先缓解当时的紧急状况。随后售后部门立即预订散热器和储水壶，并为陈先生预定好时间，让他进店更换。陈先生对此次服务非常满意。

六、售后跟踪管理的教学软件应用

汽车服务企业的售后跟踪业务通常是通过专用的软件系统完成的，为了方便学习，这里选用北京运华科技发展有限公司开发的汽车服务接待仿真教学系统 V1.0 进行介绍。

售后服务跟踪回访

服务顾问在系统中按日期进行检索，查找时间区间内未回访的客户，并对客户进行回访。

步骤一：检索时间段内未回访客户。

①单击高亮显示屏，启动系统，如图3-6、图3-7所示。

②进入客户回访，按照任务提示内容进行查询，如图3-8所示。

图 3-6 单击高亮显示屏

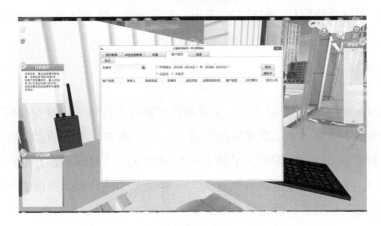

图 3-7 启动系统

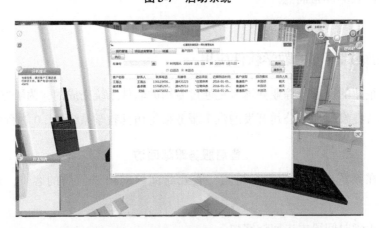

图 3-8 进入客户回访，按照任务提示内容进行查询

步骤二：发送短信，确认客户是否方便接听。

①进行客户回访前，发送短信确认客户是否方便接听，如图 3-9 所示。

图3-9 进行客户回访前，发送短信确认客户是否方便接听

②选择短信内容，如图 3-10 所示。

图3-10 选择短信内容

③发送短信与客户沟通，如图 3-11 所示。

图3-11 发送短信与客户沟通

④根据客户回复内容，30min 后拨打回访电话，如图 3-12 所示。

图 3-12　根据客户回复内容，30min 后拨打回访电话

步骤三：拨通回访电话。

①输入客户电话号码，如图 3-13 所示。

图 3-13　输入客户电话号码

②单击对话框，了解回访内容，如图 3-14 和图 3-15 所示。

图 3-14　单击对话框，了解回访内容一

图 3-15　单击对话框，了解回访内容二

第二节　客户档案管理

　　客户档案是企业在与客户交往过程中形成的客户信息资料、企业自行制作的客户信用分析报告，以及对订购客户资信报告进行分析和加工后，全面反映企业客户信息的综合性档案材料。对客户信息进行管理和恰当地立档，既可以及时、有效地反映工作情况，又可以为后续开展工作提供参考。所以，加强企业的客户档案立档工作，对客户进行科学管理，对每个企业都具有至关重要的意义。

一、客户档案的立档

　　汽车服务企业对客户信息的立档范围，包括客户的基础信息和客户车辆的使用信息两个部分。客户的基础信息部分主要由客户服务部门负责，客户车辆的使用信息主要由车辆维修部门负责。

（一）客户的基础信息

　　这部分信息主要服务于汽车服务企业对客户关系的社会性管理，体现汽车服务企业对客户的人文关怀，主要包括：

　　1. 客户的基本信息

　　因为客户信息属于企业的无形资产，所以各家企业都十分重视，一般由专人负责档案管理，以建立起完善的客户档案。客户档案必备的资料，对于单位或团体的购车用户，包括过去购买的产品、服务和价格，关键联系人及其年龄、职位、生日、爱好等；对于个人购车用户，包括个人的人文统计资料，如性别、年龄、收入、家庭成员、生日、兴趣和意见等，以及过去的购买情况和其他相关的信息。另外，档案还要包括售前访问表（指顾客不是第一次到销售店就直接购车）、售后跟踪回访表、交车表及用户登记表、身份证、发票复印件等。

个体客户基本信息的具体内容可以参照表3-2所示的内容设置。

表3-2　个体客户的基本信息

类别	详细内容
客户一般信息	姓名、昵称（小名）、职称、公司名称、地址、办公室和住宅电话号码、出生年月、出生地、籍贯、身高、体重、身体五官特征
教育背景	大学名称及毕业日期；大学时代的得奖记录；大学时所属社团、擅长的运动。对于没有上过大学的客户，了解其他教育背景。兵役军种、退役时军衔
家庭情况	婚姻状况、配偶姓名；配偶文化程度；配偶兴趣、活动社团；结婚纪念日；子女姓名、年龄，是否有抚养权；子女所在学校；子女喜好
业务背景	客户在本单位的前一个职务、现职；参与的团体及职位；客户与本公司其他人员有何种业务上的关系，关系是否良好；本公司其他人对客户的了解；客户对本公司的态度
特殊兴趣	客户曾参加的俱乐部及目前所在的俱乐部或社团；参与的政治活动、政党；是否热衷社区活动，如何参与；客户的特别机密且不宜谈论的事件（如离婚等）是什么；客户对什么主题特别有意见（除生意之外）
个人生活	过去的医疗病史，目前健康状况；饮酒习惯及嗜好，最偏好的午餐地点、晚餐地点，最偏好的菜式；嗜好与娱乐，喜欢读什么书，喜欢观赏什么运动，喜欢什么话题；喜欢引起什么人注意；会用什么来形容本企业；客户自认为最得意的成就是什么；你认为客户目前的个人目标是什么

公司企业客户基本信息的具体内容可参照表3-3所示的内容设置。

表3-3　公司企业客户的基本信息

类别	详细内容
基础资料	客户的姓名、地址、电话、与本公司的起始交易时间、企业组织形式、资产等
客户特征	服务领域、经营能力、发展潜力、经营理念、经营方向、经营政策、企业规模、经营特点等
业务状况	经营业绩、经营管理者和企业人员的素质、与其他竞争对手之间的关系、与本公司的业务关系及合作态度等
交易现状	客户的经营现状、存在的问题、保持的优势、未来的对策、企业形象、企业声誉、信用状况、交易条件，以及出现的信用问题等

2. 客户的主要业绩

主要包括客户的荣誉、成就及经济实力。

3. 客户关系状况

主要包括客户与本企业的业务来往记录、顾客需求的变化、顾客对本企业产品及服务的满意程度、客户对促销活动的态度及建议。

4. 购买信息

包括客户在本企业购买的车型、车身颜色、内饰颜色、底盘号、发动机号、车牌号码、保险公司等，对于已经发生购买的评价以及投诉等。

5. 建立客户数据库

一般来说，主机厂要考核汽车服务企业的客户建档信息，其主要内容见表3-4。

表3-4 ×××主机厂对汽车服务企业客户建档信息考核要点

类型	字段	字段考核（完整性，准确性）	录入标准	标准来源	用途	录入部门/录入人
客户档案	客户名称	厂家考核	填写组织的全称，不能输入简称，不能输入本公司自己的标记，组织名称不能包含@、￥、%、*等字符	厂家下发文件	标检/公司资源	销售部/销售顾问
	客户类别	厂家考核	按标准填写：私人、私人商务、军车、公务、单位商务、租赁	系统标准	标检/公司资源	销售部/销售顾问
	客户来源	厂家考核	按照客户来源实际填写	系统标准	标检/公司资源	销售部/销售顾问
	证件类别	厂家考核	按照实际类别填写：身份证、警官证等	厂家下发文件	标检/公司资源	销售部/销售顾问
	证件号码	厂家考核	按证件上实际号码正确填写，不允许有空格，不能缺位，不能错号，如出生日期不能有明显错误	厂家下发文件	标检/公司资源	销售部/销售顾问
	地址	厂家考核	按省、市、区、街道、门牌号等逐级完整填写清楚，地址应以能将信件等准确寄达用户手中为标准	厂家下发文件	标检/公司资源	销售部/销售顾问
	联系人	厂家考核	联系人是个人姓名，不是组织名称；姓名不能只填写姓氏，不能出现先生、女士、太太、经理等称谓。不能填写本店自己的标记，如有标注，填写在备注栏	厂家下发文件	标检/公司资源	销售部/销售顾问

（续）

类型	字段	字段考核（完整性，准确性）	录入标准	标准来源	用途	录入部门/录入人
客户档案	联系电话	厂家考核	手机号按实际号码填写，不得多位、缺位或错填，手机号以能联系到客户为准确，不能前面加0、*等字符。座机号必须加区号	厂家下发文件	标检/公司资源	销售部/销售顾问
	邮编	厂家考核	不能跨省、市	厂家下发文件	标检/公司资源	销售部/销售顾问
	客户生日	公司考核	按照实际填写	公司标准	客户维系，关爱工作	销售部/销售顾问
	客户性别	公司考核	按照客户实际性别填写	公司标准	方便联系客户，以先生/女士称呼	销售部/销售顾问
	客户标识	公司考核	按照客户实际标识：置换客户、大客户、个贷客户、总部 VIP 客户	公司标准	客户区分，数据分析	销售部/销售顾问
	客户爱好	公司考核	按照客户实际爱好填写	公司标准	客户维系，组织市场活动、俱乐部活动。举办活动，电话联系客户	销售部/销售顾问
车辆档案	车型	厂家考核	按照实际车型完整正确填写，不可不填或错填	厂家下发文件	标检/公司资源	销售部/销售顾问
	底盘号	厂家考核	按照车辆实际底盘号完整正确填写，不可不填或错填	厂家下发文件	标检/公司资源	销售部/销售顾问
	发动机号	厂家考核	按照车辆实际发动机号完整正确填写，不可不填或错填	厂家下发文件	标检/公司资源	销售部/销售顾问
	车牌号码	厂家考核	按照车辆实际车牌号完整正确填写，不可不填或错填	厂家下发文件	标检/公司资源	销售部/销售顾问
	车身颜色	厂家考核	按照车辆实际填写，不可不填或错填	系统标准	标检/公司资源	销售部/销售顾问

（续）

类型	字段	字段考核（完整性，准确性）	录入标准	标准来源	用途	录入部门/录入人
车辆档案	内饰颜色	厂家考核	按照车辆实际填写，不可不填或错填	系统标准	标检/公司资源	销售部/销售顾问
	保险公司	公司考核	按照实际保险公司填写，未买保险客户不填，请勿乱填	公司标准	维系客户，提高续保率	销售部/销售顾问
	保险日期	公司考核	按照实际保险日期填写	公司标准	维系客户，提高续保率	销售部/销售顾问
	行驶证登记日期	公司考核	按照行驶证登记日期填写	公司标准	客户维系，关爱工作	销售部/销售顾问
	行驶证有效日期	公司考核	按照行驶证登记的有效日期填写	公司标准	客户维系，关爱工作	销售部/销售顾问

（二）客户车辆维护保养信息

这部分信息主要服务于汽车服务企业对客户关系的技术性管理，体现汽车服务企业对客户的技术性关怀。管理手段是通过相关软件操作完成的。下面以某企业对客户车辆的保养工作为例，展示其管理过程。

第一步：输入保养车辆牌照号，确认车辆信息，如图3-16所示。

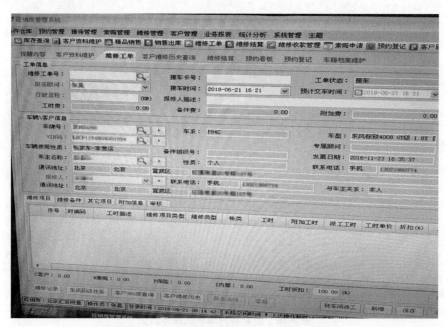

图3-16　输入保养车辆牌照号，确认车辆信息

第二步：输入保养车辆的行驶里程、预计交车时间，如图 3-17 所示。

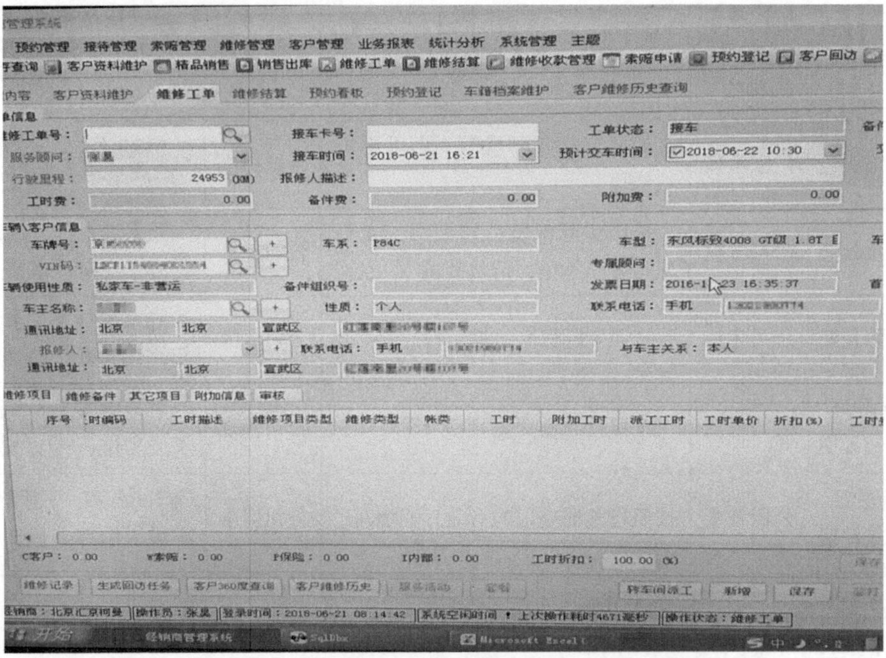

图 3-17　输入保养车辆的行驶里程，预计交车时间

第三步：查看客户车辆的维修历史，如图 3-18 所示。

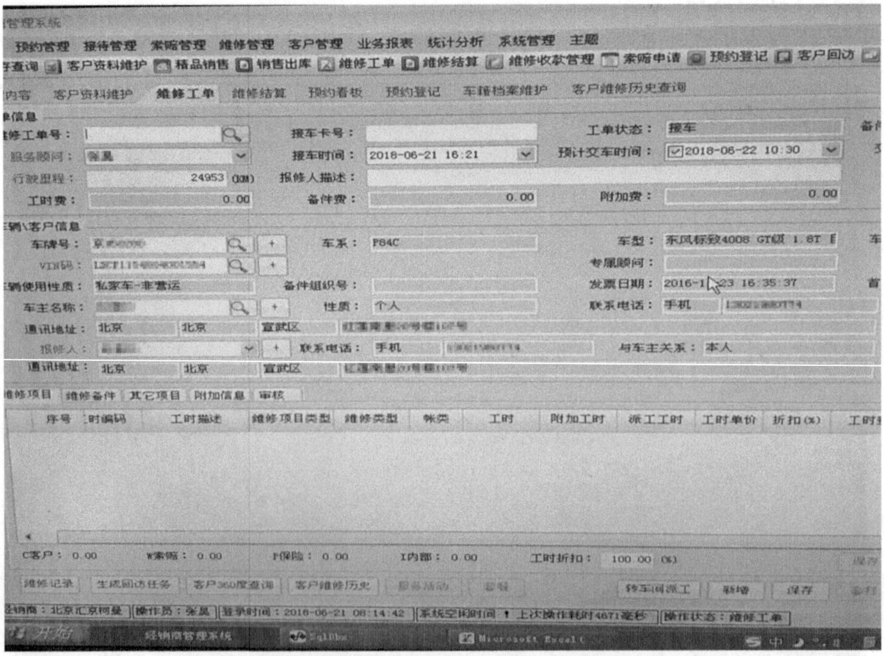

图 3-18　查看客户车辆的维修历史

第四步：确定客户车辆的保养项目，如图 3-19 所示。

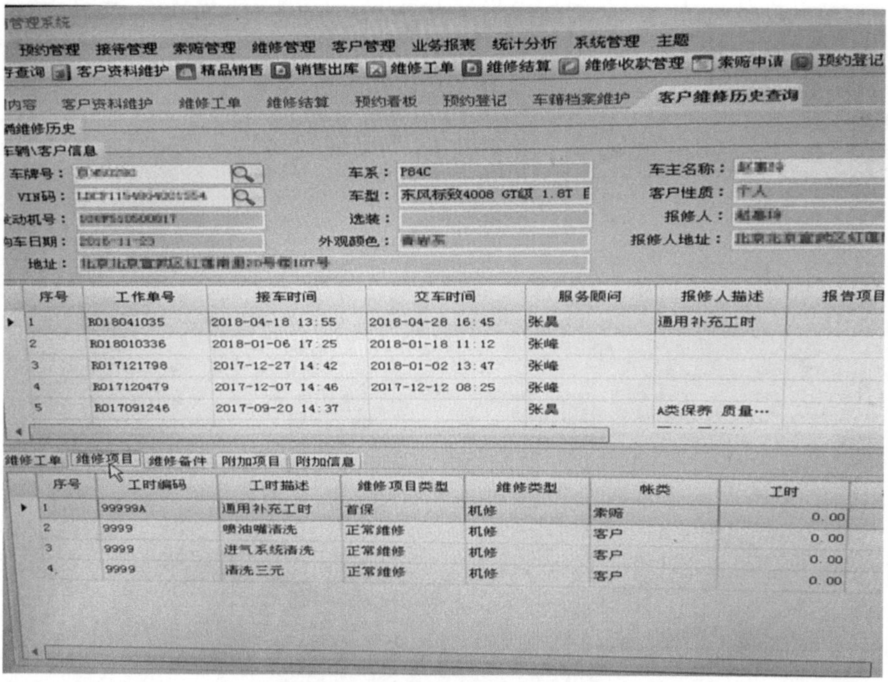

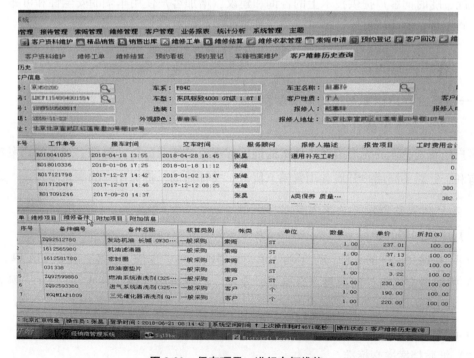

图 3-19 确定客户车辆的保养项目

第五步：保存项目，进行车辆维修，如图 3-20 所示。

图 3-20 保存项目，进行车辆维修

第六步：维修完成，结算工单，如图 3-21 所示。

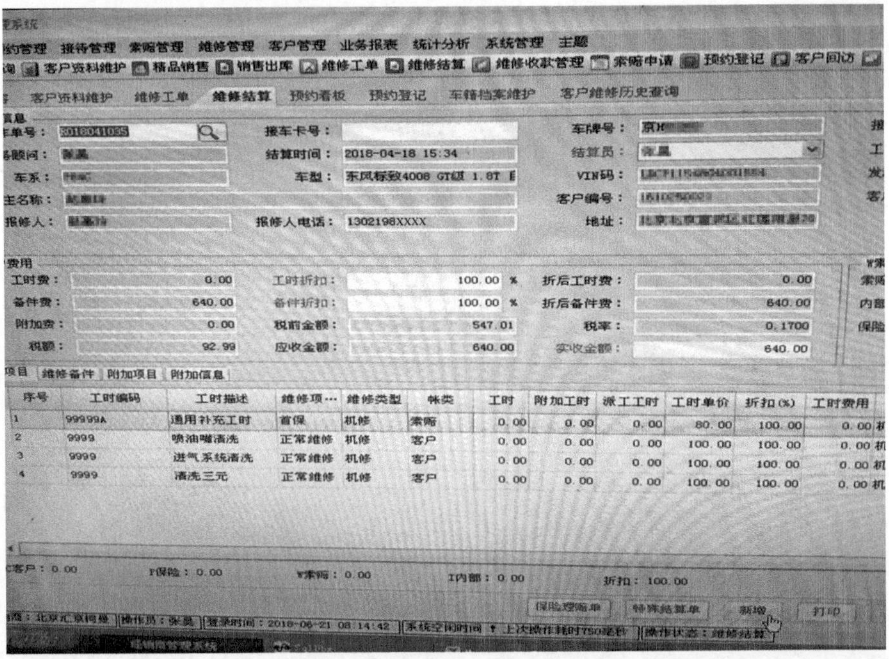

图 3-21　维修完成，结算工单

通过对客户车辆使用档案信息的管理，可以掌握客户车辆使用的基本情况和车辆自身的技术状况，随时向客户提供技术上的咨询和建议，增加客户使用车辆的安全性和可靠性，从而与客户保持良好的售后服务关系。

二、客户档案的管理

（一）建立客户档案管理的规章制度

1. 客户档案管理的目的

客户档案是企业的无形资产，档案的准确和规范是统计分析的基础。规范的档案数据录入，有利于针对不同用户开展各项营销、服务、关怀活动，提高用户的满意度。

2. 客户档案数据填写及录入要求

（1）纸质档案的项目

1）需要递交原件的文件：交车确认单、销售确认单、预检 PDI 单、售前 PDI 单。

2）需要递交复印件的项目：合格证、发票、组织机构代码正副本/身份证、保养手册 PDI 章、行驶证、登记证书、三包凭证。

3）附加项目（需要原件）：二手车收购确认单。

（2）纸质档案递交标准

1）交车确认单：信息完整、准确；勾画齐全；无空项；签字齐全。

注意：交车确认单需面访员签字，大客户、非店面交车客户不面访；经销商购车、客户强烈要求不面访，销售顾问写明原因，销售总监/销售经理签字确认，面访员方可签字。

2）销售确认单：销售顾问名称、销售编号、客户信息、车辆信息、财务信息等应完整、准确；客户签字、销售总监/经理签字、收银员签字齐全，勾画齐全、表内无空项。

注意：非店面交车，销售顾问在销售确认单右上角注明。

3）预检 PDI 单：P-PDI 单（4S 店之间交车时的检验单）项目齐全、勾画完整、签字齐全；保养单项目勾画齐全、填写无空项，签字齐全。

注意：预检 PDI 单用户签字为库管员姓名。

4）售前 PDI 单：与预检 PDI 单项目要求相同，另需客户签字，日期准确。

5）合格证：提交复印清晰、内容可见、与销售车辆一致的车辆合格证复印件。

6）整车发票：提交复印清晰、内容可见、与销售车辆一致的整车发票复印件。

7）身份证/代码证：提交复印清晰、内容可见、与落户名称一致的组织机构代码正副本复印件或身份证复印件。

8）保养手册的盖章页：复印清晰，内容可见，盖章日期与发票日期及递交新车日期一致。

9）行驶证、登记证书：复印清晰、内容可见。

10）三包凭证：复印清晰、内容可见。

11）日期统一：最终销售（AAK）日期、发票日期、PDI 日期、保养手册盖章页为同一天。

12）追加项目：信息完整、准确，签字、勾画齐全。

3. 系统录入要求

1）客户名称：客户名称（组织名称）需与购车发票名称一致；对非个人购车客户，在联系人栏必须填写联系人，不得填写单位名称。

2）客户联系手机：填写购车客户的手机号码，不得多位、缺位及错填。

3）证件号码：按证件上实际号码完整地正确填写，不允许有空格。

4）地址：包括省、市、区、街道、门牌号。

5）联系人：是个人姓名，不能填写组织名称；联系人需填写完整正确，不能只填写姓。

6）手机：填写联系人的手机号码，应按客户实际号码填写，不得多位、缺位及错填。

7）邮编：按照地址的地区邮编填写，不得填写和录入地址不符的邮编。

8）系统同步：CRM 系统和特许经销商内部管理系统（DSERP，即小 R3）只做首次导入信息同步，导入后若需要更改信息，操作步骤如下：销售顾问首先将 CRM 系统中的信息进行更改，然后找服务顾问将 DSERP（小 R3）中的客户档案进行更改。CRM 系统和 DSERP（小 R3）未进行导入同步前若需要更改客户信息，只在 CRM 系统修改即可。

9）电话预警：抱怨客户及时预警，电话预警流程，查阅《内部回访特殊客户预警管理规定》执行流程。

注意：预警条填写，原因应说明清晰，销售总监/经理签字确认。使用统一的《客户回访预警单》。

10）特殊客户无需回访，需用预警条写明原因，总经理签字，反馈给客服部。

4. 数据递交时段

在销售当日，应扫描合格证出库，开具发票，与服务部进行售前 PDI 检测。同日须经 CRM 系统递交新车（以下将此日期统称为"销售日"）。

1）在销售日 48 小时内，须交齐纸质档案：销售确认单、预 PDI 单、合格证、发票、身份证（暂住证）、保养手册 PDI 章、二手车收购确认单。

2）次月 10 日需递交：售前 PDI 单、三包凭证、交车确认表、行驶证、登记证书。

3）合格证扫描出库当天，需完善 CRM 系统录入，点击 CRM 递交新车，待客服回访结果极为满意后导入 DSERP。未能达到合格回访要求的，客服回访员下达日报，由销售顾问或主管在 48 小时内反馈客服部，并使用统一的《销售回访反馈单》。

5. 工作流程

1）销售顾问自行检查所递交档案的完整性、准确性，然后交销售主管。

2）销售主管经两次检核后，应于次日上午 9：00 交档案管理员。

关于 48 小时收集标准，例如，9 月 3 日只收取 9 月 1 日开具发票的档案数；次月 10 日收集，一次性收取完毕；手续未办完的（缺少档案），填写《销售顾问延期提交档案申请》；未收齐的档案，次月月底再次统一收集。

3）档案员及时将收集档案项目与销售主管核对数目，签字确认，对于备案原因、延期证明填写不规范及字迹不清晰的，档案管理员可以将此档案记录为不合格并退回，更改后再上交档案管理员。档案管理员应及时检查纸质档案，并比对系统录入的完整性与准确性。

6. 销售客户档案录入质量要求

1）完整性：当季档案累计完整性≥90%，所有系统或书面文件所要求的每一个条目都必须填写完整，不可漏填。

2）正确性：当季档案累计正确性≥90%，每一个条目所填写的数据格式都必须是正确的。

3）真实性：当季档案累计真实性≥85%，每一个条目所填写的数据都必须是真实、可靠的。

4）及时性：在数据产生的有效时间内（如 24 小时）全部完成。

（二）客户信息归档质量要求

对于纸质的客户信息档案，为保证档案管理的规范性，对其归档提出以下质量要求：

1）为统一立卷规范，保证案卷质量，立档工作由相关部室兼职档案员配合，档案室文书档案员负责组卷、编目。

2）案卷总的质量要求是，遵循文件的形成规律和特点，保持文件之前的有机联系，区别不同的价值，便于保管和利用。

3）归档的资料种数、份数以及每份文件的页数均应齐全和完整。

4）在归档的资料中，应将每份文件的正本与附件、印件与定稿、请示与批复、转发文件与原件、多种文字形成的同一文件分别放在一起，不得分开，文电应合一立卷。绝密文电单独立卷，少数普通文电如果与绝密文电有密切联系，也可随同绝密文电立卷。

5）不同年度的资料一般不得放在一起立卷，但跨年度的请示与批复，放在复文年立卷；没有复文的，放在请示年立卷。跨年度的规划放在规划的第一年立卷；跨年度的总结放在最后一年立卷；跨年度的会议文件放在会议开幕年。其他文件的立卷按照有关规定执行。

6）客户档案资料应区别不同情况进行排列。密不可分的材料应依序排列在一起，即批复在前、请示在后；正件在前、附件在后；印件在前、定稿在后。其他材料依据形成规律，保持资料之间的密切联系，并进行系统的排列。

7）客户资料应按排列顺序依次编写页号。对于装订的案卷，应统一在有文字的每页材料正面的右上角、背面的左上角打印页号。

8）永久、长期和短期案卷都须按规定的格式，逐项填写卷内文件目录，要求字迹工整。卷内目录放在卷首。

9）有关资料的情况说明，应逐项填写在备考表内。即使无情况可说明，也应填写相关负责人的姓名和日期，以示负责。备考表应置于卷尾。

10）案卷封面应逐项书写，按规定用毛笔或钢笔，字迹要工整、清晰。

11）案卷装订前，卷内材料要去掉金属物，对损坏的材料应按裱糊技术要求托裱。字迹有扩散的应复制，并与原件一并立卷。案卷应用三孔一线、封底打活结的方法装订。

12）案卷各部分的排列格式：软卷封面（含卷内文件目录）—客户资料—封底（含备考表），按案卷号排列次序装入卷盒，置于档案柜内保存。

（三）客户档案管理应注意的问题

1）客户档案管理应保持动态性。客户档案管理不同于一般的档案管理，如果立档后便置之不顾，就失去其意义。因此汽车服务企业需要根据客户情况的变化，不断地进行调整，及时补充新资料，对客户的变化进行跟踪记录。

2）客户档案管理的重点不能仅放在现有客户上，还应更多地关注未来客户和潜在客户，为汽车服务企业开拓新市场提供资料。

3）客户档案管理应"用重于管"，提高档案的价值。不能将客户档案束之高阁，应当以灵活的方式及时地提供给有关人员。应该对客户档案做更多的分析，使死档案变成活材料。

4）要制定客户档案管理的具体规定和办法。客户档案不能秘而不宣，但有的资料公开会给客户造成不良影响，不宜流出企业，只能供汽车服务企业内部使用。因此，客户档案应由专人负责管理，并制定严格的查阅和使用管理办法。

三、客户档案的使用

汽车服务企业对于客户档案的使用体现在以下几个方面。

（一）为汽车服务企业提供经营性数据汇总

客户档案管理员在客服经理的指导下，每月根据系统数据对经营性指标进行汇总分析，并向客服经理提交分析报告。经营性数据主要包括：

1）财务状况：包括月总产值、月总利润、月总利润率、每台次产值等数据。

2）维修情况：包括总维修台次、日维修台次、正常维修、常规保养、首保、索赔等数据。

3）备件情况：包括每日备件营业额、备件库存金额、备件库存品种、订货次数等数据。

4）销售情况：包括初次接到来电、客户需求、新车展示、报价、试车、签订单、"漏斗斜率"（即客户成交转换率）等数据。

5）库存状况：包括各种车型的库存数量和库存价值等数据。

（二）对客户信息进行分析

客户档案管理员在客服经理的指导下，依据系统对客户信息进行汇总统计，客服经理对客户信息进行分析，并报告给上一级。汽车服务企业应根据客户信息的变动情况，选择合理的行动。

（三）客户档案的查阅和借阅

为了保证客户信息的完整和安全，客户信息使用必须符合一定的规则。查阅信息由申请查阅者写出查阅申请，在申请中写明查阅的对象、目的、理由、查阅人的概况等情况。查阅单位（部门）需要盖章，负责人要签字。客户服务部门对申请报告进行审核，对理由充分、手续齐全的，才可以批准查阅。

任何部门和任何个人不得以任何借口分散保管客户信息资料或据为己有。借阅人写出借阅申请后，借阅部门盖章、负责人签字，档案管理人员对其进行审核，方可借阅。

本企业人员借阅客户信息资料，必须经客服经理同意后方可借出，借出时间不得超过3

天，归还时应及时在外借登记簿上注销。

（四）客户档案管理中的教学软件运用

目前，各汽车服务企业都拥有各自的客户档案电子管理系统，通过计算机软件操作，可以将客户档案资料用于客户关系管理的方方面面。这里以北京运华科技有限公司开发的教学软件为例，简要说明客户档案管理的运用。

1）会员档案管理，如图3-22、图3-23所示。

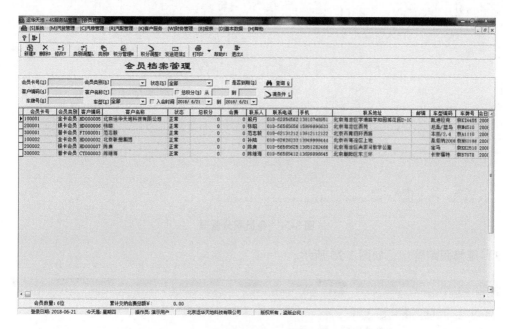

图 3-22 汽车服务企业会员档案管理一

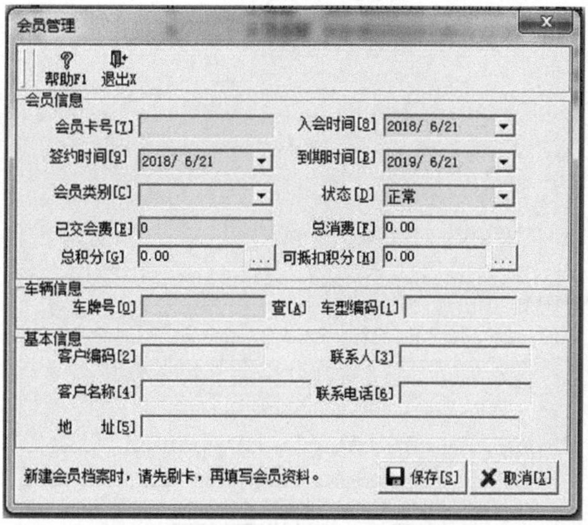

图 3-23 汽车服务企业会员档案管理二

2）会员积分管理，如图 3-24 所示。

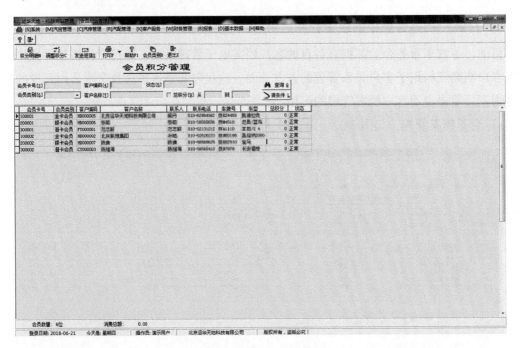

图 3-24　会员积分管理

3）维修跟踪管理，如图 3-25 所示。

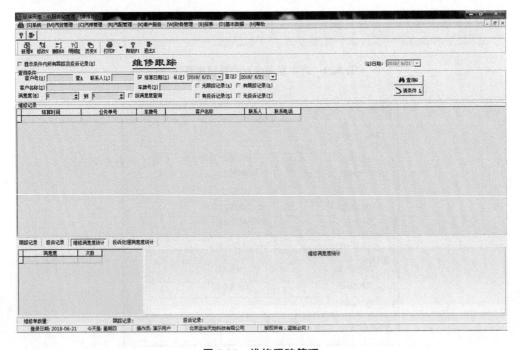

图 3-25　维修跟踪管理

4）客户生日查询，如图 3-26 所示。

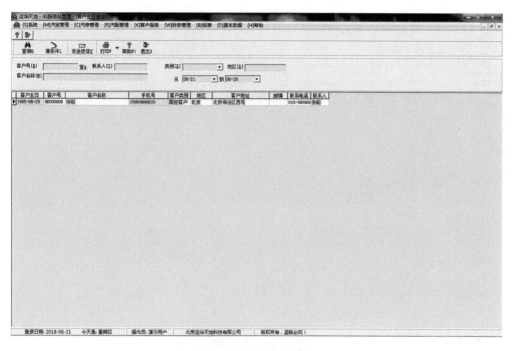

图 3-26　客户生日查询

5）会员到期查询，如图 3-27 所示。

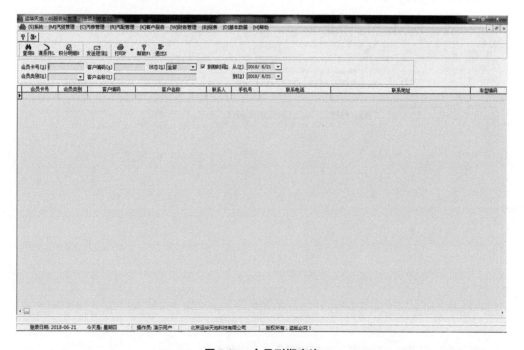

图 3-27　会员到期查询

6）车辆保险到期查询，如图 3-28 所示。

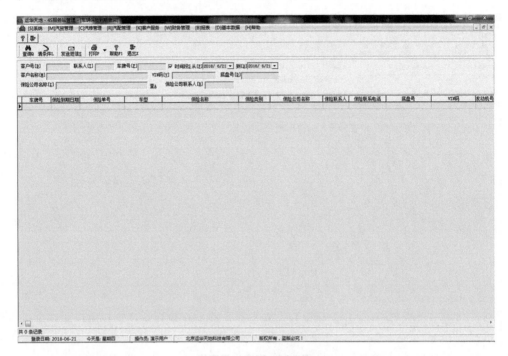

图 3-28 车辆保险到期查询

7）车辆保险查询，如图 3-29 所示。

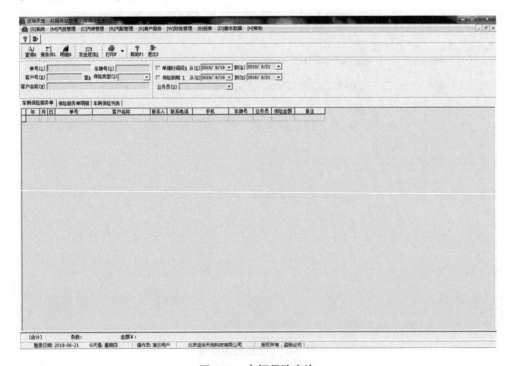

图 3-29 车辆保险查询

第三节　汽车服务企业客户保持

一、客户保持的含义与作用

（一）汽车服务企业客户保持的含义

1. 概述

客户保持是指汽车服务企业维持已经建立的客户关系，是客户不断从该企业重复购买产品或服务的过程。

衡量一个企业是否成功的标准，不仅是企业的投资收益率和市场份额，还有企业客户保持率、客户份额及客户资产收益率等指标。以客户份额作为衡量企业业绩更为重要。因此，越来越多的企业将工作重点转向保持老客户，即把营销重点放在获利较为丰厚的客户群上。客户关系管理的策略主要在于维持现有客户，而不是一味地争取新客户。

2. 汽车服务企业增加客户份额的手段

汽车服务企业增加客户份额的手段，一是多吸引新客户，让更多的客户到本企业购买产品和服务；二是保留老客户，为老用户提供更多的产品、技术及服务支持。其中保留老客户是目前企业纷纷投资客户关系管理的主要原因之一。

（二）汽车服务企业客户保持的作用

1）客户保持可以为汽车服务企业降低成本，增加利润。有资料表明，开发一个新客户的成本是维护一个老客户成本的 5 倍，企业 80% 的利润来源于 20% 老客户的重复购买，保持住老客户成为企业生存发展的重要保证。

2）客户保持能使汽车服务企业从现有客户中获取更多市场份额，赢得宣传口碑，提高企业的信任度和美誉度。

二、客户保持的方法

（一）提高客户对企业产品或服务的认知价值及对企业产品或服务的满意度

有数据表明，客户重复购买的意向与客户对企业产品或服务的认知价值、客户对企业产品或服务的满意度存在正相关关系，这种正相关通过两种途径产生影响：一是直接影响重复购买意向，二是通过影响客户满意度间接影响重复购买意向。

1）客户重复购买意向。它是指客户持续与企业交易的愿望或倾向。

2）客户满意度是指客户对企业总的评价。客户满意的程度取决于客户对企业实际价值与期望价值差异的评价，客户满意是导致购买或重复购买最重要的因素，客户满意对重复购买的意图有正向影响。

3）客户认知价值。它是指客户对企业提供的相对价值的主观评价。客户不仅要将收益与付出的成本相比较，而且将企业提供的价值与其他企业提供的价值相比较。

（二）增加客户剩余价值和客户对本企业的心理依附

1）客户剩余价值。它是指客户为取得某商品所愿意支付的价格与取得该商品实际支付价格之间的差额。产生客户剩余价值的原因在于客户基本期望和潜在期望的满足。其中，基本期望包括高质量的核心产品以及必要的配套服务。潜在期望包括更大的物质利益、行业内最专业的服务能力、完善的一体化解决方案等。

2）心理依附。它是指客户心理上对企业综合竞争实力、企业的重要价值等的认同。

三、客户保持的内容

（一）建立、管理并充分利用客户数据库

汽车服务企业要重视客户数据库的建立和管理工作，注意利用数据库开展客户关系管理，应用数据库分析现有客户情况，寻找客户数据及客户特征与购买特性之间的联系，为客户提供符合其特定需要的产品和相应的服务。

（二）通过客户关怀提高客户满意度与忠诚度

随着竞争的日益激烈，汽车服务企业依靠基本的售后服务已经不能满足客户的需要，必须提供主动的、超值的、让客户感动的服务才能赢得客户的信任。为此，汽车服务企业应通过对客户行为的深入了解，主动把握客户需求，通过持续的、差异化的服务手段，为客户提供合适的服务或产品，最终实现客户满意度和忠诚度的提升。

（三）利用客户投诉或抱怨分析客户流失原因

为了留住客户，汽车服务企业要分析客户流失的原因，尤其是分析客户的投诉和抱怨。客户投诉给予企业弥补的机会，客户极有可能重复购买。企业应该重视利用客户投诉和抱怨这一宝贵资源，不仅要及时解决客户的不满，而且应该鼓励客户指出不满意的地方，以便改进企业的产品质量和重新修订服务计划。

四、客户保持的策略

（一）利用矩阵对客户价值分类

按照客户的潜在价值和当前价值，汽车服务企业可以将客户划分为四类：高价值客户、

次价值客户、潜在价值客户以及低价值客户，如图 3-30 所示。

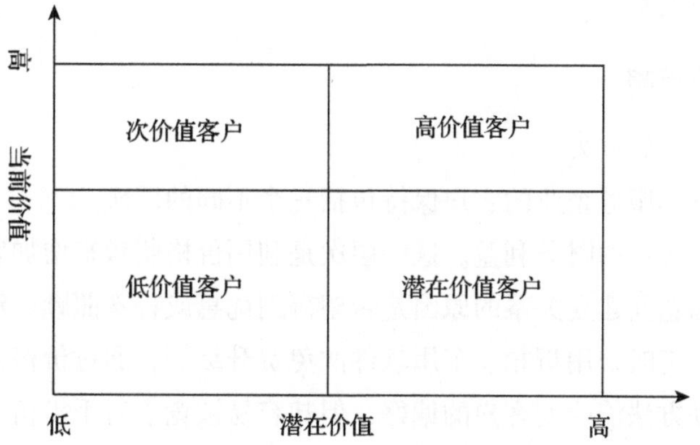

图 3-30　客户价值矩阵

1. 高价值客户

该类客户的当前价值和潜在价值都很高。汽车服务企业拥有这类客户越多，市场就越稳定，企业就越有发展潜力。该类客户作为企业利润的基石，企业应当把主要资源投入到保有和发展这类客户上，对他们设计和实施一对一的保持策略，不遗余力地做出各种努力，以便保留他们。

2. 次价值客户

该类客户的当前价值比较高，而潜在价值低。从客户生命周期的角度看，该类客户可能已经进入稳定期，他们带来的赢利能力比较好，消费结构已经得到优化，未来在增量销售、提高利润方面已没有多少潜力可挖。但是，这类客户对企业十分重要，企业应保持在他们身上有足够的精力投入，千方百计地保住这类客户，延长该类客户的稳定期。

3. 潜在价值客户

该类客户的潜在价值比较高，而当前和实际价值比较低。从客户生命周期的角度看，该类客户可能处于成长期，双方还没有建立足够的信任和相互依赖关系。如果改善与这些客户的关系，未来这些客户将有潜力为企业创造可观的利润。对这类客户，企业应投入适当的资源，通过不断向客户提供高质量的产品、有价值的信息、优质服务甚至个性化解决方案等，让客户持续满意，并形成对企业的高度信任，促使他们成为高价值客户。

4. 低价值客户

该类客户的两类价值指标都处于比较低的水平，是最没有吸引力的一类客户。对于这类客户，有两种策略：要么培养低价值客户成为潜在价值客户，要么放弃或淘汰低价值客户。

通过对客户进行价值评估，汽车服务企业可以对客户进行分类，区分不同价值的客户群，进而为他们制定不同的策略，保留高价值客户，激发次价值客户的潜在价值或延长当前/

实际价值稳定期，提升潜在价值客户的潜在价值，改进或淘汰无利可图的低价值客户，从而保持总体良好的客户关系。

（二）客户保持策略

1. 客户保持的三个层次

从总体上讲，汽车服务企业的客户保持包括三个不同的层次。

第一层次：增加客户的财务利益。这一层次是利用价格刺激来增加客户的财务利益。在该层次，客户乐于和企业建立关系的原因是希望得到优惠或特殊照顾。汽车服务企业可以对常客提供免费洗车、工时费用折扣、车用软件的免费升级等，通过价格优惠增加客户的财务利益。尽管这些奖励方法能改变客户的偏好，但却容易被竞争对手模仿，因此不能长久保持与客户的关系优势。建立客户关系不应该是企业单方面的行动，企业应该采取有效措施，使客户主动与企业建立关系。

第二层次：优先增加社会利益。在这一层次既增加财务利益，又增加社会利益，而社会利益要优先于财务利益。企业员工可以通过了解单个客户的需求，使服务个性化和人性化，来增加企业和客户的社会性联系。如汽车服务企业可以与客户保持频繁联系，以了解其需求的变化，这样就会增加此客户留在本汽车服务企业的可能性。

第三层次：附加深层次的结构性联系。这一层次在增加财务利益和社会利益的基础上，附加了更高层次的结构性联系。所谓结构性联系即提供以技术为基础的客户服务，从而为客户提高效率和产出。这类服务通常被设计成一个传递系统。而竞争对手要开发类似的系统需要花上几年时间，因此不易被模仿。

2. 客户保持策略运用

（1）注重产品的质量　长期稳定的产品质量是保持客户的根本。高质量的产品本身就是优秀的汽车服务企业维护客户的强力凝固剂。质量不仅是产品符合标准的程度，还应该是企业不断根据客户的意见和建议，提供真正满足客户喜好的产品和服务。

（2）为客户提供优质服务　在激烈的市场竞争中，服务与产品质量、价格、交货期等共同构成企业的竞争优势。由于科技发展，同类产品在质量和价格方面的差距越来越小，而在服务方面的差距却越来越大，客户对服务的要求也越来越高。有人提出，在竞争焦点上的服务因素正逐步取代产品质量和价格，世界经济已进入服务经济时代。

（3）注重品牌形象　面对日益繁荣的商品市场，客户的需求层次有了很大的提高，他们热衷于对品牌的选择。客户品牌忠诚度的建立，取决于汽车服务企业的产品和服务在客户心目中的形象，只有让客户对企业有深刻的印象和强烈的好感，他们才会成为企业品牌的忠实拥护者。

（4）提供价格优惠　价格优惠不仅仅体现在降低价格上，更重要的是向客户提供他们所认同的价值，如增加产品的技术含量、改善品质、增加功能以及提供灵活的付款方式和资金的融通方式等。

（5）增加对感情的投资　汽车服务企业一旦与客户建立了业务关系，就要积极寻找商品之外的关系，用这种关系来强化商品交易关系。对于重要的客户，企业负责人要亲自接待和走访，并邀请他们参加本企业的重要活动，使其感受到企业所取得的成就离不开他们的全力支持。对于一般的客户可以通过建立俱乐部、联谊会等沟通渠道，保持并加深双方的关系。

> **案例分享：**
>
> 　　"兴悦会"是北京某公司×××车主的专属俱乐部。只要是年满 18 周岁的×××车主，支持公益事业，无不良嗜好，能够共同维护俱乐部的集体利益，即可加入"兴悦会"。在这里，可以享受工时优惠、以会员价购买品牌精品、车辆免检、24 小时救援、1 小时快速保养、优先参与车主活动、生日礼物等专属会员服务，以×××品牌全球统一的高标准，带给每一位尊贵的车主更深入的"悦"体验。

该公司经常举办各种活动，凡是持卡会员到店维修保养，均可享受工时最高 6 折、最低 7.5 折优惠，使很多×××品牌的车主成为公司的长期客户。

 **本章小结**

重视客户跟踪与售后服务是现代企业经营管理发展的趋势，也是市场竞争带来的必然结果。对于汽车服务企业而言，也是其利润的重要来源。没有良好的客户跟踪和售后服务，企业很难在当代市场环境中生存。

对没有立即成交客户的跟踪，对已成交客户的跟踪和提供良好的售后服务（如车辆保险、车辆保养、车辆合理使用、车辆修理等），是扩大企业市场的重要工作；建立客户档案，合理使用其中的信息，为客户提供必要的服务，是企业与客户之间保持良好关系的纽带；对客户必要的关怀，保持企业对客户原有的热情，是客户保持的前提。

本章学习的目的，是使学生能充分认识客户跟踪与售后服务对于汽车服务企业的重要性，并且能够借助计算机软件的帮助，在未来工作中熟练运用。

课后练习

一、判断题

1. 汽车服务企业人员可以通过电子邮件、传真、短信、生日卡片等方式向客户表达敬意与谢意，目的在于让客户明白企业在销售成交之后并没有把他忘记。　　　（　　）
2. 销售员交车后，要致电客户进行电话回访或亲访；邮寄感谢信和照片给客户。

（　　）

3. 对于已经成交的客户，汽车服务企业的销售顾问或客服部门相关工作人员应根据客户资料对客户进行级别划分，以示一视同仁。　　　　　　　　（　　）

4. 交车后，一周内发出感谢信（以公司名义，最好由总经理签名）。　　（　　）

5. 对未成交的客户就没有必要进行客户跟踪了。　　　　　　　　　　（　　）

6. 在现代汽车市场竞争中，客户认为最重要的影响因素不是价格，也不是技术，而是售后服务。　　　　　　　　　　　　　　　　　　　　　　　　（　　）

7. 如果客户不提问，汽车服务企业工作人员不必主动给客户提供关于车辆维修保养的信息。　　　　　　　　　　　　　　　　　　　　　　　　　　（　　）

8. 关于客户档案的建立和管理，因为客户信息属于公司无形资产，所以各家公司都十分重视，一般由专人负责档案管理，以建立起完善的客户档案。　　（　　）

9. 对于一般的客户，可以通过建立俱乐部、联谊会等沟通渠道，保持并加深双方的关系，这是汽车服务企业对客户的心理投资。　　　　　　　　　　（　　）

二、单选或多选题

1. 售后跟踪的意义主要表现在：（　　　）。

　A. 它体现了以满足顾客需求为中心的现代市场营销观念

　B. 售后跟踪使企业利益最终得以实现

　C. 售后跟踪有利于提高企业的竞争力

　D. 售后跟踪有利于获取重要的市场信息

　E. 售后跟踪有利于和客户建立良好的合作关系

2. 对于未能成交的客户，最接近成交的是（　　　）。

　A. A 级　　　　　　B. B 级　　　　　　C. H 级　　　　　　D. O 级

3. 对于已成交的客户，在（　　　）打出第一个电话（销售顾问打，表示感谢、提供用车咨询）。

　A. 24 小时内　　　B. 三天内　　　　C. 一周内　　　　D. 一个月内

4. 在成熟的汽车市场中，服务的销售额占（　　　）% 左右。

　A. 10　　　　　　B. 20　　　　　　C. 30　　　　　　D. 40

5. 预约服务的好处是（　　　）。

　A. 可以按时接待客户，减少客户等待时间

　B. 优先被接待

　C. 加快服务速度，提高企业工作效率

　D. 使客户得到周到的服务

6. 客户进店时，心理三区域是（　　　）。

　A. 混合区　　　　　B. 担心区　　　　C. 舒适区　　　　D. 焦虑区

7. 在客户档案管理的过程中，应注意：（　　）。

    A. 客户档案管理应保持动态性

    B. 客户档案管理的重点应该更多地关注未来客户和潜在客户

    C. 客户档案管理应"用重于管"

    D. 确定客户档案管理的具体规定和办法

8. 企业（　　）的利润来源于20%老客户的重复购买。

    A. 60%   B. 70%   C. 80%   D. 90%

9. 当前与实际价值和潜在价值都很高的客户是（　　）。

    A. 高价值客户

    B. 潜在价值客户

    C. 次价值客户

    D. 低价值客户

10. 汽车服务企业客户保持的最高层次是（　　）。

    A. 增加企业财富利益   B. 增加客户关系的财务利益

    C. 优先增加社会利益   D. 附加深层次的结构性联系

三、简答题

1. 简述汽车服务企业客户跟踪的项目。

2. 简述未成交客户的跟踪技巧。

3. 简述汽车售后服务的特点。

4. 汽车服务企业接待服务包括哪些主要工作？

5. 汽车服务企业客户的基本信息有哪些？

6. 简述汽车服务企业客户保持管理的内容。

四、案例分析题

孙先生购买×××款雅阁汽车大约有三个月了，他认为现在应该进行第一次保养了。有一次下雨，汽车刮水器发出一种奇怪的声音，他想检修一下，为此给本田经销商打电话进行预约。

"下午好，广州本田。请问有什么需要帮忙的吗？"

"我想预约，我的雅阁需要保养。"

"请稍等，我帮您转一个电话。"

大约过了两分钟，有人接起了电话。

"服务部。请问有什么需要帮助吗？"

"三个月前我买了一辆雅阁，我想该进行第一次保养了。"

"请问您贵姓？"

"孙亚南"

"您的车型是什么?"

"×××款本田雅阁。"

"车辆识别代码是什么?"

"我不大清楚。"

"行驶里程多少?"

"大约 5000 公里。"

"您想什么时候过来?"

"明天可以吗?"

"我看看……稍等一下。明天恐怕不行,下周二可以吗?那时我们就不会像现在这么忙了。"

"如果最早只能是下周二的话,就这么定了吧。"

"好的。我给您定在 4500 公里维修范围内。下周二见……"

"请等一下,我的刮水器也有问题,总是发出一种奇怪的声音。你能把这个也记下来吗?"

"记下来了,还有其他问题吗?"

"预约时间具体是什么时候?"

"上午八点半把车开过来吧。"

"维修需要多长时间?"

"不会太长,45 分钟左右。"

"好的,谢谢,再见。"

一周后,孙先生驾车来到本田 4S 店,他决定在车里等着别人来叫他。

大约 5 分钟后,有一位工作人员走了过来,拿着笔记本围着车转,检查了里程表和车牌号,然后把信息记在一张纸上。

"请问您贵姓?"

"孙亚南。"

"您来进行什么服务?"

"第一次保养。"

"好的,您的服务顾问很快就到。"工作人员把检查单从笔记本里拿出来,压在风窗刷水器下面。

孙先生耐心地等着,仔细观察那条维修车道。维修车道上还有一个垃圾桶,边上散落着纸张、纸杯和其他东西。在通往等待区域的门上仍显示"关闭"的标志。外面的填单台看起来又脏又乱。终于有一位服务顾问走了过来。

他从风窗玻璃处拿起检查单看。

"请过来，我们一起填这张表。"

孙先生和服务顾问来到一张桌子边，服务顾问将一些信息输进了计算机。

"还有其他需要帮忙的吗?"

孙先生说："刮水器工作时发出的声音很吵，您能给我检查一下吗?"

"当然……稍等一下，我去拿维修单。"

几分钟后，他拿来一张表格，上面有四部分内容。

"请在这里签名……还有这里……这里……"

"需要多久才能维修好?"

"今天上午我们有些忙，可能需要一个半小时，您可以在我们的休息室等候，那里有茶和点心。"

"好吧，我等，需要花多少钱?"

"除了零部件以外，第一次常规保养是免费的，几乎花不了多少钱。和刮水器相关的东西都在保修范围之内。修好了我们会通知您的。"

孙先生找到了休息室，里面有些拥挤，他在一个角落里找到一把小椅子，坐了下来，一直待了将近 20 分钟。

休息室内开始变得热闹起来，屋里又多加了几把椅子。孙先生想喝茶，他走到饮食服务区，但是没找到杯子。点心都是装在铝箔袋里的咸薄脆饼干，他暂时不想吃这些东西。他翻了一下报纸，都是昨天的，还有一些杂志，里面都被撕破了。终于一个女清洁工进来了，她清空了烟灰缸，把空杯子捡了起来，重新往饮食服务区进货。

一个小时过去了，服务顾问还是没有消息。孙先生又来到维修车道。

"您好，我想问一下我的车什么时候修好?"

"您的服务顾问是谁?"

"我不知道他的名字。"

"从计算机里可以查出来……您的名字是?"

孙先生得知他的车仍在车间里，服务顾问发现还没检查刮水器，技术人员正在更换刮水器。

"什么时候修完? 我上班要迟到了。"

"可能还需要十分钟左右，您的服务顾问是李苏，我把他叫过来和您谈吧。"

孙先生又回到休息室继续等。

刚喝完茶，孙先生听到扬声器里喊他的名字。

在别人的引导下，孙先生找到了服务顾问李苏，李苏正在等他。

"很抱歉，我们今天实在是太忙了，您的车子已经修好了，这是完整的维修单。"李苏把单子交给了孙先生。

"我要这个有什么用?"

"带着它去找我们的收银员,她会向您解释的。"

孙先生带着清单回到接待厅,找到了收银台。这时他发现还是要排队。

终于轮到他了,他把维修单交给收银员。随后就打出来一张发票。

"一共是240元。"

"这240元是干什么的?我的车还在保修期内。"

"您需要支付零件费用,包括机油、机油滤清器……他们也给您更换了刮水器,也需要一小部分费用,当然包括税费。这些加起来一共240元。"

孙先生有些不情愿付这些费用,但服务顾问又不在身边,没法和他讨论,他要赶着去上班,所以付了这些钱。收银员找完零钱,给发票盖了章,说了一句,"您可以去提车了,谢谢。"

此时已经是上午10点30分,他又等了大约五分钟,然后回到收银员那里。

"我的车已经修好了,我已经等了好一会儿了,为什么车还没有开过来?"

"他们可能正在给您洗车,第一次保养我们会为您好好地洗一次车,不过提车不归我管,请联系您的服务顾问,谢谢。"

孙先生走了出去,几分钟后,他的车开过来了,上面还流着水。最初给他检查车的那位工作人员为孙先生打开车门,孙先生发现"三件套"还在车内,他只好自己摘下三件套,塞进了垃圾桶。

孙先生把车开出了4S店。在上班的路上,他试了一下刮水器,那种奇怪的声音又出现了。

问题:根据上述情景,你认为4S店做得不到位的地方有哪几处,并提出理由和建议。

五、实训题

1. 汽车服务企业客户跟踪实训

1) 实训目的:使学生掌握汽车服务企业客户跟踪方法。

2) 实训地点:理论学习教室或专用实训室。

3) 实训工具:文具、计算机、网络、电话、相关文件等。

4) 实训成果:学生能够独立完成一次合格的电话回访。

5) 实训步骤

第一步:学生分组。

第二步:学生设计电话回访的内容及话术。

第三步:角色扮演。

第四步:答辩通过。

第五步:学生互评。

第六步:教师指导评价。

6）实训题目：客户李女士昨天上午刚刚提走一辆新车，作为汽车销售顾问，请你设计一次电话跟踪回访。

2. 汽车服务企业售后服务实训

1）实训目的：使学生掌握汽车服务企业售后服务的方法。

2）实训地点：理论学习教室或专用实训室。

3）实训工具：文具、实训车辆、商务洽谈设施、相关文件、计算机等。

4）实训成果：学生能够正确运用所学知识，完成一次合格的售后服务接待工作。

5）实训步骤

第一步：学生分组。

第二步：学生设计售后服务接待情景及话术。

第三步：角色扮演。

第四步：答辩通过。

第五步：学生互评。

第六步：教师指导评价。

6）实训题目：客户张先生于半年前买了一辆标致4008，主要用于市区工作代步，偶尔与家人一起外出郊游。作为客服中心回访员，请你安排首保服务提醒。

3. 汽车服务企业客户保持实训

1）实训目的：使学生掌握汽车服务企业客户保持的方法。

2）实训地点：理论学习教室或专用实训室。

3）实训工具：文具、相关文件、计算机等。

4）实训成果：学生能够正确运用所学知识，完成一次合格的客户保持活动。

5）实训步骤

第一步：学生分组。

第二步：学生头脑风暴，设计客户保持方案。

第三步：答辩通过。

第四步：教师指导评价。

6）实训题目：近年来，由于汽车服务领域的竞争日趋激烈，使你供职的公司面临很大压力，而你深知保有一个老客户胜于开发多个新客户的道理。请你设计一套客户保持方案，供企业实施。

第四章
汽车服务企业客户投诉与流失客户管理

课前导读

　　近年来，不仅汽车服务企业之间的竞争越来越激烈，而且客户对汽车产品以及汽车服务越来越挑剔，自我意识、维权意识越来越强。汽车服务企业由早期的品牌、成本控制竞争逐步演变为售后服务质量与客户满意度的较量。一旦客户对其购买的产品及服务不满意，就会导致客户对企业的满意度和忠诚度下降，甚至出现客户投诉或与企业对簿公堂的现象，其结果是造成客户流失。客户流失是一种严重的"传染病"，一旦企业出现客户流失，紧接着将是大批的客户流失，这是对企业致命的打击。目前很多学者都关注客户投诉处理对客户满意度、忠诚度的影响，以及防止客户流失对企业的现实意义。

学习目标

1. 知识目标：了解和分析汽车服务企业客户不满与投诉产生的原因。

　　　　　　学会汽车服务企业处理客户不满与投诉的技巧。

　　　　　　学会汽车服务企业客户不满与投诉的处理流程。

　　　　　　认识汽车服务企业客户流失管理的意义。

　　　　　　学会客户流失的防范方法与流失客户的挽救策略。

2. 能力目标：能够根据具体情况，找出汽车服务企业客户不满与投诉产生的原因，并进行处理。

　　　　　　能够根据具体情况找出汽车服务企业客户流失的原因，判断流失客户的类型，并提出挽救方法。

　　　　　　能够策划简单的防止客户流失的方案。

　　　　　　能够利用相关理论和方法，在新车交付环节提升客户的满意度和忠诚度，实现企业价值最大化。

　　　　　　能够在客户管理中运用相关管理软件。

3. 素质目标：拓展学生的知识领域，培养学生的学习兴趣。

提升学生的思维能力，培养学生的思考习惯。

强化学生的双创精神，培养学生的双创能力。

导入案例

2001 年，日本三菱汽车公司引发一起投诉案：有人驾驶三菱帕杰罗越野车发生车祸，导致乘员严重受伤，于是投诉三菱公司。三菱公司对这件事的处理态度很消极，要求把汽车运回日本做鉴定，看是不是汽车的原因，不认可中国企业鉴定结果。这件事情前后拖了很长时间，各大媒体纷纷把矛头指向三菱公司，电视台也专门进行了采访，采访时三菱公司的主管说无可奉告，始终不愿意承认问题。最终这个投诉是怎么解决的呢？三菱公司在中国召回了该批次所有的帕杰罗越野车，承诺对召回的汽车进行零件更换。整个投诉事件的处理用了很长时间，给企业信誉带来了明显的不良影响。由此可见，如果不能正确处理客户的投诉，对企业带来的损失是难以估量的。

第一节　汽车服务企业客户投诉管理

一、什么是客户的不满与投诉

（一）客户不满

客户的不满是客户购买产品或服务后，在质量、价格、性能和后续相关服务等方面没有达到预期效果后的一种心理反应。其后果可能造成抱怨、对产品和商家进行负面宣传、抵制甚至直接反抗等情况出现。

> **案例分享**：某客户接到维修站的短信通知，上海大众开展车辆检测服务活动，于是致电咨询是否还有手电筒礼品赠送，得到维修站的肯定答复，随即驾车前往。在车辆检测保养结束后，客户询问礼品事宜，维修站告知上海大众提供的礼品已经发完，只能提供维修站自行准备的礼品。但是客户坚持要手电筒礼品，于是在和接待人员的交涉过程中产生不满。

（二）客户投诉

客户投诉是指客户由于对企业的产品质量或服务不满意，从而提出书面或口头异议、抗议、索赔或要求解决问题等的行为。其诉求通常是物质或精神补偿。

（三）客户不满与客户投诉的关系

1）客户不满不等于客户投诉。客户不满往往是一种心理反应，较多反映在口头上。客户投诉是消费者针对商家的产品质量、服务态度等各方面的问题，向商家主管部门反映或检举，并要求得到相应补偿的一种实际行动，投诉者一定要得到一个满意的投诉结果。有资料表明，在客户不满意的时候，约有4%的客户会选择投诉，而96%的客户选择默默地离开。

2）对客户的不满如果处理不当，很可能演变为客户投诉，其演变过程如图4-1所示。

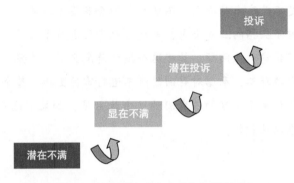

图4-1　从客户不满向客户投诉的演变

二、客户不满与投诉的原因

（一）来自企业内部的原因

1. 销售时遗留的问题

1）汽车销售顾问销售新车时对客户的承诺未履行。

2）客户心理不平衡（买贵了）。

3）汽车销售顾问就买卖双方的权利义务向客户交代不清楚。

2. 服务态度问题

1）服务人员不够热情。

2）说明解释工作不清楚。

3）服务人员缺乏耐心。

3. 产品质量或维修质量问题

1）车辆本身存在质量问题。

2）客户对首次修复不满意。

3）车辆同一问题多次出现。

4）某个问题长时间没有解决。

5）维修时未对客户车辆加以防护。

6）出厂时车辆不干净。

案例分享：2017年，某投诉人在湖南×××汽车4S店购得一辆高配越野车，使用不到一个月出现难以起动的故障，仪表板出现"关闭系统以节省电池电量，请熄火或起动引擎"的提示，操作平台从中文变为英文。更换蓄电池后，仍然"打火"多次才能起动，车主要求退车或换车，而4S店专家鉴定后得出结论为"车无问题"。

处理：经过多次沟通调解后，车主降低了自己的期望值，不再要求退车、换车，4S店总结了汽车维修过程中不到位的地方，结合专家的意见，同意了车主的修车要求。

启示：根据相关规定，新购买的汽车在三包期内，符合退车或换车条件，才能退车或换车。没有达到退车或换车条件而强烈要求退车、换车，可能导致4S店对该问题汽车失去彻底检修的工作热情，不对该车做彻底检修，从而导致问题不断。

案例分享：2017年，湖南某车主的汽车因交通事故在修理厂维修车门，但是更换的是非原厂车门，车门很难关上并且下雨会进水，车主非常不满意，要求修理厂赔偿2000元。修理厂认为不存在任何欺诈，主要是车主要求的品牌车门与保险公司的核损存在一定差异，愿意无偿帮车主修好。

处理：对存在争议的事实予以现场核查，再以电话方式进行调解，反复向客户解释同质配件相关问题。

启示：此投诉涉及同质配件问题。同质配件一般具有合格证，且质量要求不低于原厂配件。在实践中，同质配件引发的纠纷比较多。

4. 客户等待时间过长

1）长时间无服务人员接待。

2）长时间未安排维修。

3）长时间等待结算。

案例分享：中国汽车质量网的投诉信息显示，配件的等待周期较长是不少车主反映较为强烈的问题，有车主甚至遭遇5个月痛苦而漫长的维修经历。中国汽车质量网报道称，北京某品牌4S店配件库管理人员表示，对于订货周期问题，如果大区配件中心有货，大约1周时间可以到货；如果从国外发货，大约需要40个工作日。虽然目前并没有规范汽车配件的订货周期，但根据《家用汽车产品修理、更换、退货责任规定》的相关规定，在三包有效期内，因产品质量问题修理时间累计超过35日的，消费者可凭三包凭证、购车发票，由销售者负责更换车辆。由此可见，一旦汽车在三包期内出现质量问题，按照目前的订货周期很容易出现三包纠纷。要想让消费者享受到更为优质的服务，还有很多工作要做。

5. 服务承诺没有履行

1）未按约定时间交车。

2）结算金额超出约定。

3）未使用纯正的配件。

4）未按客户要求进行作业。

案例分享：近日，某工商所接到12315投诉中心转来的一起关于汽车维修服务纠纷的投诉，投诉人称某汽车修理厂未按书面约定更换原厂汽车零件，且未按时交付汽车，涉及金额9万余元。接诉后，该所工作人员赶往现场了解情况。书面委托书显示，汽车修理厂承诺为投诉人更换原厂汽车配件，并保证修复质量，修复时间为12天。但是，汽车修理厂在实际修理时发现，该车配件必须由国外进口，成本太高，便未使用原厂配件，导致汽车迟迟未交付。工商所工作人员了解实际情况后，组织双方进行调解，并达成一致意见：由修理厂将该车送往4S店再次修理，费用由修理厂承担。随后，工商所一直跟踪投诉调解结果履行情况。不久该汽车修理完毕，费用也已结算清楚，车主不再投诉。

（二）来自客户自身的原因

1）客户不正确的理解。

①客户对保修条款不理解。

②客户对服务产品的说明不理解。

2）客户对产品的性能不了解。

3）客户未按操作规范使用。

4）客户对产品操作不当。

5）客户的期望值过高。

6）希望产品不出任何问题。

7）对维修时间要求较苛刻。

8）过分追求节省费用。

案例分享：投诉人在某汽配厂购买散热器，并委托换装。客户使用一个星期后，散热器盖损坏，车辆无法继续行驶，并用拖车将车辆拖回，产生费用1500元。投诉人要求：①更换散热器；②赔偿全部拖车费用。双方对散热器盖损坏的原因看法不一，投诉人认为是质量问题，汽配厂认为是人为原因导致；对产生的损失大小看法不一，汽配厂认为投诉人要求其承担全部损失无依据。双方在沟通过程中存在较大的对立情绪。经调解员多次沟通和调解，汽配厂表示投诉人是老顾客，双方一直合作愉快，愿意做出一定的赔偿。于是双方达成一致，赔偿款为1000元，双方对调解结果都表示满意。

三、客户不满与投诉的处理技巧

(一) 客户不满与投诉的心理分析

客户的不满与投诉行为是受其心理动机支配的，不同的不满和投诉原因，会影响客户的心理动机及心理追求，因此处理客户不满与投诉时要了解客户的心理。

1) 客户对产品质量及维修质量的不满与投诉的目的，是追求汽车服务企业的经济补偿，是一种求补偿心理。

2) 客户对企业规章制度的不满与投诉的目的，不一定是追求汽车服务企业的经济补偿，往往是一种解决问题的心理。

3) 客户对服务态度的不满与投诉的目的是要求汽车服务企业的精神补偿，是一种求尊重的心理。

4) 客户对管理方面问题的不满与投诉是求重视的心理。

5) 客户因自身情绪不佳产生的不满与投诉，往往是客户寻求发泄的心理。

(二) 客户不满与投诉的处理原则

1. 先处理感情，再处理事情

客户出现不满与投诉行为时，是带有强烈的负面情绪的，在这种情况下，汽车服务企业人员提出的任何解决方案都会引起客户的质疑。所以在处理客户不满与投诉时，首先要安抚客户的情绪，然后从技术层面处理事情，这样容易得到客户的认可。

2. 寻求双方认可的方案

客户提出的不满甚至投诉是一定要解决的，如果客户提出的问题是合理的、真实的，汽车服务企业就要为此付出一定技术上和经济上的代价。这种代价付出必须是双方认可的，才能真正解决问题。

3. 不做过度承诺

在处理客户提出的不满甚至投诉时，汽车服务企业不能采取息事宁人的消极态度，不能做出过度的承诺。一旦承诺超出了企业的能力而无法兑现，往往引发新一轮的客户不满与投诉。

4. 交换条件，力争双赢

汽车服务企业处理客户不满与投诉的最好结果是：企业没有丧失尊严，客户得到了应得的利益，这就是双赢。

(三) 客户不满与投诉的处理流程

1. 汽车服务企业处理客户不满与投诉的基本程序

汽车服务企业处理客户不满与投诉可以通过以下六个步骤完成 (图4-2)：

①确定客户关心的问题和投诉。

②确认事实问题并找出原因。

③与客户协商解决问题的方案。

④采取行动并用易懂的方式解释结果。

⑤对客户进行跟踪回访。

⑥企业内部改进行动。

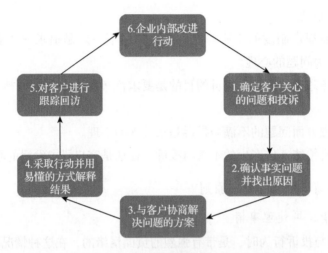

图4-2　汽车服务企业处理客户不满与投诉的基本程序

2. 客户不满与投诉处理流程的要点说明（表4-1）

表4-1　处理客户不满与投诉的基本步骤及操作要点

步骤	具体内容	话术和操作要点
1. 确定客户关心的不满和投诉	对给客户带来的不便，表示道歉 谈话时保持冷静，让生气的客户平静下来 减少让客户与经销商必须联系的次数 用开放式提问来确定和记录问题，力求找到客户真正的目的或使他生气的真正原因 用封闭式提问确定客户关心的问题，请客户重述自己没理解的要点 用自己的语言总结抱怨的内容，并验证对问题真正理解的正确性	说"给您带来的不便，我很抱歉" 充满感情地倾听客户投诉 在没有说完前，不要打断客户 保持合作，不要有抵触心理 避免指出客户的错误或谴责客户 如遇到严重的投诉，请与售后经理联系 如果需要，可到安静的地方详谈，不仅显示对客户的重视，而且不会干扰其他客户
2. 确认事实问题并找出原因	确认车辆出现的症状 认真检查车辆，查阅过去的维修记录，与客户一起再次路试，找出问题所在，判定是维修厂还是客户造成的问题 对事件做出评估，并向客户解释	给予客户足够的重视和关注 不让客户等待太久 注意对事件全过程进行仔细询问，语速不宜过快，要做详细的投诉记录 立即采取行动，协调有关部门解决

（续）

步骤	具体内容	话术和操作要点
3. 与客户协商解决问题的方案	向客户解释车辆故障原因，以及将采取的措施及时间，征求客户同意 如果是维修厂的过失，不要辩解，要向客户道歉 注意解释的语调 若是客户的过失，以委婉而有礼貌的态度告诉客户故障发生的原因，提出防止这类故障再发生的办法 估计客户的接受程度，直接询问客户如何修改解决办法，以保证客户满意	不得与客户争辩或一味寻找借口 注意解释语言的语调，不得让客户有受轻视、冷漠或不耐烦的感觉 换位思维，从客户的角度出发，做合理的解释或澄清 不得试图推卸责任，不得在客户面前评论公司、其他部门或同事的过失
4. 采取行动并用易懂的方式解释结果	根据投诉类别，立即采取措施，如果是简单维修，尽可能请客户在场向客户解释已经采取的补救措施 感谢客户指出存在的问题，从而可以改进工作 离开接待室前，确信客户对结果满意	在没有了解清楚客户所投诉的问题时，不得马上将问题转交其他同事或相关部门 注意关注客户的期望，限时提出解决问题的方法
5. 对客户进行跟踪回访	按时限及时将需要后台处理的投诉记录传递给相关部门处理 在两天内进行电话回访，了解客户对投诉处理是否满意 如果不满意，应返回到适当的步骤，重新处理	遵循电话礼仪拨打电话 关心询问客户对处理结果的满意程度
6. 企业内部改进行动	追踪和分析问题的根源，确保完成行动计划，以防问题再次发生	避免寻找"替罪羊" 用"跟踪记录""返修记录"来记载此事件，用于以后工作的参考

3. 客户投诉的处理技巧

（1）用开放式提问鼓励客户发泄　客户在投诉时，他只想做两件事，一是表达此时的心情，二是要求企业迅速解决问题。汽车销售客户服务人员在接待时，必须预测到顾客会有这样一种情感的需求，并加以理解。应该采用一些开放式提问，给予顾客一个发泄情感的机会，让他尽情发泄自己的愤怒和不满。汽车销售客户服务人员应该一开始就稳定顾客的情绪，然后再提出一些开放式的问题，把顾客的注意力引导到具体的事情上去。在汽车客户服务人员耐心倾听的过程中，顾客的情感也得到了一定的发泄。

（2）及时道歉，满足客户的心理需求　汽车客户服务人员满足客户心理需求的主要方式就是"道歉"。客户在投诉时，他希望有一个人站出来承担事情的责任。如果在开始处理投诉的时候，能够真诚地致歉，那么客户的这种心理需求就能得到满足，态度会很快地变得缓和，就会有一个比较好的谈话氛围。

（3）快速反应　客户投诉时一般比较激动，在这种情况下，抓住问题的要领迅速为客户解决问题，是维护企业形象，重塑客户对企业良好印象的重要一步，所以接到投诉后工作人员要迅速处理，决不能拖延，一般在30分钟内及时回应较好。

（4）选择安静的环境进行沟通　如果客户的投诉发生在展厅或者停车场，汽车客户服务人员应该马上将客户引导至安静的接待室，一方面可以安抚客户的激动情绪，帮助他冷静下来，另一方面可以减少投诉对4S店品牌形象的影响，避免事件扩大化。

（5）设定期望值，向客户提供选择方案　通过与客户一段时间的接触，服务人员应该了解客户的期望值是什么，再根据自己的职权范围，选择可行的处理方案，供客户选择。对于超越职权范围的处理，应该告知客户，会尽快汇报上级并及时处理。

需要注意的是，不要随意向客户提出自己可能满足不了的解决方案，不然会弄巧成拙，引起客户更多的不满。

案例分享：20××年9月5日，某客户到维修站进行车辆常规保养及检修空调异响，下班时发现空调仍有异响，于7日再次到维修站进行检查。检查后维修站告知鼓风机损坏，维修费用约200元。但是，在更换前发现服务顾问报错了零件，实际价格是1000多元。由于两者差额较大，致使客户产生抱怨，认为维修站第一次检修不彻底，应由维修站承担多出的费用。

案例分析：在本案例中，客户在维修站保养、检修空调后仍然有问题，尚处于抱怨的萌发期，但由于以下原因导致客户投诉：①维修人员对报修项目检查、分析、判断不彻底，导致故障隐患没有排除；②交车前的质量检验工作不到位；③报错零件价格，使客户抱怨升级并投诉。

解决方案和建议如下：

1）关于客户投诉的处理。本案例客户投诉的表象是维修质量，而隐含需求则是对第二次维修的价格不满。因此，作为维修站的态度应该是：

①服务经理与客户沟通、致歉。

②提供零件、材料的实际价格及收费标准。

③对鼓风机损坏与保养及检查是否存在必然联系，做出合理的技术解释。

④在维修收费上适当给予优惠。

2）内部改进措施。采用内部通报的方式，教育员工，同时针对此投诉反映出来的问题，制定相应管理、服务等改进措施。

①加强维修工的业务能力培训。

②加强维修质量的检验把关。

③对服务接待人员加强业务知识培训和服务责任心教育。

4. 客户不同投诉方式的处理技巧

（1）当面投诉 有些客户会亲自来公司投诉。客户不仅要花费时间和劳力，还需要支付交通费用，因此这类客户的期望值很高，希望与公司面谈后，自己投诉的问题能够得到完全解决。即使不能完全解决，起码也要有一定的进展。在接待这类客户时，客服人员必须小心谨慎，掌握有效的面谈技巧。

首先，接待者应仔细听取对方的投诉，让客户知道企业真正想为他们解决问题。同时要让客户了解员工的权限范围，不要抱过高的期望。

其次，接待人员要记录必要的信息。在提出问题解决方案时，应让客户有所选择，不要让客户有"别无选择"之感。当接待人员提出多种解决方案后，应征求客户的意见，尽量在现场把问题解决了。如果无法当时回答客户，要明确地给出解决问题的具体时间和解决方案。

最后，面谈结束时，接待人员应确认自己向客户交代清楚了企业方面的回应内容，以及与客户再次联络的方法、部门或个人姓名。

（2）信函投诉 利用信函提出投诉的客户通常较为理性，很少感情用事。对企业而言，处理信函投诉要花费更多的人力和费用（制作材料和邮寄费用等），成本较高。而且信函往返需要一定的时间，使处理投诉的周期拉长。根据信函投诉的特点，汽车服务企业员工在处理时应注意以下几点：

首先，当投诉受理部门收到客户投诉的信函时，应立即回复客户已经收到，并告知本部门的名称、地址和电话。这样做不但使客户安心，还给人以比较亲切的感觉。

其次，由于书面信函具有确定性、证据性，回函内容应与负责人协商，必要时可以与本企业顾问、律师等有关人员沟通。另外，企业员工回复客户的信函最好打印出来，这样可以避免手写的笔误和因连笔而造成的误认。在回函的内容及表达方式上，要求浅显易懂，因为对方可能是个文化程度不高的客户。措辞上要亲切，让对方有亲近感，尽量少用法律术语，多使用结构简单的短句，形式要灵活多变，使对方一目了然，容易把握重点。

最后，处理过程中的来往函件应一一编号并保留副本。把这些文件及时传递给有关部门，使它们了解事件的处理进程与结果。把信函寄送客户时，要把时间和内容做成备忘录，并须填写追踪表。这样，即使该事件的主要负责人更换，也能够对事件的进程一目了然，并可满足公司相关人员的咨询要求。当该事件处理完毕时，要在追踪表上注明结束的时间，并将相关文件资料存档。

（3）电话投诉　很多企业设立了免费投诉电话，使得越来越多的客户以电话方式提出投诉。由于电话投诉具有简单、迅捷的特点，客户往往正在气头上就提起投诉，这样的投诉具有较强的感情色彩。而且处理电话投诉的时候看不见对方的面孔和表情，因此需要特别小心谨慎。

首先，对于客户的不满，接待者要从客户的角度来考虑。例如，考虑自己处在与对方同样的处境下会是什么样的心情，希望得到怎样的帮助等。

其次，接待者应尽可能地询问并记录更多的信息，如何时、何地、何人、发生何事、结果如何等。对于客户的姓名、地址、电话号码、所购产品的名称及出现的问题等重要信息，一定要重复确认，并用文字记录下来或录入计算机。同时，要把处理人员的姓名、机构告诉对方，以便对方下次打电话来时容易联络。

最后，如果有可能，将客户的话录音，这样不仅在将来确认时可以用上，而且可以作为提升业务人员应对技巧和进行岗前培训的资料。

5. 处理客户不满与投诉的禁忌

汽车服务企业在处理客户的不满与投诉时，有些语言不仅不能有效地处理客户的问题，反而会加深客户与企业的矛盾，这些语言就成为企业与客户打交道时的禁忌（表4-2）。

表4-2　汽车服务企业在处理客户的不满与投诉时的语言禁忌

禁忌	正确方法
立刻与客户摆道理	先听，后讲道理
急于得出结论	先解释，不要直接得出结论
一味地道歉	道歉不是办法，解决问题是关键
言行不一，缺乏诚意	说到做到
这是常有的事	不要让客户认为这是普遍现象
你要知道，一分价钱一分货物	无论什么车型的客户，都提供同样优质的服务
绝对不可能	不要用武断的口气
这个我们不清楚，你去问别人吧	为了您能够得到更准确的答复，您最好和……联系
这个不是我负责的，你问别的部门吧	
公司的规定就是这样的	为了您车辆的良好使用，所以公司制定了这样的规则
你别冲我喊呀，又不是我的事	你先别着急，事情慢慢说，我会帮你想办法
知之为知之，不知为不知	确认准确信息后再回复客户

6. 处理客户不满与投诉的"六个一点"

①耐心多一点。耐心倾听客户的不满或投诉，不要轻易打断客户的抱怨，当他把牢骚发完了，也就没有怨气了。

②态度好一点。客户不满或投诉，说明客户对汽车服务企业某些行为不满意，如果员工态度不友好，会造成关系的进一步恶化；如果态度诚恳热情，会降低客户的抵触情绪。俗话说得好："怒者不打笑脸人"。

③动作快一点。企业处理不满和投诉的动作要快，不仅要让客户感觉受到尊重，还要表现出解决问题的诚意，这样可以防止客户的负面渲染对汽车服务企业造成更大的伤害。因此，应该立即给客户一个初步的答复。

④语言得体一点。在解释问题过程中，措辞要十分谨慎，要合情合理，得体大方。即使客户不对，也不要直接指出，尽量用婉转的语言与客户沟通。

⑤层次高一点。客户提出不满和投诉，是希望自己的问题受到重视，如果高层次领导亲自为客户处理问题，容易化解客户的怨气和不满。

⑥办法多一点。除了对客户进行慰问、道歉和补偿外，还可以邀请客户参加汽车服务企业安排的一些活动等。

四、如何看待客户的不满与投诉

有的企业员工认为，客户的不满与投诉是给企业找麻烦，给企业带来了负面影响，这种看法有失偏颇。从表面上看，客户的不满与投诉损害了企业的短期利益，但是从长远看，它避免了产品可能给客户带来的重大伤害。事实上，很多企业正是从客户的不满与投诉中提前发现严重的隐患，然后进行善后处理，从而避免了更大的危机。因此处理客户的不满与投诉，是企业改进工作、提高客户满意度的一次独特的机会。

1. 能够扩大企业的知名度

客户的不满与投诉发生后，尤其是公开的不满与投诉行为，会使企业的知名度大大提高，企业的社会影响广度与深度也有不同程度的扩展。不同的处理方式，直接影响企业的形象和美誉度。在积极的引导下，企业的美誉度往往经过一段时间下降后反而迅速提高，有的甚至直线上升；而采取消极的态度，听之任之，企业的形象和美誉度会迅速下降。

2. 有利于提高客户的忠诚度

研究发现，提出不满和投诉的客户，若问题得到圆满解决，其忠诚度会比从来没有遇到问题的客户更高。因此，客户的不满与投诉并不可怕，可怕的是企业不能有效地化解危机，最终导致客户流失。

3. 客户的不满与投诉是企业的"治病良方"

客户的不满与投诉表面上让企业感到难堪，实际上是给企业的经营敲响警钟，说明企业在工作中存在隐患，解除隐患就能赢得更多的客户，同时保留住忠诚的客户。这些客户是企业的真诚朋友，他们会对企业进行善意的监视、批评或表扬，表现出对企业的极大关注。

五、服务补救策略

所谓服务补救，是指企业在对客户提供服务失败和错误的情况下，对客户的不满意当即做出的补救性反应。其目的是通过这种反应，重新建立客户的满意与忠诚。

服务补救的策略包括以下几方面：

(一) 跟踪并预期补救良机

企业需要建立一个跟踪并识别服务失误的系统，使其成为挽救和保持客户与企业关系的有效手段。有效的服务补救策略需要企业通过听取客户意见来确定企业失误之所在，即不仅被动地听取客户的不满，还要主动地查找那些潜在的服务失误。

(二) 重视问题客户

有效的补救措施要求企业一线员工主动地出现在现场，承认问题之所在，向客户道歉或解释，并将问题当面加以解决。解决的方法很多，可以退款，也可以将服务升级。

(三) 尽快解决问题

一旦发现服务失误，服务人员必须在失误发生的同时迅速解决失误。否则，没有得到解决的失误很快会扩大并升级。

(四) 授予员工权利

一线员工需要具有服务补救的技巧、权利和随机应变的能力。有效的服务补救技巧包括认真倾听客户的抱怨、确定解决问题的方法以及能够灵活变通。需要授予员工使用补救技巧的权利，在一定范围内，用于解决各种意外情况。

(五) 从补救中汲取经验教训

通过对服务补救整个过程的跟踪，管理者可以发现服务系统中一系列亟待解决的问题，及时修正服务系统中的某些薄弱环节，进而使"服务补救"现象不再发生。

六、客户投诉管理的教学软件应用

目前，各汽车服务企业都拥有客户投诉电子管理系统，采用计算机软件操作，用来记录、处理客户投诉问题。

根据北京运华科技发展有限公司开发的汽车服务接待仿真教学系统 V1.0，选取服务顾问处理客户投诉部分进行教学应用。

服务顾问处理客户投诉

闫先生之前因车辆方向盘抖动在 4S 店进行了维修，但是没过多久，方向盘又出现抖动，于是到4S店投诉，服务顾问杨天接待了闫先生，并对该投诉进行处理。

1）接访投诉客户。

①客户服务顾问到服务区处理客户投诉问题（投诉人头上有叹号），如图4-3所示。

图4-3　客户服务顾问到服务区处理客户投诉问题

②鼠标滑到投诉人身上，投诉人高亮，单击开始对话，如图4-4所示。

图4-4　鼠标滑到投诉人身上，投诉人高亮，单击开始对话

2）了解客户投诉内容。

单击对话框，了解投诉内容，如图4-5所示。

3）引导客户至洽谈室。

①引导客户到洽谈室，进一步沟通，如图4-6、图4-7所示。

②进入洽谈室后，单击对话框，了解沟通详情，如图4-8所示。

图 4-5 单击对话框，了解投诉内容

图 4-6 引导客户到洽谈室

图 4-7 到洽谈室进一步沟通

图 4-8 进入洽谈室后，单击对话框，了解沟通详情

4）详细了解客户投诉问题。

①根据客户反馈，服务顾问详细了解情况，如图 4-9 所示。

图 4-9 根据客户反馈，服务顾问详细了解情况

②单击对话框，了解查询情况，继续进行沟通，如图 4-10 所示。

图 4-10 单击对话框，了解查询情况，继续进行沟通

5）提出问题解决方案。

①到车间，与车间主任沟通车辆检查情况，如图4-11所示。

图4-11　到车间，与车间主任沟通车辆检查情况

②返回洽谈室，与客户沟通故障原因，如图4-12所示。

图4-12　返回洽谈室，与客户沟通故障原因

③单击对话框，了解与客户沟通的内容，如图4-13所示。

图4-13　单击对话框，了解与客户沟通的内容

④车间主任告知服务顾问维修进度，如图4-14所示。

图 4-14　车间主任告知服务顾问维修进度

⑤带客户到车间，确认车辆故障原因（过场画面），如图4-15所示。

图 4-15　带客户到车间确认车辆故障原因

6）解决客户问题。

①向客户引荐车间主任，如图4-16所示。

图 4-16　向客户引荐车间主任

②与车间主任再次对车辆故障原因进行确认，如图 4-17 所示。

图 4-17　与车间主任再次对车辆故障原因进行确认

③单击对话框，了解服务顾问、客户与车间主任的对话内容，如图 4-18、图 4-19 所示。

图 4-18　单击对话框，了解服务顾问、客户与车间主任的对话内容一

图 4-19　单击对话框，了解服务顾问、客户与车间主任的对话内容二

第二节　汽车服务企业流失客户管理

在汽车市场竞争日益激烈的今天，汽车服务企业通常采用让利促销的方法换取企业的生存空间。在企业让利促销的同时，也不断削减着自身的利润。对一家投资上千万甚至几千万元的汽车服务企业而言，比拼价格的时代已经过去，取而代之的是售后服务的隐性争夺。但是，随着车龄的增加，许多客户车辆的保养维修不再选择原来购车的汽车服务企业，主要是出于维修成本考虑。汽车服务企业面临着前有销售车辆不赚钱，后有客户不到店进行维修保养的尴尬局面。客户的流失让汽车服务企业很受伤，如何避免客户流失成为每一家汽车服务企业必须认真考虑的问题。

一、客户流失管理的意义

客户流失是指企业客户由于种种原因而转向购买其他企业产品或服务的现象。汽车行业中的客户流失指在规定时间段内（如 6 个月），客户没有回站进行过保养、维修、装饰，以及参加活动等进站行为。客户流失现象存在于各行各业之中。对于客户本身而言，客户流失是客户对产品和服务的自由选择，但对于企业而言，却是资产的流失与生存空间的减少。特别是对于汽车服务这种依赖对客户进行长期服务的企业，客户流失会对企业造成重大的利益损失。

（一）客户流失管理是汽车服务企业资产保全的工具

对于任何一家企业，客户都是企业的重要资源，也是企业的无形资产。客户的流失意味着企业资产的流失。在买方市场条件下，顾客成为现代企业最重要的稀缺性资源，顾客决定着企业的命运与前途。谁能占有更多的顾客资源，谁就拥有更多的市场份额，就能在激烈的市场竞争中立于不败之地。客户流失管理的目的，就是阻止或者避免客户流失，保全企业的无形资产。

（二）客户流失管理是汽车服务企业维持和提高盈利水平的保障

客户是企业的利润来源，也是企业生存和发展的基础。有资料表明，汽车服务企业的业绩取决于客户的支持率；客户忠诚度如下降5%，企业利润则下降25%。汽车服务企业拥有足够数量的客户群体，才能拥有足够的利润空间。在激烈的市场竞争中，客户是一个不稳定的群体，各种因素会成为撬动客户利益的杠杆，使客户的购买力在相同性质的企业之间做转移。因此，提高客户的忠诚度，防止客户流失，维持和提高企业的利润水平，是现代汽车服务企业不断研讨的课题。

（三） 客户流失管理可以扩大企业宣传

有资料显示，60%的新客户来自现有客户的推荐。一个对服务不满的客户可能会将不满告诉10～12个人，而满意客户只会将满意告诉两三个人，可见流失一个客户对于企业的影响是以倍数计算的。

（四） 客户流失管理能减少汽车服务企业的损失

汽车是一种长期使用、长期投入的产品，汽车服务企业流失一个客户，给企业带来的不是暂时损失，而是一种长期损失。

如果一个车主30岁，每年他的维修保养花费（保养＋维修）按3000元计算，假设他每十年换一次车，每次换车价格以10万元计算，从30岁到60岁，这位客户在汽车方面的花费如下：

维修保养：$3000 \times 10 \times 3 = 90000$ 元

购车：$100000 \times 3 = 300000$ 元

由此可见，每少流失一个客户，将为汽车服务企业减少39万元的损失。对于一家中等规模的汽车服务企业来说，一直在该店保养的客户称为基盘客户，其数量应该达到每年2500～3000个。另外，客户车辆每年进行维修保养的次数为2次左右。以此计算，每家汽车服务企业应保持一年有5000～6000辆次的车辆进厂维修，而经营不错的经销商则每年应有10000辆次左右。汽车服务企业正常的客户流失率为每年15%～20%，若超出这个数值，对于将售后利润作为重要利润来源的汽车服务企业来说，将是一个噩梦，严重影响整个企业的收益情况。

二、客户流失的原因

一般而言，汽车服务企业客户流失的原因有以下几种。

（一） 企业认识误区造成客户流失

由于市场竞争白热化以及客户购买行为个性化，许多企业管理者将因此造成的客户流失看成是自然的、不可避免的，或者知道客户在流失，但不知道失去的是哪些客户，什么时候失去的，为什么失去，会给企业收入和利润带来多大的影响？依然按照传统的做法拼命招揽新客户。这种做法顾此失彼，造成了大量客户的流失。

（二） 企业人员流动造成客户流失

企业人员跳槽，尤其是高级营销管理人员和关键技术人员离职，很容易导致客户群的流失。有的汽车服务企业在客户管理方面做得不到位，企业与客户的关系掌握在销售人员和关键技术人员手中，企业自身对客户缺乏影响力，一旦这些人员离职，老客户也就随之而去。

如果某个企业人员流动过大，企业控制不当，在企业人员流动的同时，将伴随着大量的客户流失。

（三）营销因素造成客户流失

1．由产品因素造成的客户流失

这是指客户找到了更好的同类产品或服务而进行的购买转移。在汽车市场上，相同级别、类似品质的产品数量众多，每一款车型都有几款竞品存在，客户可能因竞品的某一亮点而产生购买方向转移。

2．由质量因素造成的客户流失

产品质量不稳定也是客户流失的一个重要原因。产品质量不稳定一般出现在新产品上市的时候。为了吸引客户购买，很多车型配置了大量的新型电子技术，这些新技术、新配置在使用中可能出现各种各样的问题，如果问题处理不及时，很容易使客户"移情别恋"。

3．由价格因素造成的客户流失

一方面，某些汽车服务企业为了招徕顾客，在销售领域恶意降价，引发客户转移购买，失去了一部分客户。另一方面，在车辆维护保养领域价格虚高，也失去了一部分客户。

4．店大欺客造成的客户流失

店大欺客是营销中的普遍现象，一些顾客因不满大型汽车服务企业而转移购买，造成客户流失。例如，大企业服务意识淡薄，员工傲慢，效率低下，问题不能及时解决，投诉无人处理等，都可能直接导致客户流失。

> **案例分享**：一份关于汽车4S店的调查表明：去过4S店的顾客中，最终49%没有在该店购车，其中60.8%与服务有关。某位顾客原本去买车，当在4S店门口准备泊车时，保安上来说："这是我们老总的专用车位，您不能停！"顾客想，我是来买车的，是企业潜在的"上帝"，你对我这个态度，我不买总行吧！

5．诚信缺失问题造成的客户流失

诚信出现问题也是客户流失的一个很重要的原因。有些汽车服务企业喜欢向客户随意承诺，结果不能兑现，例如承诺的优惠、赠品等不能及时兑现给客户，让客户觉得企业没有诚信而放弃合作。

> **案例分享**："2018年度中国汽车售后服务满意度（CAACS）卡思调查"显示，由于维修价格相对较低、服务流程相对完善，汽车快修连锁店的客户保持和推荐程度明显高于4S店，快修连锁店的满意度水平远高于行业的平均水平。

该调查还显示，4S 店体系客户满意度水平逐年提升，但是增幅趋缓，服务水平提升进入瓶颈。随着汽车销量增速趋于平稳，4S 店之间的竞争开始转向售后，因此售后服务水平不断提升，用户满意度逐年升高，与此同时满意度的增幅逐年收窄，这是由于改善硬件设施、增加优惠促销带来的满意度红利逐步消失。调查建议：4S 店应从转变服务意识、提供差异化服务入手，提升整体服务水平，由原来以单个 S（SALE）为主向真正的 4S 店转变。

三、客户流失的种类

客户流失的成因复杂，流失类型繁多，可以按以下四种方式进行分类。

（一）根据流失的原因分类

1）自然消亡类。这是由于客户个人原因造成的流失，例如，身故、破产、迁徙、移民等。

2）需求变化类。这是由于客户需求点发生转移造成的流失。例如，传统能源汽车用户变成了新能源汽车用户，使得客户的需求方向出现了变化。

3）趋利流失类。这是由于客户追求更多的潜在利益造成的流失。例如，因竞争对手的有效促销手段而购买对方的产品或服务。

4）失望流失类。这是由于客户因长时间对企业的产品或服务不满意而转向其他竞争对手造成的流失，例如价格偏高或服务不佳等。

在现实中，由于企业自身原因造成的客户流失占了绝大多数，因竞争对手的原因造成的客户流失量只是少数。后两种原因流失的客户有可能通过挽救回到本企业，尤以失望流失的客户为挽救重点。

（二）根据客户所处的关系生命周期阶段分类

根据客户所处的关系生命周期阶段的不同，客户流失可以分为考察期流失客户、形成期流失客户、稳定期流失客户以及退化期流失客户。

鉴于各类客户流失的原因不尽相同，挽救成功的概率和挽救的价值也不一样，应根据具体情况决定是否挽救。一般来说，考察期流失客户与形成期流失客户挽救的成功概率大，因为客户关系建立的时间不长，转换的成本也不高；而稳定期流失客户以及退化期流失客户挽救成功的概率小一些。

（三）客户流失的主要原因

导致汽车服务企业客户流失的原因主要包括以下几方面。

1. 汽车服务企业的服务问题

（1）维修质量　即一次性修复率低，车辆故障一次得不到彻底解决，使客户对该店失去信心。

（2）服务态度　服务态度差，客户没有受到应有的尊重。

（3）抱怨解决不及时　无专人管理，处理问题没有力度。

（4）整体环境差　汽车服务企业的环境脏乱差，给客户的第一感觉是这个店没有生意或可能停业，整体评价不好。

（5）疏忽细节　客户与汽车服务企业是由利益关系连接在一起的，但情感也是一条很重要的纽带，一些细节的疏忽（例如，是否对客户费用支出进行解释、汽车拆除的旧件是否对客户出示等），也会导致客户流失。

（6）诚信问题　工作人员随意向客户承诺条件，结果不能兑现或承诺与兑现不一致，让客户产生店大欺客的感觉。

2．价格问题

（1）配件加价　当客户发现某汽车服务企业配件违规加价时，就会流失到其他企业。

（2）工时定价　如果汽车服务企业的工时定价明显高于当地竞争对手的维修工时费，又不能给客户实质性好处时，客户就会流失到竞争对手那里。

（3）维修收费　不同档次车辆的客户群不同，因此针对不同客户群而区别收费定价也很重要。

3．管理问题

（1）员工流失　公司工作人员流失，导致客户跟随流失。

（2）内部调整　公司内部调整，员工或管理层职责变动，也会影响客户的稳定。

（3）管理失衡　对重点客户的关注度不够，对非重点客户的维护不到位，沟通不畅，都会导致客户流失。

4．流失客户车辆分析

（1）保修期流失分析

1）保内流失：主要是保养流失，原因是对服务不满或投诉未及时处理。

2）保外流失：主要原因是服务价格明显偏高、服务便利性较差。

（2）流失项目分析

1）保养流失：针对保养流失的客户，应检讨企业自身的保养流程，找出用户流失的主要原因，并进行改善提升。

2）小修流失：应考虑小修配件价格、工时费用、维修及时性、服务规范性等问题。

3）钣喷流失：通过调查，确认客户是自愿流失还是保险公司的强制行为，如非保险公司行为，应将本企业的钣金喷漆工作与竞争对手做对比分析，并加以改进。

（四）客户流失指标分析

作为一个合格的汽车服务企业，建议每个季度进行一次客户流失分析。汽车服务企业可以借助下列指标进行客户流失识别，这些指标可以通过顾客问卷调查和企业日常工作记录等方式获得。

1）主要包括顾客流失率、顾客保持率和顾客推荐率等。

2）顾客流失率是顾客流失的定量表述，是判断顾客流失的主要指标，用公式表示为

$$顾客流失率 = 顾客流失数/消费人数 \times 100\%$$

这一指标直接反映企业经营与管理的现状。

3）顾客保持率是顾客保持的定量表述，也是判断顾客流失的重要指标，用公式表示为

$$顾客保持率 = 顾客保持数/消费人数 \times 100\%$$
$$= 1 - 顾客流失率$$

顾客保持率反映了顾客忠诚的程度，也是企业经营与管理业绩的一个重要体现。

四、流失原因调查系统的操作

当前，许多汽车服务企业采用计算机软件工具管理客户流失问题。为了便于理解，这里以某企业开发的计算机软件系统为例，进行简单介绍。

（一）通过系统检索流失的客户

通过历次维修记录和客户地址判断，确定需要调查的客户，进行回访。

1. 通过"回访"

打开客户的回访界面，可以看到记录的回访用户反馈的建议和意见。

2. 通过"上传"

保存回访记录，如图 4-20 所示。

图 4-20　通过"上传"保存回访记录

（二）查看客户状态记录

通过回访确定了客户状态后，在"其他信息"界面的客户状态栏内更改状态，通过"上传"保存。

1）对于确定流失的客户，在客户状态栏内标注为"流失"；如果是"过路车"，还要在备注栏注明。

2）对于未到保养期的用户，在客户状态栏内标注为"停顿"，并了解用户车辆的行驶里程及日均行驶里程，预估下次保养日期，并进行记录，如图4-21所示。

图4-21 预估下次保养日期，并进行记录

（三）流失客户数量统计

通过"客户特点统计"界面，可以统计一段时间内流失客户的数量和比例，如图4-22所示。

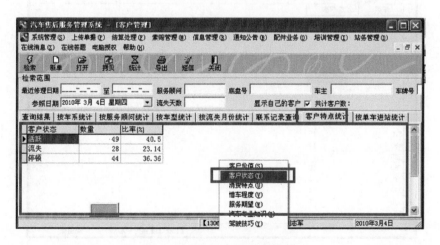

图4-22 流失客户的数量和比例

（四）流失客户分类统计

汽车服务站输入流失天数，可以按照【车系】、【服务顾问】、【车型】、【流失月份】、【联系记录查询】等分别进行统计，如图4-23所示。

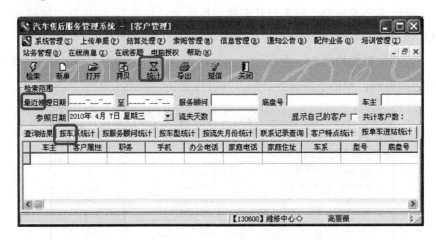

图4-23 客户流失统计页面

1）按车系统计。服务站输入最近修理的日期，可以统计出这段时间内进站维修的客户集中在哪个车系，如图4-24所示。

图4-24 按车系统计客户流失

2）按服务顾问统计。服务站输入最近修理日期，可以统计出这段时间内流失客户的服务顾问是哪一位，如图4-25所示。

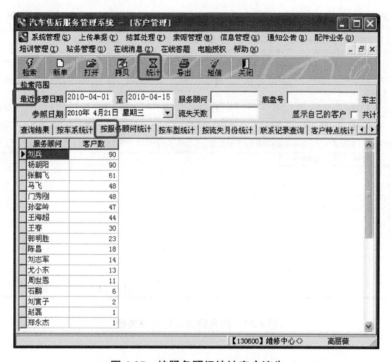

图4-25 按服务顾问统计客户流失

3）按车型统计。服务站输入流失天数，可以统计出这段时间内流失客户的车型是哪一款，如图4-26所示。

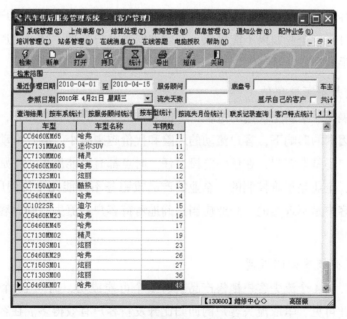

图4-26 按车型统计客户流失

4）按流失月份统计。服务站输入最近修理日期和流失天数，可以统计出这段时间内每个月流失客户的数量，如图 4-27 所示。

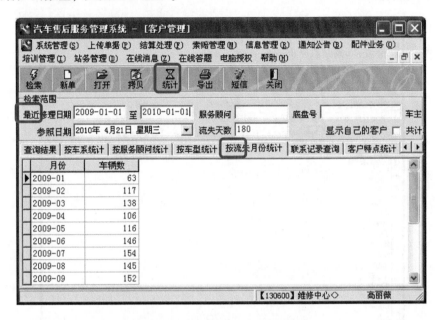

图 4-27　按月份统计客户流失数

五、正确看待客户流失

1. 客户流失会给企业带来负面影响

客户流失主要影响企业的财力、物力、人力和企业形象，给企业造成很大的损失。流失一位重复购买的客户，不仅使企业失去了利润，还有可能影响企业对新客户的开发。当客户流失成为事实的时候，企业如果不能尽快、有效地恢复客户关系，就可能造成客户的永久流失，成为竞争对手的客户。

2. 客户流失是不可避免的

客户关系发展是一个新陈代谢的过程，有的客户进来，有的客户离开，客户具有一定的流动性。在各种因素的影响下，客户流动的风险和代价越来越小，客户流动的可能性越来越大。不论是新客户还是老客户，在任一阶段、任一时点都有可能流失，特别是由于客户自身原因造成的流失，企业是很难控制的。企业的产品或服务不可能完全得到所有客户的认同，因此，留住所有客户是不现实的。企业应当正确地看待客户的流失，确保客户流失率控制在一定水平。

3. 客户流失有被挽回的可能

有研究显示，向 4 个流失客户销售产品会有 1 个可能成功，而向 16 个潜在客户销售只有 1 个成功。由此可见，争取流失客户的回归比开发新客户有效得多。在客户流失之前，企业也应该积极地对待他们，与他们继续保持合作关系。

六、客户流失的防范

在激烈的市场竞争中，汽车服务企业一旦发生客户流失，特别是大客户的流失，会使企业业绩受到严重影响。客户流失后再进行挽救工作，企业不仅要消耗大量的资源，而且挽救的结果也是未知的，所以在客户关系维系方面，流失防范工作要重于客户挽救。防范客户流失既是一门科学，又是一门艺术，需要企业不断地探索有效防止客户流失的措施。

（一）客户流失防范的途径

1. 建立以客户为中心的客户管理机构

客户关系管理机构的职责，是制订长期和年度的客户关系管理计划以及沟通策略，定期提交报告，落实企业向客户提供的各项利益，处理客户投诉，维持同客户的良好关系。客户关系管理机构应当详细地收集客户资料，建立客户档案，对客户进行科学管理，并及时与客户进行有效沟通，增进彼此间的了解和信任，适时把握客户的需求。

2. 实施全面质量管理

通用电气集团前总裁韦尔奇曾说："质量是通用维护客户忠诚度最好的保证，是对付竞争者最有力的武器，是通用保持增长和赢利的唯一途径。"客户追求的是较高质量的产品和服务，如果企业不能给客户提供优质的产品和服务，顾客就不会对企业满意，更不会建立较高的忠诚度。因此，企业应实施全面质量管理，使产品质量、服务质量、客户满意和企业赢利形成良性循环。

3. 建立内部激励机制，提升员工满意度

一个企业存在的价值在于，它既能为客户提供有价值的产品和服务，又能为员工提供就业机会。从这个意义上说，衡量一个企业是否优秀，应该看它是否令客户和员工都满意。

人们常说"顾客是上帝"，从表面上看，客户的满意度是最重要的，其实在当今高度重视人力资源的今天，员工满意的重要性往往超出客户的满意。这是因为，只有让员工满意的企业，才能更好地激发员工的工作热情和创造力，为客户提供更好的服务，最终给企业带来更大的价值。因此，企业要防止客户流失，要想提升客户的满意度，就要通过建立内部员工激励机制，进而提升客户的满意度。

4. 重视客户抱怨管理

企业与客户之间是一种平等的交易关系，企业应当尊重客户，认真对待客户的抱怨。客户有抱怨，意味着企业提供的产品或服务没有达到客户的期望，没有满足客户的需求。同时，抱怨表示客户仍旧对企业有所期待，希望企业能够改善经营水平。从这个意义上看，客户的抱怨实际上是企业改进工作、提高客户满意度的一种机会。对于客户的不满与抱怨，企业如果能采取积极的态度进行处理，并对产品、服务或在沟通过程中引起的抱怨进行及时补救的话，企业还会重新建立起信誉。

5. 建立客户流失预警系统

客户流失管理的一个有效方法是建立客户流失预警系统。流失预警的目标是通过特定算法分析哪些客户具有较大的流失可能性，从而对这些客户进行有目的、有区别的挽留工作，尽量减少客户流失带来的损失。

从本质上说，客户流失预警是一种数据分析过程，常用的分析方法有逻辑回归、决策树、神经网络等，这些方法在银行、保险、社保等领域得到了广泛的应用。

通过用户流失模型，企业可以提高对高价值客户挽留的成功率，降低客户流失率，减少挽留服务的成本，做到有的放矢，降低由于客户流失带来的收入损失。

6. 制订客户流失解决方案

在客户流失预警系统分析的基础上，企业要制订客户流失解决方案。客户流失解决方案可以划分为以下 4 个步骤。

（1）发现挽留机会 建立客户流失预测模型，对现有客户进行流失倾向评估，按倾向高低进行判别。在判别时，要结合客户价值进行分群，优先考虑中高价值客户的挽留。

（2）制定挽留策略 对圈定的客户进一步分群，将他们划分为几种类型，然后逐群制定有针对性的挽留策略。

（3）实施挽留措施 对筛选出来的预警高危客户进行分析，针对不同高危客户开展回访，实施有效的挽留措施，对回访过程进行详细记录。

（4）评估挽留效果 分析挽留工作的成效，不断总结经验。

（二）客户流失防范的措施

防范客户流失的措施要从以下几方面入手。

1. 针对流失客户制订回厂措施（应急措施）

1）针对调查确定的客户流失原因，满足其需求，尽量挽回流失的顾客。

2）制定措施，改进企业自身工作中的缺陷，预防问题再度发生。

3）想方设法比竞争对手做得更多、更快、更好。

①对维修价格不满意的客户，赠送精品、工时优惠券等，吸引客户回厂。

②对维修质量不满意的客户，由关爱经理亲自跟进解决，并指定班组维修。

③对服务质量不满意的客户，由关爱经理亲自跟进解决，并指定业务员接待。

④对抱怨维修时间长的客户，指定业务员接待，维修班组优先安排。

⑤对距离远、维修时间不方便的客户，提供免费上门服务。

2. 针对长远发展制订规划战略（永久措施）

1）树立顾客满意（CS）理念。成功企业的经营实践表明：顾客满意是企业经营活动的基本准则，是获取竞争优势的锐利武器。

2）提供超出顾客期望的服务。这就要求企业必须识别和分析顾客的需求，调查顾客现实的和潜在的需求，确定服务方向，进而提供适销对路的服务项目，来满足或超越他们的需求和期望。

3）充分调动员工的积极性、主动性和创造性，使其充分参与经营管理活动，从而激发其成就感、事业感和自豪感，最终实现由员工满意向顾客满意的转化。

4）在顾客和当地社会公众中树立、维持和提升企业形象。良好的企业形象既可以创造顾客的消费需求，增强企业的信誉度，又能改善现状，开拓企业的未来。

3. 采取特色服务措施

1）星光行动：避免客户在白天工作时间流失，促使其晚间进站。

2）精益修理包：降低客户保外维修成本，长期留住客户，增加客户的忠诚度。

3）绿色快修通道：减少客户保养的等待时间，提升客户满意度；爱车养护课堂：增加客户对车辆维护的重视度，引导客户进站检查维修。

4）会员俱乐部：设立大客户圈，稳住主要客户，降低客户流失。

4. 针对不同车龄段客户的服务措施

针对不同车龄段的客户，可以实施表4-3中的措施。

表4-3　针对不同车龄段客户的服务措施

车龄段	特征	服务措施
保修期 （1~2年）	此类客户对车辆的关注度非常高，对企业的产品或服务依赖度也相当高，车辆保养和维修基本上都在购车的特约店进行	引导客户的消费习惯，建立和谐、信赖的客户关系
3~5年	定期保养积极性逐年降低，随车龄增长故障率逐年增加，维修费用占较大比例。客户关注服务质量、清晰的服务过程和费用。对消费积分或优惠活动表现出浓厚兴趣	积极接触和沟通，高质量地服务，创造客户忠诚度
5年以上	随着车辆老旧，逐步进入淘汰期，消费欲望降低。一旦车辆出现大的故障或出险，客户仍然首选到特约店维修	有针对性地开发客户的新兴趣点，挖掘客户深层需求，避免客户流失

七、客户流失的挽救策略

制订客户流失挽救策略的基本原则，一是要针对具体流失原因而采取相应的措施，二是挽救费用不超过上限。

（一）不同原因流失客户的挽救策略

1. 自然消亡类、需求变化类

自然消亡类、需求变化类流失的客户挽救的可能性不大，一般不必去挽救。

2. 竞争类流失

"竞争类流失"是客户因为竞争对手的缘故而离去。对这类客户，企业可以采取相应的竞争策略加以回应，如改进产品和服务质量，提高产品声誉，加强品牌优势，或者在提高服务水平和质量的同时，实行价格优惠，保持和巩固现有的市场。

3. 失望类流失

该类流失占客户流失总量的比例最高，造成的影响也最大，是企业挽救的重点。减少这类流失客户的措施有：以适合的价格向客户提供合适的产品；以全面质量管理提供高额客户让渡价值和满意度；与客户建立感情纽带；给客户戴上一副诱人的"金手铐"，即增加转换成本；不断创新产品和服务，满足客户"喜新厌旧"的需求；建立良好的企业形象等。

（二）不同类别流失客户的挽救策略

1）关键客户。一般来说，流失前能给企业带来较大价值的关键客户，被挽回后也将给企业带来较大的价值。因此，对关键客户管理是重点，企业要不遗余力地做"关键客户"的挽回工作，避免"关键客户"流向竞争对手。

2）普通客户。普通客户的重要性仅次于关键客户，而且普通客户具有升级的可能，因此，对"普通客户"的流失要尽力挽回，使其继续为企业创造价值。

3）小客户。由于"小客户"的价值低，对企业的要求又很苛刻，数量多而且很零散，因此，企业对这类客户可以采取顺其自然的态度。

4）问题客户。"问题客户"一般是企业不值得挽回的客户，例如不能再给企业带来利润的客户、无法履行合同约定的客户、向企业提无法满足其要求的客户、妨碍企业对其他客户服务的客户，以及与之建立业务关系会损害企业形象和声誉的客户。

总之，对有价值的流失客户，企业应当再三挽回，最大限度地争取他们；对不回头的客户也要安抚好，防止他们给企业造成不良影响；对没有价值甚至是负价值的流失客户，则抱放弃的态度。

本章小结

在买方市场条件下，客户的期望值越来越大，对企业和产品的要求也越来越高，稍有不慎，企业就会招来客户的不满甚至投诉。近年来，汽车行业每年都发生大量的客户不满和投诉现象，如果处理不好，就会造成客户流失，给企业和客户都带来经济损失和心理障碍。如何看待客户的不满与投诉，如何处理相关事件，是汽车服务企业及其工作人员必须面对的问题。

通过本章的学习，使学生充分认识正确处理客户不满与投诉对于汽车服务企业的重要性，能够正确分析客户不满与客户投诉的原因，熟悉不满与投诉客户的心理诉求，掌握化险为夷的处理方法，甚至能将对企业的负面影响转变为积极影响。减少或预防客户流失是我们的目标所在。

课后练习

一、判断题

1. 客户的不满就是客户的投诉。（　　）

2. 处理客户的不满和投诉首先要把事情说清楚。（　　）

3. 利用信函提出投诉的客户通常较为理性，很少感情用事。（　　）

4. 从表面来看，客户的不满与投诉损害了企业的短期利益，但是从长远来看，避免了产品可能给客户带来的重大伤害。（　　）

5. 对于企业来说，60%的新客户来自现有客户的推荐。一个对服务不满的客户会将不满告诉10~12个人，而满意客户只会将满意告诉两三个人，可见流失一个客户对于企业的影响是以倍数计算的。（　　）

6. 顾客保持率＝顾客保持数/消费人数×100%＝1－顾客流失率，它反映了顾客忠诚的程度，也是企业经营与管理业绩的一个重要体现。（　　）

7. "问题客户"也是企业值得大力挽回的客户。（　　）

二、单选或多选题

1. 由服务态度问题产生的客户不满与投诉包括（　　）。

　　A. 服务人员不够热情　　　　　　　　B. 服务人员说明解释不清楚

　　C. 车辆质量存在缺陷　　　　　　　　D. 服务人员缺乏耐心

2. 因销售时遗留问题产生的客户不满与投诉包括（　　）。

　　A. 服务人员不够热情

　　B. 汽车销售顾问在销售新车时对客户的承诺未履行

　　C. 客户寻求平衡心理（买贵了）

　　D. 汽车销售顾问对购买产品的权利、义务向客户交代不清楚

3. 客户投诉的处理技巧包括（　　）。

　　A. 让客户好好想想　　　　　　　　　B. 快速反应

　　C. 尽量拖延时间　　　　　　　　　　D. 当众解决问题

4. 当面投诉的客户一般（　　）。

　　A. 期望值高　　　B. 期望值低　　　C. 期望值一般　　　D. 说不好

5. 汽车行业的客户流失是指在规定时间段（　　），无回站进行过保养、维修、装饰、活动等行为的客户。

　　A. 一个月内　　　B. 三个月内　　　C. 六个月内　　　D. 十二个月内

6. 由营销因素造成的客户流失包括（　　）。

　　A. 店大欺客造成的流失　　　　　　　B. 诚信缺失造成的流失

    C. 需求变化造成的流失　　　　　　D. 自然消亡造成的流失

7. 记录会给汽车销售人员带来如下好处：（　　）。

    A. 表明你在认真地听

    B. 让顾客感到自己受到重视

    C. 便于归纳客户的真实意思

    D. 可以发现客户的漏洞，为将来处理客户异议做准备

8. 过保客户的流失主要有以下原因：（　　）。

    A. 对企业的产品或服务感到失望　　　B. 维修费用过高

    C. 等待时间过长　　　　　　　　　　D. 无高端车可选

9. 对顾客流失率的正确表示是：（　　）。

    A. 客户流失的数量

    B. 客户保持的数量

    C. 顾客流失率 = 顾客流失数/消费人数 × 100%

    D. 顾客流失率 = 顾客保持数/消费人数 × 100%

10. 保修期内的客户（　　）。

    A. 对车辆的关注度非常高

    B. 对消费积分或优惠活动表现出浓厚兴趣

    C. 消费欲望降低

    D. 维修费用占较大比例

11. 通过改进产品和服务质量，提高产品声誉，加强品牌优势，或在提高服务水平和质量的同时，实行价格优惠挽救措施适合的客户是（　　）。

    A. 自然消亡类、需求变化类　　　　　B. 竞争流失类客户

    C. 失望流失类客户　　　　　　　　　D. 关键客户

三、简答题

1. 由产品质量与维修质量问题引起的客户不满与投诉有哪些？
2. 分析客户投诉的心理活动。
3. 简述客户不满与投诉的处理原则。
4. 什么是汽车服务企业处理客户不满与投诉的"六个一点"？
5. 营销因素造成的客户流失有哪些？
6. 如何正确看待客户流失？
7. 简述失望类流失客户的挽救策略。

四、案例分析题

1. 2016 年 12 月 28 日，广西消费者覃女士在柳州市×××汽车销售有限公司购买了一辆某品牌小轿车。2017 年 1 月 12 日，覃女士准备开车外出时，发现仪表 EPS 故障灯亮起，提

示电动助力转向故障，驾车时转向盘沉重吃力，立即拨打厂家报修电话。售后人员表示可以为消费者更换电子助力转向机总成，但覃女士认为：该车购买不到半个月，行驶里程才 150 千米，就发生转向系统失效故障，要求按《家用汽车产品修理、更换、退货责任规定》退车。双方协商不成，消费者投诉到广西柳州市消费者协会。

请你分析：①柳州市 ×××汽车销售有限公司的做法是否正确？

②柳州市 ×××汽车销售有限公司的当前做法会造成什么影响？

③如果你是该企业负责人，对这个事情你会如何处理？

2. 2017 年 1 月 6 日，青海省西宁市东川消协接到消费者胡先生的投诉，称 2016 年 11 月 27 日车辆发生事故，车辆拖至西宁经济技术开发区 ×××4S 店进行维修，2016 年 12 月下旬消费者将修复的车辆开走。在之后的行驶中，车辆左前门发出异响，到工作单位附近一修理厂检查，发现 4S 店更换的左前门不是新门。消费者明明交的是新车门的更换费用，便到 4S 店进行投诉。在证据确凿的情况下，4S 店承认更换的左前车门不是新门而是旧车拆下的门。消费者要求 4S 店给予赔偿，4S 店只同意补偿消费者 2000 元现金（车辆左前门价值 1980 元），消费者对此不予认可，认为商家存在明显欺诈行为，不应该只赔偿 2000 元。多次协商无果后，消费者认为自身合法权益受到严重侵害，遂投诉至消协。

请你分析：①西宁经济技术开发区 ×××4S 店的做法会造成什么影响？

②如果你是该企业负责人，对这个事情你会如何处理？

五、实训题

汽车服务企业正确处理客户不满与投诉实训。

1）实训目的：使学生掌握汽车服务企业正确处理客户不满与投诉的方法。

2）实训地点：理论学习教室或专用实训室。

3）实训工具：文具、计算机、网络、客户不满与投诉的相关单据、小礼品等。

4）实训成果：合情合理处理客户的不满与投诉，通过客户不满或投诉事件处理，减少客户流失。

5）实训步骤

第一步：学生分组。

第二步：角色扮演。

第三步：设计处理客户不满与投诉方案，教师指导。

第四步：分析论证。

第五步：提交处理客户不满与投诉的方案。

第六步：答辩通过。

6）实训题目：某客户到维修站保养车辆，询问保养需要多长时间，维修站告知约 1 小时。客户等了 2 小时，仍未安排保养，故向客户服务中心投诉，要求尽快解决。（实训提示：分析客户投诉原因，找到维修站正确做法，设计解决方案）

第五章
客户关系管理的绩效评价和投资回报

课前导读

客户关系管理是一种管理理念，是汽车服务企业应对新经济时代国内外汽车服务行业激烈竞争的解决方案，能够为企业与客户双方带来相应收益。在资源有限的条件下，如何评价和提高客户关系管理的效率与效果，成为汽车服务企业必须高度关注的战略问题。

与其他管理活动一样，客户关系管理活动在给汽车服务企业带来收益的同时，也伴随着成本的产生。汽车服务企业必须理性地预测以及评估客户关系管理投资的作用和效果，以便对客户关系管理的实施流程进行更加科学的管理和控制，进而使客户关系管理成为一种有力的战略管理工具，甚至成为企业核心竞争力的一个有机部分。

汽车服务企业客户关系管理的绩效评价通常分为运行绩效评价和成本效益评价，需要把诸如客户满意与客户忠诚等关键指标进行量化处理，只有这样才能为客户关系管理的实施和绩效评价指明调整和改进的方向。

学习目标

1. 知识目标：学会绩效及绩效管理的含义。

　　　　　　学会汽车服务企业客户关系管理绩效评价的特点、评价的原则。

　　　　　　学会客户关系管理绩效评价的基本过程。

　　　　　　学会客户关系管理绩效评价的具体步骤。

　　　　　　学会选取评价指标体系时应遵循的原则。

　　　　　　学会客户关系管理绩效评价方法。

　　　　　　学会客户关系管理投资回报分析的含义及方法。

2. 能力目标：能够用绩效管理的思维看待汽车服务企业客户关系管理的实施效果。

　　　　　　能够对汽车服务企业客户关系管理做出简单的绩效评价。

3. 素质目标：拓展学生的知识领域，培养学生的学习兴趣。

　　　　　　提升学生的思维能力，培养学生的思考习惯。

　　　　　　强化学生的双创精神，培养学生的双创能力。

导入案例

上海通用汽车公司客户关系管理实施案例

（一）实施客户关系管理前的状况

在实施客户关系管理项目之前，上海通用汽车公司已经有一个呼叫中心和多个客户信息系统。原有系统运行一年多以后，渐渐成为公司实施新战略、推进新业务的瓶颈。主要表现在如下几方面。

1）随着汽车销售业务的突飞猛进，原有系统的数据容量、数据结构、响应速度等性能越来越不适应业务的发展。

2）原有的分散系统不能满足客户的需求。例如，客户拨打800电话，得到的回答是咨询需要拨打某个号码，如果买车又需要拨打另一个号码找销售代表。如果是修车，必须再拨打维修服务中心的号码。客户感到非常不方便。

3）由于客户信息放置在不同的地方，这些地方又互不关联，实际上形成了几个相互隔离的客户信息孤岛。信息不能够共享，严重浪费了客户资源。

4）现在的市场运作模式是公司统一定价，通过销售商来销售。渠道的进一步扁平化，使得加强对销售商的管理迫在眉睫。

5）由于销售工作都由销售商来完成，公司自身从整体上凸显通用品牌的优势、树立公司整体形象势在必行。

6）通用公司客户关系管理的全球化战略也要求在中国积极推进。

IBM综合考虑通用公司六个方面的情况，提出了整体的解决方案。

（二）实施客户关系管理的策略

IBM提出的策略要点是统一规划、分步实施。IBM认为，要从系统的长远发展蓝图来考虑问题，绝不能头痛医头、脚痛医脚。过去的问题在于考虑长远不够。方案的制定同样以客户为中心而展开。客户不仅面对销售商，他在购车以后还会面对售后服务站。对于四位一体的销售商来说，售后服务站可能和它是一家，但处理问题的一定是两批人员，维修人员不会是销售代表。还有公司的客户服务中心，这里的人员经常与客户打交道，他们如何协同工作是一个很重要的问题。客户的资料要集中化，销售人员有任何变动都不会影响对客户的服务。此外，车辆的信息要集中化，原来的生产信息是在工厂，但是库存在各地的经销商那里。公司必须随时掌握每一辆车的状态，包括：有没有卖掉，谁买走的，车辆有没有修理过，是在什么地方修的，修了什么。

为了避免失误，通用公司选择了全球客户关系管理市场占有率最大的厂商Siebel的产品，同时选择了Siebel的全球合作伙伴IBM公司来实施这个项目。IBM通过以下四步来实施。

第一步是集中客户信息。虽然过去通用公司也有很多客户数据，但是这些数据是残缺的。例如，有客户购买汽车的数据，但是这辆车在客户购买后修过没有、在哪里修的、修了什么地方，没有这些动态数据。由于汽车是高价值的产品，同时使用寿命又很长，处于动态过程中的信息比购买信息更为重要。

第二步是提高协同工作效率。主要针对客户服务中心、大客户销售代表、零售商、市场活动和售后服务站等四个部分，使它们既能协同工作，又能提高效率。

第三步是开拓新的渠道。为客户提供新的、个性化的接触渠道。

第四步是细分客户群。使用各种系统工具对客户进行细分，分析客户的满意度、忠诚度和利润贡献度，有的放矢地为客户提供个性化服务。

(三) 实施客户关系管理后的成效

虽然通用汽车公司的客户关系管理项目只完成了两个步骤，但是已经体现出它带来的成效。在新实施的客户关系管理系统中，客户与通用公司的联系可以通过客户服务中心、大客户服务代表、区域经理和零售商等渠道进行。咨询和投诉都由客户服务中心来处理，这里同样可以捕捉销售机会。现有的系统可以共享更多的客户信息，客户服务代表可以根据这些信息对客户实行交叉销售，进一步提高销售业绩。

作为前台的客户关系管理系统与后台也有很好的联接。例如，和柔性制造控制系统的联接，使得来自前台的客户个性化需求能够自动地安排到车辆的生产计划。被记录在计算机中的除了客户对车型、配置等个性化需求外，还有这辆汽车的生产编号，这个编号可以称作车辆在流水线上通行的身份证明。自动车体识别系统将制造信息自动读入电子标签内，制造信息跟随此车身经过每一生产工段，直至进入总装车间。通过联网系统，"身份证号"同客户个性化的需求被唯一对应并传送到各个工位。机器根据车辆的不同生产编号准确无误地执行不同的工作任务，而线下的工人根据被粘贴至车身前左侧位上的、与生产编号一一对应的制造信息标签，正确完成不同的装配工作。质量报交系统则按照不同车型的不同检测标准进行测试，在每一个环节保证产品的可靠质量。还可以正确地反映当前车辆的状态，是在仓库里，或者是在运输途中，还是正在交易之中。

客户关系管理系统与物料供应系统也实现了很好的联接，可以根据收到的客户订单安排生产，与此同时生成相应的物料计划发给各个供应商。这样既保证生产时有充足的供货，又不会产生库存而占用资金和仓库。客户关系管理系统还与通用公司的网站实现了很好的联接，方便客户通过网站访问通用汽车公司，咨询购车或是寻求服务。

（案例来源：百度文库）

绩效管理是管理学中的一种管理方法，其目的在于通过对结果或行为的考核或评价来发现问题、解决问题并进一步提升效率，以达到改善企业绩效的作用。随着信息技术的发展，传统的绩效管理显示出较多问题，新的绩效管理方法和手段的应用，为客户关系管理提供了更好的借鉴。

一、绩效与绩效管理的含义

1. 什么是绩效

关于绩效的定义主要有两种观点：一种把绩效看作一种结果，用诸如产出、指标、任务、目标等词表示；另一种则把绩效看作个体的行为，认为绩效就是个体在工作中的行为和行动。把绩效定义为产出的结果与人们日常的感受相符合，便于人们理解，同时在进行绩效衡量时操作性强，有利于明确具体的指标，如生产总量、次品率、销售量等，容易保持客观性。在我国，学术界比较一致的看法是：绩效即业绩和效果。

2. 什么是绩效管理

绩效管理的定义也有两种观点：一种观点认为绩效管理是管理组织绩效的一种体系，主要从组织的角度来考虑目标制定、绩效改进和考查，虽然雇员会受到影响，但不是主要的考虑对象；另一种观点认为绩效管理以雇员为中心，绩效管理系统应包括计划、估计与修正三个过程，这种管理系统的主要考虑对象是员工个体。英国学者理查德·威廉姆斯（Richard Williams）在《组织绩效管理》一书中提到，绩效管理是把对组织的绩效管理和对员工的绩效管理结合在一起的一种体系。本书认为，威廉姆斯将两种观点予以综合的看法更全面。

3. 汽车服务企业的客户关系管理绩效

汽车服务企业客户关系管理绩效是指在客户关系管理这个完整的系统中，客户服务组织、客服管理人员和企业全体员工全部参与进来，通过有效的制度、激励的方式将汽车服务企业的战略、工作人员职责、管理的方式和手段以及员工的绩效目标的基本内容制度化，通过完成客户管理的绩效目标，实现汽车服务企业的远景规划。

二、汽车服务企业客户关系管理绩效评价的特点

1. 强调系统

客户关系管理绩效是一个完整的系统，实施绩效管理最重要的工作是制定目标、沟通管理以及绩效管理中一些必要的技巧与技能，而不是简单的年终考核。因此企业必须系统地、

战略地看待绩效管理。

2. 强调目标

汽车企业客户关系管理也要强调目标管理，目标＋沟通的绩效管理模式得到广泛的提倡和使用。当企业的目标明确时，员工明白自己努力的方向，领导明确如何更好地通过员工的目标对员工进行有效的管理，提供支持和帮助，这样企业人员才能更加团结一致，共同致力于绩效目标的实现。

3. 强调沟通

沟通在汽车服务企业客户关系管理绩效中起着决定性的作用。制定绩效目标要沟通，帮助员工实现目标要沟通，分析问题原因和寻求进步也要沟通。总之，绩效管理的过程就是沟通的过程。

三、汽车服务企业客户关系管理绩效评价的原则

在汽车服务企业客户关系管理实施的过程中，为避免绩效管理步入困境或带来不良后果，需要遵循以下一些原则。

1. 关键性原则

企业客户关系管理是人力资源管理中的关键一环，其实施效果将直接影响到企业人力资源管理其他工作的开展。绩效管理可以称为承上启下的一项工作。它既是对企业人员前阶段工作成绩的一次评价，又为后阶段企业人员的培训、薪酬福利的发放、员工个人职业生涯的发展以及企业文化的建设提供客观参考依据。

2. 目标达成原则

客户关系管理绩效评价的目标不是绩效考核，而是整个企业整体战略目标的达成。客户关系管理相对于企业整体目标战略而言，它只是一个重要的手段性工具。任何管理活动的开展都是为了实现企业的战略目标，客户关系管理也不例外。

3. 注重过程原则

客户关系管理绩效的评价既要注重结果，也要注重过程。客户关系管理人员既要重视考核结果的运用，也要注意对实施过程的监控。因为客户关系管理追求的不是员工前阶段的工作业绩如何，而是通过实施客户关系管理来促进企业人员工作的改进。应该通过客户关系管理实施中的各个环节，及时、准确地了解组织中存在的问题，对绩效管理制度进行监控，并不断地与员工沟通和协调，力争使绩效评估反馈的结果真实、准确和可靠。

4. 文化匹配原则

客户关系管理的导入要注重与企业文化相匹配。企业组织文化是指组织内绝大多数成员的行为作风、认可的价值规范以及行为规范。组织文化深入到组织环境中的每一个角落。

在引进先进的绩效考核方式、评估指标确定等来制定绩效管理制度时，必须要考虑本企业的组织文化，仔细斟酌和鉴别拟定的绩效管理制度是否与本组织的文化相协调。若两者不兼容，最好从本企业的实际出发重新制定绩效管理制度。一味地强制推行，反而会导致事倍功半的效果。

5. 公开与全员参与原则

客户关系管理的实施要坚持公开、透明和全员参与原则。客户关系管理只是一种管理工具，不要具有神秘性。当前，有些企业在客户关系管理时采取非透明化操作，人为因素干扰太大。同时，将绩效评估的结果与被评估对象的薪酬和职务升降相互关联，一方面导致一部分人对客户关系管理充满恐惧感，因为这关系到个人职业生涯的发展；另一方面又导致一些人对客户关系管理的实施以漠然的态度来对待。他们认为，绩效管理的实施只是相关管理人员的事，我们不过是一个被动的考核者。

因此，客户关系管理必须坚持公开原则和广泛参与原则，客户关系管理的实施只有坚持公开、透明，让全体企业成员参与到绩效管理中来，才能揭开绩效管理的神秘面纱，才是真正意义上的绩效管理。

第二节 客户关系管理的绩效评价

对汽车服务企业客户关系管理的绩效评价大致包括两个方面：一方面是对客户关系管理实施过程进行评价，评价的结果经过分析后反馈给企业，以实现实施过程的控制；另一方面是对客户关系管理实施产生的效果进行综合评价。本节侧重于对客户关系管理实施效果的综合评价。

一、客户关系管理绩效评价的基本过程

汽车服务企业客户关系管理绩效同时关注行为与结果，而客户关系管理绩效评价涉及组织的各个层次，在综合评价有形和无形财务方面的同时，也兼顾非财务方面。

对汽车服务企业客户关系管理绩效评价是一个动态的循环过程，通常需要五个步骤完成，如图5-1所示。

（一）确定客户关系管理的任务与目标

评价一种工作是否有效及有效程度，首先需要明确这项工作要完成什么任务，要实现哪些目标。工作任务不同，工作目标不同，评价的尺度和方法也就不同。可供企

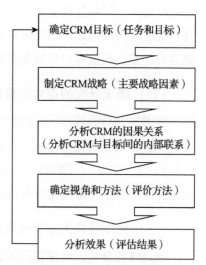

图5-1 客户关系管理绩效评价过程

业选择的目标有追求利润最大化、追求企业价值最大化、市场份额最大化、企业成长速度最大化、客户资产最大化等。

(二) 设计客户关系管理的战略框架

设计客户关系管理战略框架的目的是便于确定主要的战略因素。企业战略因素除了考虑企业的目标外，还要考虑企业自身的核心竞争优势、企业所处的行业以及行业发展动态和前景。

(三) 分析客户关系管理的因果关系

找出并分析客户关系管理活动与所有目标之间的因果关系，以便制定评价计划表。在客户关系管理绩效评价过程中，分析客户关系管理的因果关系至关重要，主要包括以下三个方面。

1) 汽车服务企业要收集大量的有关客户的信息，并创建客户特征数据库。企业运用数据挖掘工具和其他相关技术从中发掘出大量的、隐藏的客户特征或行为模式，进而帮助企业通过创新方式创造出全新的产品，或为客户定制产品。

2) 管理人员可以对客户的所有相关信息进行整合，实施更为有效的计划、营销和服务活动，培育令客户满意的行为，使盈利性与客户满意度达到最优。当客户的需求、期望与客户所感知的实际绩效相吻合时，客户的满意度与忠诚度就会上升，但这要以提供优质的客户价值为前提。其中，汽车服务企业可以通过产品、定制化服务、提高产品与服务质量或额外信息等创造和交付优异的客户价值。显然，对于任何价值创造与交付活动而言，理解和收集客户需求都是至关重要的。

3) 客户关系管理技术和流程要有助于加强客户洞察力，提高客户评价，并达成更有效的客户交互，同时整合全部客户渠道与后台职能。这样才能给客户提供更为有效和有力的服务，企业才可以与客户之间建立起长期的、令人满意的关系。最终企业必将在提高形象、构建客户关系、创造客户价值和引导客户消费等过程中获取丰厚的收益。

(四) 确定研究的视角与度量的方法

在因果分析的基础上，确定分析视角和度量手段的具体评价方法。评价的对象通常包括客户价值 (终身价值与忠诚)、客户满意 (客户挽留与获取)、客户互动 (互动渠道管理与优化)、客户知识 (了解客户特征及行为) 等，管理人员可以从中明白如何才能获得更多的收益，什么样的评价视角对获得收益至关重要。

(五) 分析客户关系管理实施的效果，并将评估结果反馈到系统中

通过效益分析，测评客户关系管理的实施绩效及实施有效性，并根据评价效果调整客户关系管理目标，进入下一轮循环。

这一评价过程有助于管理人员对客户关系管理战略形成有更深入的理解，可以帮助他们制定和实施合理的客户关系管理战略。在把客户关系管理活动转化为最终收益之前，上述过程将会不断地重复进行。

二、客户关系管理绩效评价的具体步骤

评价汽车服务企业客户关系管理系统绩效的指标不仅数量多，而且指标的性质各不相同，因此应当寻找一种将各种指标综合起来，对客户关系管理系统进行综合评价的方法。

客户关系管理综合评价的步骤如下。

1）选择评价客户关系管理运行绩效的各种指标，其中包括定性指标和定量指标。

2）对各指标进行量化和标准化处理。在客户关系管理绩效评价指标体系中，由于各个指标的量纲、经济意义、表现形式以及对总目标的作用不同，不具有可比性，因此必须在对其进行无量纲处理和指标价值量化后，才能计算综合评价结果。

3）指标数据获取。获取数据的方法包括统计、问卷调查（部分主观指标）、普查和实测（如测定网站访问量等）。客户关系管理系统在运行与维护过程中不断地发生变化，因此指标数据采集不是一项一次性的工作，数据采集和系统评价应定期进行，或每当系统有较大改进后进行。系统绩效评价的第一次数据采集安排在开发完成并投入运行一段时间，且进入相对稳定状态之后。

4）通过建立的数学模型进行处理、分析，其中包括确定矩阵的最大特征值和特征向量、确定各指标的权重等处理过程。指标权重是每个指标在整个体系中的相对重要性的数量表示。权重确定合理与否对于综合评价结果和评价质量将产生决定性影响，通常采用层次分析法确定各指标的权重。

5）给出一个综合的、合理的、考虑全面的评价结果。

三、客户关系管理绩效评价的指标体系

汽车服务企业客户关系管理绩效评价指标的选取，会直接影响到评价结果的判断，因此在建立绩效评价指标体系时应该遵循一定的原则。

（一）客户关系管理绩效评价指标选取的原则

1. 系统性原则

客户关系管理实施的效益不仅表现在财务方面，还表现在汽车服务企业流程、客户服务等方面，因此指标体系应全面、准确地反映被评价系统的特征，包含多个方面或多个角度的评价指标。

2. 可比性原则

各项指标应可以量化，得到的评价结果在不同汽车服务企业之间应该具有可比性。只有

按照同一口径或标准搜集信息，进行比较，才能保证评价结论的真实性和有效性。

3．可操作性原则

选取的指标应当可理解、可量化、易获得，具有综合性和典型性。缺乏明确定义的指标可能导致理解偏差，难以量化的指标可能导致主观和随意性。各指标应尽量与汽车服务企业现有数据衔接，以便于数据采集。指标并不是越多越好，应选择具有典型性的综合指标和主要指标，以降低信息搜集成本。

4．导向性原则

建立客户关系管理绩效评价指标体系的目的，是对汽车服务企业的客户关系管理工作进行规范，从而强化导向和监控作用，使客户关系管理给企业决策层、管理层和业务层带来实实在在的利益，进而增强企业的竞争力和可持续发展能力。

5．实效性原则

选择指标必须注重实效，不能体现客户关系管理绩效的指标不要选。但是，要考察客户关系管理的长期效益和潜在效益，存在一个潜在效益和长期效益权衡的问题。

6．可控性原则

通过合理组织，改善管理，所选指标应该可以被改善。只有选取可以改善的指标，才真正具有完善管理的意义。

（二）如何确定关键业绩指标

1．什么是关键业绩指标

关键业绩指标（Key Performance Indicator，KPI）是通过对组织内部某一流程的输入端、输出端的关键参数进行设置、取样、计算和分析，并以此来衡量绩效的一种目标式量化管理方法。

2．确定关键绩效指标应遵循的原则

确定关键绩效指标需要遵循"SMART 原则"。

（1）具体化原则（Specific）　　关键业绩指标应当有明确的界定和具体的指向，而不是笼统的、含糊不清的说明。

（2）可度量原则（Measurable）　　关键业绩指标是可以衡量的，便于提供考核目标和考核标准。

（3）可实现原则（Attainable）　　关键业绩指标的水平应是先进的、合理的，有助于完成。

（4）现实性原则（Relevant）　　关键业绩指标考核的问题应当是当前存在的客观实际问题，有助于提升企业现有的工作水平。

（5）时限性原则（Time-based）　　关键业绩指标考核的问题是针对一个特定时点或特定

时段出现的问题。

需要说明的是，在遵循 SMART 原则进行关键绩效指标设计的过程中，由于对 SMART 原则理解的偏差，可能导致指标过分细化、关键指标遗漏与"中庸"，以及考核目标偏离和考核周期过短等问题。

因此，汽车服务企业在设计关键绩效指标时，应加强与基层员工的沟通与交流，针对不同岗位设计不同的关键绩效指标组合，突出不同部门的关键绩效指标的不同特点和着重点。关键绩效指标是自上而下分解的，不是绩效考核目标或者激励指标与控制指标的结合。

关键业绩指标对绩效管理的最大贡献是：把汽车服务企业的绩效指标设置与战略规划结合在一起，所关注的是在某一特定发展阶段中企业需要解决的战略性问题。同时，它也存在不足之处，就是没有将绩效目标分解到企业的基层管理人员和操作人员，也不能提供一套具有实践意义的、完整的指标框架体系。

（三）客户关系管理绩效评价指标体系的建立

评价指标体系的建立一般是先将目标进行细分，将目标层划分为准则层，再细化为指标层。不同的评价方法对应建立的评价指标体系也不尽相同，为了保证评价的全面性，应该包括以下几个方面的指标。

1. 客户指标

客户指标表征通过客户关系管理的实施，客户对汽车服务企业产生的客观感受和获益情况，以及企业的客户获得能力和保持能力，一般通过客户满意度和客户忠诚度来表示。

2. 内部流程业务指标

内部流程业务指标可以评价汽车服务企业在管理规范、技术能力等方面的表现，包括整车销售流程、售后服务流程等。

3. 发展趋势指标

发展趋势指标用于说明汽车服务企业今后发展的态势，包括员工的学习能力、创新能力以及企业发展后劲等。

4. 财务效果指标

财务指标是评价体系中必不可少的组成部分，重点反映客户关系管理实施后给汽车服务企业带来的成本和收益情况，是评价客户关系管理的重要指标。

具体的评价指标体系可以参考表 5-1。

表 5-1　客户关系管理绩效评价指标体系

目标层	准则层	指标层	指标解释
CRM 绩效评价	客户关系	客户获取能力	企业在争取新客户时获得成功的比例
		客户维护能力	现有客户群中未发生客户流失的比例
		客户满意度	客户对企业所提供的产品或服务的满意程度
		客户忠诚度	客户对企业所提供的产品或服务的依赖和偏好程度
	内部流程业务	企业信息技术应用能力	企业内部信息技术应用提升及改善
		在线帮助及支持服务能力	在线帮助及支持服务的质量提升及多样性增加
		业务运营可靠性	企业整体业务运营可靠性的增加及改善
		在线业务管理能力	企业对于在线业务管理能力的提升及改善
	发展趋势	市场信息反馈能力	企业对市场信息的收集、获取能力
		客户信息分析能力	对客户偏好、购买行为、需求的了解程度
		新产品或服务推广能力	客户对企业新产品或服务的接受及认可能力
		新产品或服务销售能力	客户对企业新产品或服务的购买量占同期企业总销售量的比例
	财务效果	运营成本	企业对现有业务流程进行改善及维护所需成本
		营销费用	企业用于营销、客户关系维护等相关费用
		销售利润	企业 CRM 实施所带来的产品或服务销售利润
		业务成长	企业 CRM 实施所带来的企业整体业务增加

案例分享：大众汽车公司基于集团内部的管理，设置了最为核心的 9 项 KPI 指标，这些指标来源于集团的战略目标。它们分别是：①客户交付（Deliveries to customers）；②销售收入（Sales revenue）；③经营业绩（Operating result）；④营业收入（Operating return on sales）；⑤汽车事业部研发比（Research and development ratio in the Automotive Division）；⑥汽车事业部资本投资与销售收入的比率（Capex/sales revenue in the Automotive Division）；⑦汽车事业部净现金流（Net cash flow in the Automotive Division）；⑧汽车事业部的流动性净额（Net liquidity in the Automotive Division）；⑨汽车事业部的投资回报率（Return on investment in the Automotive Division）。大众汽车公司对这 9 项 KPI 指标做了进一步的说明。

客户交付。客户交付被定义为将新车辆交付给终端客户。这个数字能显示大众汽车在客户群体中的受欢迎程度，也能反映公司在市场中的竞争地位。

销售收入、经营业绩、营业收入。这些财务数据一直都是 KPI 的重要组成部分，大众公司也不例外。但是大众公司在统计这些指标时，竟然将大众在中国的合资公司的数据排除在外。要知道，大众在中国的销量可是占据了它的半壁江山。

汽车事业部研发比。汽车部门的研发比例（R&D 比率）显示与销售收入相关的总研发成本。研究和开发成本包括一系列费用，从未来到可销售产品的开发。大众公司特别重视产品组合的环保要求。研发比率突显了为确保公司未来可行性所做的努力：竞争性盈利的目标是实现可持续增长。

汽车事业部资本投资与销售收入的比率。汽车部门的资本开支（不动产、厂房和设备投资，财产和无形资产投资）与销售收入的比率反映了大众的创新能力和未来竞争力。

汽车事业部净现金流。汽车部门的净现金流量就是可用于分红支付的经营活动的超额资金。

汽车事业部的流动性净额。汽车部门的流动性净额是非第三方借款融资的现金、现金等价物、证券、贷款和定期存款的总和。大众公司规定汽车事业部净流动性应达到综合销售收入的 10% 左右。

汽车事业部的投资回报率。大众利用投资回报率（ROI）来计算汽车事业部在特定时期的投资资本回报，这里又包含了中国合资公司。如果投资回报（ROI）超过资本市场成本，公司的价值就会增加。

四、客户关系管理绩效评价方法

（一）客户关系管理绩效评价方法概述

国内外学者和专业人士提出了不少方法和框架来衡量客户关系管理，根据他们对客户关系管理的理解和测量过程，可以分为以下几种模型。

1. 间接评价模型

在间接评价模型中，通过品牌建设或客户权益条款和方法来评价汽车服务企业客户关系管理的绩效。一方面，他们认为品牌资产（brand equity）的组成部分、品牌忠诚度、品牌知名度、品质认知度和品牌联想与客户关系管理相关。另一方面，客户权益包括三部分，即价值权益、品牌资产和保留股权。

2. 关键成功因素评分法

这个方法是由门多萨等人（Mendoza et al.）于 2007 年提出的，它以关键成功因素作为评分的基础。模型中定义了 13 个关键成功因素（高级管理委员会、综合团队的建立、目标明确、部门间融合、客户关系管理战略实施的交流、客户关系管理实施时的承诺、客户信息管理、客户服务、销售自动化、营销自动化、业务管理的支持、客户沟通管理、信息系统整合）和 50 个以上的度量指标。

3. 关系质量模型

客户和供应商之间关系的质量，对于汽车服务企业来说至关重要。关系质量模型旨在定义和量化客户对于关系的感知程度。该模型以统计研究为基础，并且以调查作为测量的工具。罗伯茨等人（Roberts et al.）于 2003 年定义了在消费者服务中关系质量模型的维度，包括合作伙伴诚实的信任、合作伙伴善行的信任、情感认同、满意度和情感冲突等。

4. 客户管理流程

客户管理流程是平衡记分卡的一个过程，其重点是客户管理。这一分类中的四个子过程分别是客户选择、客户获取、客户保留和客户增长。对于每一个子过程，汽车服务企业都确定了评估的目标和指标。客户管理流程不是一个固定的评估模型，每个汽车服务企业应该根据其企业战略和目标来设置目标和措施。

5. 关系管理评估工具

关系管理评估工具由林德格林等人（Lindgreen et al.）于 2006 年提出，旨在帮助管理者对关系的阶段进行自我评价。关系管理评估工具分析的因素包括汽车服务企业客户策略、客户交互策略、品牌策略、价值创造策略、文化、人员、组织、信息技术、关系管理过程、知识管理和学习等内容。

6. 客户关系管理计分卡

客户关系管理计分卡是一种基于平衡记分卡的汽车服务企业客户关系管理绩效评价模型。在客户关系管理计分卡中，定义了主要的维度，以及每个维度元素的识别。

上述方法和模型对于汽车服务企业客户关系管理绩效的评价都有一定的作用，但是每种方法都有一定的局限性，不能适合所有类型的汽车服务企业，需要综合考虑，灵活运用。

（二）客户关系管理计分卡绩效评价框架

1. 平衡计分卡原理

平衡计分卡（Balanced Score Card，BSC）源自哈佛大学教授 Robert Kaplan 与诺朗顿研究院（Nolan Norton Institute）执行长 David Norton 于 20 世纪 90 年代从事的未来组织绩效衡量方法，该新型绩效管理体系从财务、客户、内部运营、学习与成长四个角度，将组织的战略落实为可操作的衡量指标和目标值。

平衡计分卡是一套从四个方面对企业战略管理的绩效进行财务与非财务综合评价的评分卡片，它不仅能有效克服传统财务评估方法的滞后性、偏重短期利益和内部利益以及忽视无形资产收益等诸多缺陷，而且是一个科学的、集企业战略管理控制与战略管理的绩效评估于一体的管理系统，其基本原理和流程如下。

1) 以组织的共同愿景与战略为内核，运用综合与平衡的哲学思想，依据组织结构，将汽车服务企业的愿景与战略转化为下属各责任部门（如各事业部）在财务、客户、内部流程、创新与学习 4 个方面的系列具体目标（即成功的因素），并设置相应的四张计分卡，其基本框架如图 5-2 所示。

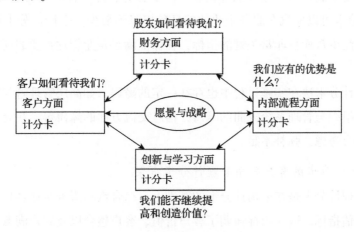

图 5-2 平衡计分卡基本框架

2）依据各部门在财务、客户、内部流程及创新与学习等方面设定的目标，设置对应的绩效评价指标，这些指标不仅与汽车服务企业战略目标高度相关，而且分为先行与滞后两种形式，同时兼顾和平衡汽车服务企业长期和短期目标、内部与外部利益，综合反映战略管理绩效的财务与非财务信息。

3）由主管部门与责任部门共同商定各项指标的具体评分规则。一般是将各项指标的预计值与实际值进行比较，对应不同范围的差异率，设定不同的评分值。以综合评分的形式，定期（通常是一个季度）考核各责任部门在财务、客户、内部流程、创新与学习 4 个方面的目标执行情况，及时反馈，适时调整战略偏差，或者修正原定目标和评价指标，确保企业战略得以顺利和正确实行。

2. 平衡计分卡的特点

平衡计分卡方法突破了将财务作为唯一指标的衡量工具，做到了多个方面的平衡，它与传统评价体系比较具有如下特点。

1）平衡计分卡为汽车服务企业战略管理提供强有力的支持。平衡计分卡的评价内容和相关指标与汽车服务企业的战略目标紧密相关，企业战略的实施可以通过对平衡计分卡的全面管理来完成。

2）平衡计分卡可以提高汽车服务企业整体管理效率。平衡计分卡所涉及的内容都是汽车服务企业未来发展成功的关键要素，通过平衡计分卡所提供的管理报告，可以大大节约企业管理者的时间，提高企业管理的整体效率。

3）注重团队合作，防止汽车服务企业管理机能失调。平衡计分卡通过对汽车服务企业各要素的组合，让管理者能同时考虑各职能部门在企业整体中的不同作用与功能，促使企业管理部门在决策时要从企业出发，慎重选择可行的方案。

4）平衡计分卡能提高汽车服务企业的激励作用，扩大员工的参与意识。平衡计分卡强调目标管理，鼓励下属创造性地（而非被动）完成目标，这一管理系统强调的是激励动力。

5）平衡计分卡可以使汽车服务企业的信息负担降到最少。平衡计分卡可以使汽车服务企业管理者仅关注少数而且非常关键的指标，在保证满足企业管理需要的同时，尽量减少信息负担成本。

不过，平衡计分卡法在实施过程中也存在一定的障碍，如高层管理者与基层员工沟通和共识上的障碍，组织与管理系统方面的障碍，信息交流方面的障碍等，在充分发挥其优势的同时，也需要综合考虑，弥补不足。

3. 基于平衡计分卡的客户关系管理计分卡框架

客户关系管理计分卡是在平衡计分卡的基础上，结合汽车服务企业客户关系管理的特点而设计的绩效评估指标。这些指标强调了客户价值、客户整合以及客户满意等因素，平衡计分卡可以将客户关系管理实施过程中产生的有形效益和无形效益都包括进来，并且通过目标导向和行动导向等系统，能更加全面地评估客户关系管理的绩效。

客户关系管理计分卡的整体框架包括四个视角，即组织绩效视角、客户视角、过程视角和基础设施视角。每个视角都由若干个因素组成，并且每个因素都用相应的关键指标进行衡量，从而建立一个评价指标体系，再运用相应的评价方法，就可以对汽车服务企业客户关系管理的绩效进行评价了。

（1）组织绩效视角   组织绩效的评价能够显示汽车服务企业的客户关系管理策略是否有助于改善企业的业绩。因此，它比评价客户关系管理措施、企业的盈利能力和企业的整体价值等直接经济效果更好。在组织绩效视角中，组成指标包括股票价值、盈利能力和客户权益三部分，每个组成部分可以细化为若干个关键业绩指标。其中，客户权益是一个评价客户关系管理项目的综合指标，它由客户的感知价值、品牌价值及企业客户关系决定。而且，客户权益可以提升企业的盈利能力，因为客户权益的核心是使客户的资金贡献最大化和降低营销成本。盈利能力是企业现金流和整体价值的决定性因素，客户权益、盈利能力与企业价值联系紧密。

（2）客户视角   客户如何看待一个企业，是所有高层管理者最关心的事情。客户忠诚是对汽车服务企业的信任，是客户视角首要考虑的因素。只有当汽车服务企业的产品、服务、品牌都满足客户需求时，客户才会满意。客户满意直接影响客户的保持和汽车服务企业未来的收入，只有客户满意才能带来客户的忠诚，客户的忠诚对于企业未来的收入和成长具有重要影响。

（3）过程视角   汽车服务企业的经营战略，都是由一组组能带来期望结果的业务活动实施的。因此，从过程视角来评估企业绩效是必要的。在客户关系管理领域，随着买卖双方关系的发展，过程视角越来越重要。

（4）基础设施视角 基础设施包括 10 个因素，可以分为信息技术、人力资源、机构设置和组织文化 4 个子类。

信息技术是汽车服务企业可持续竞争优势的关键资源之一，是客户关系管理成功的必要条件。企业评估信息技术时，应该评价企业的客户关系管理技术能否有效地支撑每一个客户关系管理流程。

员工行为、员工满意和管理态度被列为客户关系管理战略中人力资源一类。客户导向定义为在工作中员工倾向于满足客户的需求，从这点来看，过分强调工作效率而不考虑客户服务质量，会破坏员工与客户之间的公平，反而会导致客户不满意。因此，这些可以作为评估工作效率的补充指标。这就意味着，企业应该首先将其员工视为内部客户，并使他们满意。

客户关系管理作为一个组织创新，需要管理层的支持，组织结构应该适应客户关系管理战略而进行调整。如果汽车服务企业调整其组织结构，培训和奖励员工，员工也会更加积极地参与客户关系管理相关活动，从而使客户关系管理战略更加高效。此外，组织文化中还包括合作关系、市场导向和明确的目标。

基于平衡计分卡的客户关系管理评价方法，从客户服务的角度建立了一个全面的客户关系管理绩效评价指标体系的框架，具体的评价结果还需要应用层次分析法或模糊综合评价法等对指标体系进行计算得出。这个评价方法框架包括所有与客户服务相关的内容，通过该方法可以更加全面地考核客户服务对企业的影响，同时对企业的绩效评价提出了更高的要求。

第三节 客户关系管理投资回报分析

投资回报（ROI）是指企业所投入资金的回报程度。投资回报分析是一种基于财务分析的绩效评价方法，它侧重于从财务角度对客户关系管理实施和运行的整个流程做出评价。

一、客户关系管理为什么要考虑投资回报

1）企业进行任何投入都必须讲究回报，而且回报越高越好，否则就是利润的损失。

2）确定客户关系管理是否合理。企业必须预测自己的投资收益情况，这也是所有企业在做出信息化投入决策之前最关心的事情。

3）投资回报分析就是企业投资决策评估，提供真实的、可跟踪的数据为决策过程做基础，可以使企业的信息化投资趋于理性。

4）投资回报分析的结果可以作为考核企业信息化部门业绩以及企业首席信息官（CIO）工作的一个可量化的指标。

5）企业盈利能力的增强是检验信息化建设成功与否的重要标准，更是它的根本目的。

在谈到客户关系管理时，有人说：企业在业务改进和技术革新完成后，应当定期评价这些变革所带来的效应。企业在花费巨资实施客户关系系统之后，经常会有人提出"谁动了我的 ROI？"一个企业如果投入一二百万资金来实施客户关系管理，就必须预测分析自己的投资收益有多少。

在实施客户关系管理之前，企业对客户关系管理投资回报的期望往往很高，出现了很多对客户关系管理回报的定性描述，例如：收入增长、提高企业员工的积极性、成本减少、增加客户的忠诚度。看似有点无穷无尽，但是一年过去了，企业在客户关系管理项目上花费了很多资金，留给企业的只是一种迷茫，一种投入产出比的迷茫。

二、客户关系管理的投入

客户关系管理的实施往往要求汽车服务企业进行两方面的投入。

（一）树立无形的客户关系管理理念

客户关系管理的顺利实施，需要汽车服务企业中高层管理者的全力支持，以及基层员工与其他相关人员的通力合作。在实施的初期阶段，由于工作量巨大，经验积累不足，往往会遇到各种各样的难题和挑战，这就需要企业各层管理者和员工对客户关系管理的管理理念与基本原理有着较为清晰的认识，并持有坚定的成功信念。

（二）有形的客户关系管理系统投资

启用有形的客户关系管理系统通常耗资巨大，需要精准的界面、实施应用方案以及员工重新培训等。随着数据仓储和可以支持数据库的客户关系管理技术及其应用（数据挖掘、营销活动管理等）的蓬勃发展，世界上许多著名企业都已将客户关系管理作为在日趋激烈的竞争中取胜的法宝，并且在客户关系管理技术和流程方面投入数百万美元。

对客户关系管理投资取得的收益可能很难测量，因为客户关系管理投资回报中存在着很多无法量化的因素。尽管如此，投资回报仍是一个很现实的问题，在客户关系管理趋于理性时，投资回报已经成为人们不得不考虑的关键因素。

由于投资回报是指企业所投入资金的回报程度，那么投资回报可以用公式投资回报 = 收益/总成本进行描述。

在形式上，这个公式应用于计算客户关系管理的投资回报比较简单，只需知道在客户关系管理的投资总成本为多少，从中获得了多少收益，所测量的时间跨度为多少，就可以进行运算。但是，实际的投资回报要比这个公式复杂得多，需要综合考虑长期因素和短期投资回报等因素，如客户忠诚和品牌形象等，还需要考虑客户关系管理所带来的无形的收益。因此，综合评价投资回报也是一个挑战。

三、客户关系管理的成本

汽车服务企业客户关系管理建设是一个规模宏大、复杂程度高的人机系统，它的开发、使用、维护和管理等过程需要投入较多的人、财、物等资源，需要各种软、硬件设施的支持，这一切就构成了客户关系管理系统的成本。

在现实的经济活动中，成本是一个应用十分广泛的概念，它反映了产品生产过程中所消耗的各项费用的总和，包括原材料、燃料和动力、折旧、工资、管理费用等开支。成本分析有不同的方法，下面从不同角度对客户关系管理成本进行划分。

（一）按系统生命周期阶段划分的客户关系管理成本

按照客户关系管理系统的生命周期阶段，将客户关系管理系统的成本分成开发成本、运行与维护成本两大类，如图 5-3 所示。

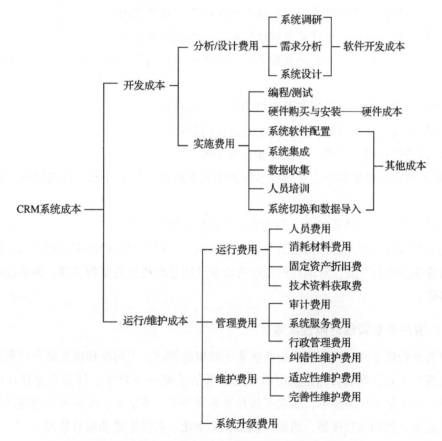

图 5-3　按生命周期阶段划分客户关系管理系统的成本构成

在图 5-3 中，成本的分类方法与传统的信息系统生命周期阶段划分是一致的。因此，可以采用国际流行的信息系统开发规范和我国有关信息系统工程国家标准中的一系列约定，以便于按照信息系统开发和应用的不同层次进行成本的核算和分析。另外，当把"开发成本"按照图中的方式划分为软件、硬件和其他成本3类后，进一步的测算就可以借用国内外一些现有的测算原理、方法和技术，如"软件开发成本测算技术"等。这样，整个系统的成本就可以比较准确地计算出来。

（二）按经济用途划分的客户关系管理项目成本

用于客户关系管理系统的全部费用，按其用途不同可以分为各种具体的费用项目，即"成本项目"，而按照费用发生的环节和用途计算考核的成本就是"项目成本"。针对客户关系管理系统成本的特点和国家对成本项目的统一规定，客户关系管理系统的成本项目由以下10个大类组成。

1）硬件购置费用：主要指购买计算机和相关设备的费用。

2）软件购置费用：包括购买操作系统软件、数据库系统软件和其他应用软件的费用。

3）基建费用：包括新建或改建机房及相关配置设置的费用。

4）通信费用：包括购置计算机网络设备、通信线路器材等。

5）人工费用：包括各类系统开发人员、操作人员和与系统有关的部门管理人员的所有工资费用。

6）消耗材料费用：主要用于购置打印纸张、磁盘等。

7）系统开发、运营及维护期间的水电及维修费用。

8）管理费用：指办公费、差旅费和会议费等。

9）培训费用：包括客户关系管理系统使用人员培训、有关技术人员或管理人员进修的费用。

10）其他费用：包括资料费、固定资产折旧费和咨询费等。

上述成本项目按开支的经济用途分类的优点在于，可以明确指出费用的用途，便于对客户关系管理系统进行开发，对运行过程中的经费使用情况进行监督和管理，为系统的价值分析奠定基础。

（三）客户关系管理的隐性成本

客户关系管理是许多汽车服务企业热衷于投资的领域。美国高德纳咨询公司指出，绝大多数实施客户关系管理项目的企业将项目成本低估了40%～75%。许多企业仅仅计算客户关系管理项目中最明显的成本，如购买软件和咨询开支。事实上，客户关系管理项目还有许多其他的花费，例如项目规划、培训、测试、文本化、软件集成和项目管理。

在客户关系管理实施过程中，意外成本的持续攀升令人震惊。据美国高德纳咨询公司评估，大型企业在客户关系管理项目上的花费在3000万～9000万美元之间。

由于出乎意料的成本激增，大多数客户关系管理项目（根据美国巴特勒集团的预测，达到70%）在财务上的评价是失败的。控制成本和避免失败就需要了解客户关系管理的隐性成本到底隐藏在哪里。

在做客户关系管理项目预算时，要注意以下 4 个关键的隐性"成本因子"。

1. 培训

汽车服务企业经常犯的失误就是低估了客户关系管理项目的复杂性和长期性。企业通常需要培训员工，让他们理解如何运作客户关系管理软件。因此需要建立培训基金，以便员工能够充分发挥新的业务模式的优越性，例如在客户关系管理系统提供信息的基础上进行交叉销售和追加销售。

2. 数据维护

汽车服务企业客户关系管理需要庞大的数据收集来识别客户，并描绘出他们的购买行为和偏好。数据收集不是一劳永逸的，需要进行持续维护来纠正条目的错误并不断更新数据。例如，当客户改变住址或退回订单时，数据应当得到更新。客户数据每个月将有 2% 的退化率，这样整个客户数据库每年需要改变 1/4。低质量的数据将会侵蚀客户关系管理创新的有效性，因此数据质量的确保是维护成本中的重要因素。

3. 软件集成

客户关系管理软件通常需要一些形式的集成，才能呈现出一幅完整的客户"视图"，以便在销售和营销中充分利用客户信息。例如，客户关系管理软件经常与企业资源计划系统（Enterprise Resource Planning，ERP）进行集成，以提供交易数据的访问。

4. 项目管理

项目管理是正确评估和控制成本的核心所在，包括企业战略和信息创新两个方面。汽车服务企业客户关系管理一开始就应当评估"以客户为中心"的战略，然后规划客户关系管理项目来支持这个战略。优秀的项目管理方法应当是在整个客户关系管理项目过程中，定期跟踪项目转折点、资源和费用。

汽车服务企业规划的客户关系管理项目总预算，可能达到软件实施、服务、硬件和培训成本的 3~4 倍。尽管彻底的规划和项目管理需要耗费大量额外的时间和金钱，但是别无选择。

（四）客户关系管理的成本管理

所谓成本管理是指以预算成本为限额，按限额开支成本和费用，将实际成本和预算成本比较，衡量活动的成绩和效果，并以例外管理原则纠正不利差异，实现成本控制。因此，成本管理的内容应当包括预算、会计记录以及成本分析与控制。

1. 预算

预算是指汽车服务企业按照一定的业务量水平及质量水平，估计各项开支，计算预算成本，并以预算成本作为控制经济活动的依据，衡量其合理性。当实际状况和预算有了较大差异时，要查明原因并采取措施加以控制。编制预算是以预算项目的成本预测及客户关系管理实施的工作量预测为基础的。

（1）预算项目的成本预测　预算项目一般按照成本项目划分，一旦确定就要保持稳定。这样做的好处，一是可以使企业了解其成本变动趋势，进行纵向比较，也可以与其他企业进行横向比较；二是为成本管理活动提供一个简单的处理基础，例如折旧可以按照成本类型的不同分别进行处理。

在预算编制时，除了已拟定的客户关系管理购买成本外，实施过程中的其他项目成本通常是未知的，因此必须对其进行预测。预测这些成本是以未来工作量的预测为基础进行的，成本管理必须谨慎地估计不可控制的成本变化。

（2）客户管理工作量预测　工作量是成本变化的主要原因之一，因此在编制预算的时候，要预测未来客户关系管理实施、运行中的工作量。

2. 会计记录

会计记录是跟踪监测客户关系管理实施过程中成本形成的书面记录，包括各种分类账目，由会计人员进行管理。会计记录非常重要，它使人们认识、识别与客户关系管理实施有关的成本，是了解费用去向的工具，可以提供客户关系管理成本效益分析或投资回报分析数据，描述成本的变化趋势。客户关系管理会计记录的基本原则与其他业务活动的会计原则相同。

客户关系管理会计记录最主要的工作是定义成本要素。成本要素是成本项目的进一步细分，例如，硬件可以再分为办公室硬件、网络硬件以及中心服务器硬件，这样有利于识别每一项成本并将每项成本填报在成本表中。成本要素结构在一年当中是相对固定的，定义成本要素结构一般可以按部门、客户或产品划分。对客户关系管理实施和应用而言，理想的方法是按照服务要素结构定义成本要素结构，这样可以使硬件、软件、人力资源成本等直接成本项目的金额十分清晰，同时有利于间接成本在不同服务之间的分配。服务要素结构越细，对成本的认识越清晰。

3. 成本分析与控制

会计人员将每月和每年的支出项目、工作量和成本的实际数据与相应的预算、计划数据相比较，确定其差额，发现有无例外情况。对存在的例外情况，再进行差异分析。

差异分析是指确定差异的数额，将其分解为不同的差异项目，并在此基础上调查发生差异的具体原因，提出分析报告。通过差异分析，找到造成差异的原因，对可以降低的成本进行控制。

四、客户关系管理的效益

"效益"这一概念比较狭义的定义是"社会经济活动中通过提高经济效果（效率）而得

到的实际经济利益"。在实际工作中，人们更多地从广义的角度去理解效益，认为效益是社会经济活动中取得的有用劳动成果和产生的积极效应与资金、劳动力及其他资源投入之间的一种比较关系。

在讨论汽车服务企业客户关系管理的效益时，主要采用广义的"效益"概念，具体又分为经济效益和非经济效益。

（一）经济效益

经济效益是衡量经济活动的综合指标，客户关系管理的经济效益就是客户关系管理产生的经济收入与成本之间的比例关系。从不同的角度看，客户关系管理的经济效益可以分为不同的类型。

1. 直接经济效益与间接经济效益

客户关系管理的直接经济效益是指带给汽车服务企业的直接经济收入，如为企业增加产品销售的收入等。间接经济效益是指汽车服务企业在实施客户关系管理之后，通过改进组织结构及运作方式，提高人员素质等途径，促使成本下降、利润增加而逐渐地、间接地获得的效益。由于成因关系复杂，计算困难，人们只能进行定性的分析，所以间接经济效益也称为定性效益。尽管间接效益难以估计，但其对企业的生存与发展所起的作用往往要大于直接经济效益。

2. 近期经济效益、中期经济效益和远期经济效益

一般情况下，近期、中期和远期分别定为 1 年、2～4 年和 4 年以上。由于客户关系管理通常是分段实施的，并且在投入运行后还有一个纠错和维护、用户适应的过程，因此在近期内不会很快进入最佳运行状态，其经济效益主要体现在中期和远期。

3. 有形效益、准有形效益和无形经济效益

有形经济效益是指可以用货币定量计算的经济效益，如客户关系管理系统以自动化手段代替了人工信息收集加工，从而精减了人员，减少了人工费用。

无形经济效益是指难以定量计算、不能直接用货币来体现的效益。例如，客户关系管理的应用提升了企业的现代信息化形象，对外可提高客户对企业的信任程度，对内则提高员工的积极性等。

介于有形经济效益和无形经济效益之间的是准有形经济效益，该类效益主要表现在工作效率的提高上。如客户关系管理提高了客户及产品信息收集和数据处理的速度和质量，使企业能获得更多、更及时和更准确的信息，进而增强各种营销和服务行为的有效性。

客户关系管理的经济效益可以产生于汽车服务企业的多个部门和领域，主要指标是财务净现值、投资回收期和投资回报率。

（1）财务净现值　财务净现值是把所有预期的未来现金流入与流出都折算成现值，以

计算一个项目预期的净货币收益与损失。净现值越大越好，这意味着项目的收益超过了投资成本。

（2）投资回收期　投资回收期就是汽车服务企业由现金流入情况计算得出收回其初期投资所需要的确切时间长度。换句话说，投资回收期分析就是确定经过多长时间累计收入就可以超过累计成本以及后续成本。当累积折现收益与成本之差开始大于零时，回收就完成了。

（3）投资回报率　投资回报率表示投资的净收益与投入金额的比率。

由于客户关系管理效益不仅体现在有形经济效益上，所以使用这些指标评价客户关系管理系统实施的整体效益是不完全的，而且通常是低估的。

（二）非经济效益

非经济效益是指汽车服务企业客户关系管理带来的经济效益以外的有益效果，它有多种表现形式，具体有以下几个方面。

①对企业的组织结构、管理制度及业务流程等的变革起到巨大的推动作用。

②能显著改善企业形象，对外可提高客户对企业的信任程度，对内可提高全体员工的自信心与自豪感。

③使管理人员获得许多新知识、新技术与新方法，进而提高他们的技能素质，拓宽思路，进入学习与掌握新知识的良性循环。

④实现客户、产品、服务信息的共享与交互，使部门之间、管理人员之间的联系更紧密，从而加强他们的协作精神，提高企业的凝聚力。

⑤对企业的客户信息资料、客户交互记录等的基础管理产生很大的促进作用，为其他管理工作提供更有利的条件。

⑥创造新的企业文化，改变销售、市场、客户服务人员的工作方式，将过去繁杂的人工工作自动化，改善员工的工作满意度等。

总之，对客户关系管理投资回报的定量和定性分析的目的，是通过分析目前的收益状况来确定客户关系管理创新的投资是否合理，使决策者对汽车服务企业客户关系管理的投资回报有一个清晰的洞察力，同时为企业未来的客户关系管理投资确定方向，这将帮助企业确定下一步优先考虑的客户关系管理目标。企业通过接收客户关系管理系统用户的建议、分析实施客户关系管理所获得改进的状况、规划流程再造的步骤、理解潜在的投资回报率是多少，以确保未来的客户关系管理投资，以帮助企业解决面临的问题。

本章小结

绩效评价是考核汽车服务企业客户关系管理项目是否成功的重要环节，客户关系管理绩效的评价指标可以从客户、内部流程业务、发展趋势和财务效果4个方面来建立。评价的方法很多，其中平衡计分卡法在客户关系管理中应用较多。在实践中，对于客户关系管理绩效的评价，需要根据企业的实际情况来制定评价指标体系和选择评价方法。

客户关系管理的实施、维护和管理等过程是一项复杂的系统工程，需要投入较多的人、财、物资源，这些都构成了客户关系管理的成本。可以用两种方法划分和测算客户关系管理的成本：按生命周期阶段划分和按开支的经济用途划分。客户关系管理实施中的隐性成本常常被忽视，造成对成本的低估。客户关系管理实施成本管理的内容包括预算、会计记录以及成本分析与控制。

客户关系管理系统的经济效益包括直接经济效益与间接经济效益，或分为有形、准有形和无形经济效益。有形经济效益是可以用货币计定量计算的经济效益，并可用于经济效益指标计算。间接经济效益、无形经济效益由于成因关系复杂，计算困难，通常只能进行定性分析，但其对企业的生存与发展所起的作用往往大于直接经济效益。

课后练习

一、判断题

1. 在我国，学术界比较一致的看法是：绩效即业绩和效果。（　　）

2. 客户关系管理实施的效益不仅表现在财务方面，还表现在汽车服务企业流程、客户服务等方面，因此指标体系应全面、准确地反映被评价系统的特征，包含多个方面或角度的评价指标。（　　）

3. 关键绩效指标的水平应该是先进的、合理的，有助于完成。（　　）

4. 投资回报（ROI）分析是一种基于财务分析的绩效评价方法，它侧重于从客户角度对客户关系管理实施和运行的整个流程做出评价。（　　）

5. 企业运行客户关系管理系统往往需要大量的资金投入。（　　）

6. 实现客户、产品、服务信息的共享与交互，使部门之间、管理人员之间的联系更紧密，从而加强他们的协作精神，提高企业的凝聚力，属于经济效益。（　　）

7. 如果客户不提问，汽车服务企业工作人员不必主动提供给客户关于车辆维修保养的信息。（　　）

8. 关于客户档案的建立和管理，因为客户信息属于公司的无形资产，所以各家公司都十分重视，一般由专人负责档案管理，以建立起完善的客户档案。（　　）

9. 对于一般的客户，可以通过建立俱乐部、联谊会等固定沟通渠道，保持并加深双方的关系，是汽车服务企业对客户的心理投资。（　　）

二、单选或多选题

1. 汽车服务企业客户关系管理绩效评价的特点：（　　）。
   A. 强调结果　　　B. 强调系统　　　C. 强调目标　　　D. 强调沟通

2. 汽车服务企业客户关系管理绩效评价的原则不包括（　　）。

    A. 关键性原则   B. 目标达成原则

    C. 注重过程原则   D. 公开与全员参与原则

3. 平衡计分卡的特点包括（　　　　）。

    A. 平衡计分卡为企业战略管理提供强有力的支持

    B. 平衡计分卡可以提高企业整体管理效率

    C. 注重团队合作，防止企业管理机能失调

    D. 平衡计分卡可提高企业激励作用，扩大员工的参与意识

    E. 平衡计分卡可以使企业信息负担降到最少

4. 数据收集成本属于（　　　　）。

    A. 分析设计费用   B. 实施费用   C. 运营费用   D. 管理费用

5. 一般情况下，远期经济效益时间定为（　　　）。

    A. 1 年   B. 2 ~ 4 年   C. 4 年以上   D. 没有规定

6. 成本管理的内容应包括（　　　）、（　　　）以及成本分析与控制。

    A. 预算   B. 会计记录   C. 成本分析   D. 成本控制

三、简答题

1. 简述绩效和绩效管理的基本概念。

2. 简述绩效考核的主要方法。

3. 简述客户关系管理绩效评价的过程。

4. 简述客户关系管理绩效评价的主要步骤。

5. 简述建立客户关系管理评价指标体系的原则。

6. 简述平衡计分卡的基本原理。

7. 简述平衡计分卡的优点。

8. 简述客户关系管理计分卡的主要组成因素。

9. 简述客户关系管理的投资成本。

10. 结合本章知识，分析汽车服务企业进行客户关系管理投资时应考虑的主要因素。

四、案例分析题

对于×××汽车营销公司而言，投入与产出是企业十分关注的问题。下表是×××汽车营销公司2003 ~ 2012 年的相关数据，从中你能得到什么启发？

年份	满意度	销售业绩/亿元	净利润/亿元	净利润率	总成本/亿元
2003	44%	130	7.38	0.056769	12.62
2004	51%	200	12.43	0.06215	187.57
2005	60%	260	16.05	0.061731	243.95

（续）

年份	满意度	销售业绩/亿元	净利润/亿元	净利润率	总成本/亿元
2006	65%	320	19.14	0.059813	300.86
2007	69%	340	21.33	0.062735	318.67
2008	73%	410	27.47	0.067	382.53
2009	78%	450	29.16	0.0648	420.84
2010	84%	490	33.22	0.067796	456.78
2011	88%	530	38.57	0.072774	491.43
2012	92%	580	44.49	0.076707	535.51

五、实训题

汽车服务企业客户关系管理绩效评价实训。

1）实训目的：使学生具备客户关系管理绩效评价思维。

2）实训地点：理论学习教室或专用实训室。

3）实训工具：文具、计算机、网络、相关文件等。

4）实训成果：学生能够设计简单的汽车服务企业客户关系管理绩效评价方案。

5）实训步骤：

第一步：学生分组。

第二步：学生头脑风暴，教师指导。

第三步：答辩通过。

第四步：学生互评。

第五步：教师指导评价。

6）实训题目：讨论

如果你是一家汽车服务企业的高层管理者，在实施客户关系管理过程中，你准备在哪些方面增加投入，并希望哪些指标得到提升？

参 考 文 献

[1] 杨路明. 客户关系管理理论与实务 [M]. 北京：电子工业出版社，2004.

[2] 薛永基. 客户关系管理——理论技术与实践 [M]. 北京：人民邮电出版社，2013.

[3] 范娜娜，刘娟. 客户关系管理 [M]. 上海：上海交通大学出版社，2017.

[4] 苏朝晖. 客户关系管理 [M]. 北京：人民邮电出版社，2016.

[5] 谷再秋，潘福林. 客户关系管理 [M]. 2 版. 北京：科学出版社，2013 年.

[6] 纪文煜. 客户关系管理实务 [M]. 北京：清华大学出版社，2018.

[7] 栾港. 客户关系管理理论与应用 [M]. 北京：人民邮电出版社，2016.

[8] 皮骏. 客户关系管理教程 [M]. 上海：复旦大学出版社，2016.

[9] 纪文煜. 客户关系管理实务 [M]. 北京：清华大学出版社，2018.